邹化政学术纪念集

邹广文　主编

吉林大学出版社

图书在版编目（CIP）数据

邹化政学术纪念集 / 邹广文主编. —长春：吉林
大学出版社, 2017.11
　ISBN 978-7-5692-1385-0

　Ⅰ. ①邹… Ⅱ. ①邹… Ⅲ. ①邹化政（1925-2008）
—纪念文集 Ⅳ. ①K825.1-53

中国版本图书馆CIP数据核字(2017)第297914号

书　　　名　邹化政学术纪念集
　　　　　　ZOU HUAZHENG XUESHU JINIAN JI
作　　　者　邹广文　主编
策划编辑　刘子贵
责任编辑　刘子贵
责任校对　安　斌
装帧设计　创意广告
出版发行　吉林大学出版社
社　　　址　长春市人民大街4059号
邮政编码　130021
发行电话　0431-89580028/29/21
网　　　址　http://www.jlup.com.cn
电子邮箱　jdcbs@jlu.edu.cn
印　　　刷　吉广控股有限公司
开　　　本　787mm×1092mm　　　　1/16
印　　　张　15.5
字　　　数　280千字
版　　　次　2017年11月　第1版
印　　　次　2017年11月　第1次
书　　　号　ISBN 978-7-5692-1385-0
定　　　价　68.00元

邹化政先生

邹化政先生与妻子郝振亚女士于1952年8月结婚一周年合影于长春

邹化政先生与妻子郝振亚女士于1985年初夏合影于长春

1961年8月邹化政夫妇与儿子合影于长春

1952年邹化政先生于中国人民大学研究生班读书时与同学合影（后排左一）

1952年初冬邹化政先生与中国人民大学研究生班同学留影于八达岭长城（中）

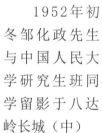

1981年1月吉林大学外国哲学教研室老师于吉大理化楼合影（左起：邹铁军、邹化政、雷振武、高清海、弓克、王振林）

80年代初摄于吉林大学（前排中：匡亚明，前排右一：邹化政）

1981年初夏邹化政先生留影于湖北襄樊

1986年11月17日邹化政教授在山东大学主持研究生硕士论文答辩会（前排左二）

邹化政教授
与高清海教授合
影于80年代中期

1984年冬邹化
政先生留影于吉林
大学研究生院

1984年
冬吉林大学
哲学系教师
合影（前排
右五为邹化
政先生）

1984年冬在吉林大学研究生院留影（左起：车文博、邹化政、高清海、陈庆坤、舒炜光）

1985年秋邹化政教授在给研究生授课中

1986年吉林大学哲学系全体硕士研究生毕业时与导师合影（前排左四为邹化政教授）

1987年夏天与
吉林大学哲学
系教师合影
（右二）

日常生活
中，猫是邹
化政先生的
最爱

邹化政先生在卧室阅读中

90年代，邹化政先生与孙女合影

2005年与哈尔滨大学同学长春校友合影（第一排右二）

目　录

附录：

哲人如斯，思者如风

邴　正

1978年3月，作为恢复高考的首届大学生，我进入吉林大学哲学系学习。那是一个充满春天气息的季节，我们如饥似渴，求学求知，徜徉在课堂与图书馆之间，几乎到了有课就上，有书就看，有讲座就听的程度。大二的一天，听说有一位精通德国古典哲学的老师给研究生授课，我和几个同学挤进教室抢占座位。由于听课的人多，以至于有人没有座位，可又不肯离去。课堂有些乱。以至于惊动了哲学系副主任李绍基，他进入教室，动员本科生退出。一位女同学不肯走，竟然高呼："学生有听课的权利，我们不走，留下来坚持真理！"引得满座哄堂大笑，一时传为美谈。

这位老师就是邹化政先生。我们课没听成，从此结识了邹化政先生。有他的讲座，我就去听讲。后来，我们年级的德国古典哲学、西方哲学史原著等课程，都是邹先生讲授的。邹先生是山东海阳人，身材高大，头发蓬乱，不修边幅。他嗓音洪亮，一口浓浓的胶东话，把"人"，读成"印"，把"黑格尔"读成"赫哥儿"。他讲课总是赋有激情，讲到激动时，常常伴有板书，且十分用力，粉笔经常被折断。因其激动，难免字迹潦草，以至于难以分辨。放下粉笔，他又因激动，手臂不停地挥舞，以至于头上襟前，挂满粉笔尘末，弄得灰头土脸。我们开始用玻璃杯为老师备好茶水，可他每讲课必激动，每激动必用水杯敲击讲台桌面，没几天，玻璃杯就被敲碎。后来，我们不得不改放搪瓷杯，那只崭新的搪瓷杯很快被敲击得伤痕累累。有时讲到动情处，他会突然把面对他第一排的某个同学突然拎起来，一边用力摇晃，一边大声喝问："你索（说）逮（对）不逮（对）？"万一你一时溜号，会吓个半死！应该说，他是我所遇到的老师中，讲课最投入，最富激情的人。

在吉林大学校园，邹先生是一位传奇人物。据传，20世纪50年代，邹先生讲授黑格尔的《逻辑学》，讲到忘情之处，曾高呼"赫（黑）格儿（尔）万岁！"结果在反右时，他被打成右派。他因此被取消教师资格，下放到图书馆整理图书，打扫卫生。但他把康德、黑格尔的著作撕开，一页一页带在身边，四周无人之时偷偷阅读，日复一日，他对这些著作如数家珍，几乎可达倒背如流的程度。艰难困苦易使人虚度光阴，但也可以玉汝于成，就看你如何作为。

邹先生讲课自创体系，与众不同。如他讲中西哲学史分期，以人性逻辑演进为主线，分成"人实现兽心兽性之道"、"人实现兽心人性之道"、"人实现人心人性之道"。思想之深刻，观点之异锐，文字之晦涩，在当时发表出版之艰难可想而知。平反后申报教授职称，邹先生几乎没有公开发表出版的论文和著作，只有厚厚的一摞油印讲稿。评委们纷纷提出异议，认为不合规则。我的导师，著名哲学家高清海教授当时是吉林大学副校长，他向大家说明，邹先生虽然公开发表的成果很少，但他思想深刻，足够教授水平，已得到学术界公认首肯。于是，邹先生晋升教授。

本科毕业，我顺利考取高清海先生的硕士研究生，开学第一课就是邹先生讲授。他环视教室，发现了我，突然咆哮起来："邴正，你考上研究生了？我就要说一说你，要不我就不说了！你的文章写得是什么东西？"我被他突如其来大光其火搞得一头雾水，实在想不起来我的哪篇文章惹了他。"你有什么资格乱批黑格尔？不超过黑格尔，你就没资格批判黑格尔！"

我终于想起来，是我大四提交给邹先生讲授的黑格尔《逻辑学》的开卷考试作业惹的祸。那篇文章的题目是《论黑格尔的逻辑先在性》。在那篇文章中，我认为，黑格尔的逻辑先在性是把对事物的本质、规律的抽象认识与事物自身的本质和规律的关系弄颠倒了，所以马克思批评黑格尔的哲学是"本末倒置"的客观唯心主义。下了课，我与邹先生理论了半天，想解释清楚我的观点来自马克思。可邹先生又激动了，"你根本没懂马克思，好好看看《资本论》！"

于是我不得不闻鸡起舞捧书待旦一本一本啃黑格尔和马克思，那是一个因"逻辑先在性"而疯狂读书的春天。邹先生对德国古典哲学的执着与痴迷我非常理解，不过当时我没弄懂，即使我的文章惹恼了他，可我那篇文章的分数虽不是优秀，邹先生还是给了良好呀？

对黑格尔逻辑先在性问题的研究，深化了我对西方古典哲学的理解，进而促使我从苏联教科书哲学体系的传统唯物主义的影响中摆脱出来。黑格尔的逻辑先在性理论来源于亚里士多德。亚里士多德认为，应分清时间先在性和逻辑先在性。时间先在性是指一事物在时间上先于其他事物存在，逻辑先在性是指一事物在性质上比其他事物更根本。在黑格尔《逻辑学》中，他并不否认自然界的时间先在性。旧唯物主义把思维与存在的统一性统一于自然界的时间先在性，而黑格尔认为事物的本质比事物的现象更根本，只有思维活动才能认识到事物的本质，因此只有通过思维对事物本质的把握，才能实现思维与存在的自在自为的统一。所以，他认为通过人的认识活动实现的"绝对精神"，逻辑上先在于具体事物。

马克思在《关于费尔巴哈的提纲》中指出："从前的一切唯物主义包括费尔巴哈的唯物主义的主要缺点是：对事物、现实、感性，只是从客体的或者直观的形式去理解，而不是把它们当作感性的人的活动，当作实践去理解，不是从主体方面去理解。因此，结果竟是这样，和唯物主义相反，能动的方面却被唯心主义抽象地发展了。"黑格尔的思想启发了马克思。马克思充分肯定了人与外部世界之间的主观能动性关系。马克思在《资本论》（第一卷）中有一段名言："蜜蜂建筑蜂房的本领使人间的许多建筑师感到惭愧。但是，最蹩脚的建筑师从一开始就比最灵巧的蜜蜂高明的地方，是他在用蜂蜡建筑蜂房以前，已经在自己的头脑中把它建成了。"

我把这些体会写成文章，在学习讨论中发表，邹先生听了很高兴，又当众表扬了我。他告诉我，本科毕业时的那篇作业，他很不满意，认为我没搞懂黑格尔逻辑先在性的思想，把逻辑先在性与时间先在性搞混了。但基于我重视此问题对理解黑格尔哲学的重要性，还是给我良好的成绩。现在你终于弄懂了，就给你优秀。

我的硕士论文研究的是《价值现象的本质》，而价值哲学是德国古典哲学后新康德主义、意志主义研究的重要内容。有了较扎实的西方哲学史的功底支撑，理解文德尔班、李凯尔特、布伦塔诺、哈特曼、尼采、克尔凯郭尔等人的思想，就显得游刃有余。邹先生阅后给了我很高的评价。他认为我对西方哲学的理解有了一定的功力，研究更加深入了。

我的博士论文研究的是《人类自我意识与文化批判》。我提出文化精神的实质是人类自我意识，文化精神的历史发展是人类自我意识从原始时代的自恋精神、古代的自卑精神、近代的自信精神到现当代的自省精神的不断升华的过程，不难看出其中的德国古典哲学的影响。

我硕士毕业留校任教，又追随高清海先生攻读哲学博士。虽然不是邹先生名下的学生，但多年来聆听邹先生的教诲，耳濡目染，深受邹先生的影响。他对西方古典哲学的深刻独到的理解，影响了吉林大学一代又一代哲学学子。概括起来，邹先生的学术影响主要表现在以下几个方面：

其一，从黑格尔的本体论、认识论、逻辑学三位一体的统一，认识哲学史的发展，用统一的、循序渐进的思维发展的逻辑，去认识哲学史。改革开放初，不用说我们这些青年学生，就是大多数哲学教师，并没有真正读懂德国古典哲学，但邹先生是少数读懂康德、黑格尔的学者。吉林大学哲学系重视哲学史的学习与训练的传统，培养了许多在国内哲学界思想活跃的重要学者，与哲学史根基厚重有很大关系。这与邹先生较早融通西方古典哲学并以其独特魅力的熏陶分不开的。

其二，重视史论结合，用雄厚的哲学史和熟悉经典著作的坚实基础去研究马克思主义哲学原理和推动哲学创新。吉林大学的哲学研究，在近三十年来围绕哲学教科书体系改革、哲学思维方式变革、哲学研究的当代重大的转向，包括对西方政治哲学、社会发展理论、文化理论等问题，取得重要突破，产生了重要影响。饮水思源，高清海先生和邹化政先生重视从哲学史中汲取营养，从哲学的根本问题与哲学思想发展的逻辑出发，寻找新的学术着眼点和突破口的优良传统，也是分不开的。

其三，坚持思想的独立性和学术的独特性，不随波逐流，不人云亦云，耐得住寂寞，扛得住压力，咬定青山不放松的精神。邹先生由于长期受不公正对待，失去了许多宝贵光阴，属于大器晚成。但他执着坚定，不改初衷，始终坚持以人为本，重视思维逻辑的一贯性和重要性。其执着的治学精神与坚韧的学术风骨，激励和感染着他的学生们的学术创新与风格。

其四，热爱哲学，献身哲学事业。他一入哲学之门，几十年如一日，以一种近乎狂热的迷恋投身哲学研究。他容不得对哲学的不公，更容不得对他所喜欢的哲学家的不敬。他一生爱好甚少，读哲学书，教哲学课，写哲学文章，是哲学工作者难以忘怀的楷模。

岁月如流，邹先生故去已整整十年了。"十年生死两茫茫，不思量，自难忘"。重温往事，感慨万千，仿佛又见到邹先生那高大而又不修边幅的身影，又听到他那浓重的胶东口音呐喊般的讲课声。

哲人如斯，思者如风。

（作者系吉林大学常务副校长、哲学社会学院教授）

我对父亲的一些回忆

邹铁筋

　　公元2008年2月15日，吉林大学哲学学科奠基人之一，哲学史家、哲学家，家父邹化政教授，因病医治无效在长春离世，时至今日已近十年。身为其唯一独子，我尘封心底的记忆虽不常提及，但每想起与父亲生前共处的岁月，耳闻目睹，一些陈年往事，犹如昨日之梦，历历在目，难以忘怀。

　　父亲1925年3月5日生于山东省海阳县儒林庄。上除父母之外，下仅有一个弟弟。自小随父母从山东举家搬迁，在东北黑龙江省东宁县绥芬河区落户，全家仅靠祖父开一小店维持生计。抗战胜利光复之前，父亲曾在当时伪满东安省林口县畜产学校学习。1946年参加革命，翌年加入中国共产党。先后就读于东北行政学院（东北人民大学前身）和中国人民大学，1954年中国人民大学研究生班毕业后回东北人民大学（吉林大学前身）哲学教研室任教，教授西方哲学史，为学生讲授西方哲学通史和一系列西方哲学原著课，历任助教、讲师、副教授、教授、硕士生导师及哲学教研室副主任、西方哲学史教研室主任，并兼任山东大学教授、吉林省哲学会常务理事、东北外国哲学研究会副会长等职。至离世前，先后发表了《〈人类理解论〉研究》、《先秦儒家哲学新探》、《黑格尔哲学统观》等三部重要学术著作和一系列论文，奠定了其在国内哲学史界的重要地位。家父在德国古典哲学、儒家哲学、形而上学、认识论、价值论诸哲学领域皆有独到建树，特别是对德国古典哲学的研究在国内独树一帜。

父亲一生历尽坎坷，蒙冤受屈，多灾多难，但矢志不渝，在种种逆境中，从未间断学术上的探索和追求。1957年"反右"被错划为右派劳动改造三年；"文化大革命"又被错定成现行反革命劳动改造十余年。直到1980年才被彻底平反、恢复党籍，重新走上讲台，继续开始其执教生涯。从1957至1980年，在我耳闻及眼见的记忆当中，在这漫长的二十几年的时间里，特别是父亲在劳动改造期间，自学掌握英文，阅读了大量的中、西哲学著作，对中西哲学各自有了深入而系统的理解，并在其原来掌握的马克思主义哲学和政治经济学的基础上，融合西方哲学和中国哲学，初步形成了自己独到的"中西马哲学融为一体"的哲学研究思路，并为这一理论的构建打下坚实的基础。

在哲学文献的阅读方面，父亲曾对我讲述，他在打成右派发配前进农场进行劳动改造时，为掩人耳目、鱼目混珠，曾把哲学原著化整为零，逐页拆开并与非学术内容的纸张相混，装订成数册。这样一来，随身携带便于阅读，闲时拿出来看，又不引人注意，就是在上厕所阅读时连手纸都不用带了。这种当年的小册子，我近期在整理父亲学术手稿时曾发现了一本，现已作为家父之遗物珍存。

父亲从"文革"后期到他"现行反革命"平反及"右派"彻底更正之前，一直在校图书馆劳动改造，每天打扫楼道、厕所及阅览室环境卫生。在此期间，他仍然坚持研读他钟爱的哲学原著，并仍延续他五十年代"右派"劳动改造时的作法，其套路大同小异，把书拆成单页，边劳动边一页一页地翻看。图书馆种类繁多的藏书，无形当中为父亲学术上的研究思考敞开了一个方便之门。尽管当时他没有正式借阅的资格和权利，但却有随意挑选和偷阅的自由。通过这种便利的渠道，父亲仿佛醉入书海，博览群书，经常把自己感兴趣的图书偷带回家借来阅读。在我记忆中，拿回来的书包括古今中外文史哲各类，几乎什么书都有。相对而言，他往家拿回的书当中，中国传统古典文献及中国古典哲学原著要多一些。尽管白天劳累一天但精力不减，通常阅读到深夜乃至通宵。当时家里房屋狭窄三人同居一室，这一切都是我经常起夜亲眼所见。

被"改造"的这二十年，家父自学英语，并借助字典阅读了大量的英文古典哲学原著。我家里现存的一本家父曾用过、贴满字母标签并翻得稀烂的英汉词典，还有多本陈旧的英文典籍。因为那时相关的中文原著甚少，要想扩展学术阅读范畴，也只能采取这种方式。据家父自己所言："黑格尔的《逻辑学》下卷、《精神现象学》、《精神哲学》都是我通过英文版书研究的"（摘自于1985年晋升教授呈报档案）。在父亲去世葬礼后的追思会上，据邹老师的弟子曾回忆，说每次去校图书馆借阅西方英文古典哲学原著时，都会同时发现邹化政老师过去的借阅记录，我想这应该是1961年"右派摘帽"后，受控期间留下的借阅痕迹。父亲在伪满时期念过书懂点日语，在中国人民大学学习期间学了点俄语，但对于英语可以说是一窍不通，所以在知识探求和学术拓展上，难度之大对家父来讲是可想而知的。

在动乱的年代，父亲性格耿直、脾气直率，坚持真理，屡次因言获罪。1957反右后期，就因两篇在学术座谈会议上的"鸣放"发言，对时局做了过于坦率的陈述，说出了一些别人不敢说的话，结果"引蛇出洞"中招，祸从口出被划为右派。虽然五十年代已曾有过这么一次惨痛的经历，但在之后的"文革"期间依然如故，且罪之高帽是越戴越高，不断升级。记得运动初期，父亲曾和其他两位老师在我家，因对时局不满，三人酒后"闲议国事"。不料"东窗事发"，其中一位刚一碰硬还没咋的就把我父供出，而另一位则是硬汉，逼供吊打三日无果。父亲得知此事后，为阻止暴行继续，还没等问到他，就毅然主动登门，"拍案震怒"把罪责一人全担。于是当时父亲就成为吉林大学首位"死不悔改右派分子现行反革命分子"。

父亲的获罪必殃及家人。母亲因此被隔离审查，我也曾多次被当时的专案组传去问讯。父母均被隔离关押，家已名存实亡。只有十几岁的我无人照看，由好心的邻居托管。家里门窗玻璃被砸得一片狼藉，透风阴冷无法居住，晚上只好在邻居家借宿。记得有一天，家的窗户上突然布满大字块标语，"强烈要求政法机关枪毙现行反革命邹化政！"。醒目震惊！铺天盖地！我吓坏了，不知所措。很多年之后才得知，是父亲在审查关押期间，又一次口无遮拦，赋诗嘲讽当时的"文艺旗手"，引火烧身，招来杀身之祸，差一点成为吉林省的"张志新"。在那个是非颠倒的年代，以所谓攻击无产阶级司令部等罪名，不经审判，不走任何法律程序被绑缚法场毙命的事例，在全国可谓是比比皆是。当时父亲自己也并不知道，他这种坦言之举已是大祸临头，已经把自己推向死亡的悬崖边缘。在这种危难的情形之下，和父亲同室关押的难友曾急劝我父："老邹快装疯啊！"后来多亏上报省里时，让一位有正义感的政法委负责同志拦下，说：这就是一个书呆子，不必大惊小怪。这样父亲才有惊无险地与死神擦肩而过。

直到"文革"动乱过后且"四人帮"粉碎多年，父亲才摘掉了"现行反革命"的帽子（全吉林大学他是最后一个被摘帽的），"右派"问题也得到彻底的纠正，一切都向好的方面转变。我们全家曾对当初对我父亲有过救命之恩的那位政法委负责同志，千方找寻但始终没有找到。如果那位同志现还健在，并能看到此文，我要代表我们全家，代表我已经离世的父母，代表他们的在天之灵，向您表示由衷的感激之情！没有您当时的正义之举，父亲将命丧黄泉，必死无疑，就没我们全家及父亲往后持续的一切。父亲当时生命的终结，也就是其学术生涯的终结，他学术生涯的终结，那也就意味着我国现今的哲学界失去了一位对哲学有执着追求的思想者。

谈起多灾多难的父亲，不能不提到我的母亲。我的母亲郝振亚，1927年5月5日生于吉林省伊通县赫尔苏街。1947年3月参加革命，1947年7月就读于哈尔滨大学（东北行政学院）教育系，1950年1月加入中国共产党。1964年1月在吉林大学职工业余大学中文班毕业。历任哈尔滨小学校长、吉林大学校长办公室秘书、吉林大学档案室主任等职。于1987年9月1日晨在长春逝世，享年六十岁。对照父亲的简历可知，他们参加革命几乎都在同一时间同一地点：一个1946年一个1947年，哈尔滨东北老解放区。他们当时都是进步青年，他们在那时相识相爱，并于1951年成婚。1957年反右扩大化，父亲被错划为右派，母亲当时又是校长的秘书，但母亲深知父亲的为人，坚信父亲绝不是那种人，所以母亲顶住层层压力，坚决没有和我父亲离婚。1979年右派问题彻底纠正，相关材料返回本人，在"家属签字"一栏显示为空白，表明了当时我母亲的坚定态度。随后的"反右倾"也受到一定的株连。当年有很多和父亲一样，错划为右派，配偶离异，进而寻短的事例也是不少。我一个同学的父亲就是这样，在北大遭难，当得知这边妻子与其离婚后便投湖自尽。如果母亲当初与父亲离异，父亲是否也会如此，那就难以预料了。"文革"动乱十年，母亲对我那"现行反革命"父亲的情感更是坚如磐石，不离不弃。总之，从反右到"文革"，母亲伴随父亲度过了二十多年的灾难岁月，在其蒙难无助之际，没有釜底抽薪，更没有落井下石，而是给予有力的精神支撑。他们是患难夫妻，是真爱夫妻的楷模和典范（这掐头去尾，我母亲跟我父亲也没过上几年好日子，一切刚开始有所好转，她就过早地离开人世）。

说父亲是个"书呆子"，此话一点不假。在我印象当中，父亲一生全力研究学问，特别在其晚年，对学术的追求如醉如痴，有着一种超凡和独特的激情。他的脾气秉性、言谈举止、生活习俗及某些嗜好，给人的感觉几乎不像是我们这个时代的人，仿佛是一位超越尘世不食人间烟火的学者。

父亲从小自山东来东北生活了大半辈子，可普通话说得却一直都很不给力，甚至根本就没有"普通话"这个概念。在课堂上讲课，和他人交往，与亲情沟通，依然是满口纯正山东方言（一口山东胶州半岛腔），浓重的山东口音，始终没有一丝的改变。汉字简化已推广实施了半个世纪之久，但他一直保持和延续自己繁体字的书写习惯，手写效率低下不说（除繁体字笔画多，他书写有手腕颤动的毛病也是因素之一），字体难辨，加之思维深奥，表达怪异，其手稿如同天书，一般人阅读起来极为困难。这在他同龄人当中也是极为罕见的。

父亲吸烟甚重，烟量极大，一天至少两包。但有一点与众不同，就是从不往肚里吸，频繁地刚吸一口就马上吐出来，与其说是"吸烟"，还不如说是在"吐烟"，是名副其实的"喷云吐雾"。父亲在研究学术读书写作时，"烟"是断不可少的，必须与之相伴。因为吸食烟草的这一习惯性的刺激，似乎已经成为他读书写作、著书立说、开拓思路、激发灵感的"催化剂"，所以他经常是看书烟不离手，写作也是手不离烟。注意力特别集中的时候，往往烟烧到自己的手指时竟浑然不知（当时的烟卷带过滤嘴的不多），所穿衣物及床单（有躺在床上看书吸烟的习惯）到处都是不慎掉下的未灭烟头所烧之洞，惨不忍睹。

和吸烟一样，父亲酷爱养猫，猫咪也是与他形影不离、断不可少的随身伴侣。在我从小到大的记忆中，父亲先后一共养了至少五只之多，有公有母，有大有小，一只不够还养过两只。父亲生活自理能力特差，日常家务从不插手，但对猫咪的养育和关爱却极为勤奋。他吃什么猫吃什么，猫有时比他吃得还好，因为他经常给它买鱼吃；也能定期给猫洗澡（比自己洗的都勤），猫的屎盆也是勤换。家里所有的家具到处布满猫咪磨爪"锻炼身体"所形成的抓痕，包括他自己穿的裤子。晚上睡觉的时候，与猫同床共眠；白天写书的时候，也是习惯地把猫放在腿上；在思考学术问题或闲时休息的时候，经常可以看到他陷在沙发里或躺在床上，抚摸怀中的猫咪，闭目沉思。无论待客，还是在家里聆听或回答学生们的提问，首先映入眼帘的都是这么样的一幅画面。记得很有意思的一件事，舒炜光叔叔经常到我家与父亲探讨学术问题，我们两家当时相距很近，都在四分局永昌胡同，隔街相望。有次舒叔叔带他长子路川到我家来，路川是属鼠的非常怕猫，我就抱猫吓唬他，把他吓得哇哇大哭。事后，父亲大怒，手提擀面杖，房前屋后把我追得团团转，想要对我加以严厉的训斥。这也是我有生以来，与"猫"相关，第一次看到父亲跟我发这么大的火。

父亲非常喜爱京剧，但他所喜爱的京剧是传统古典型的而不是现代模式的京剧，他非常不喜欢现代京剧，对现代戏有很深的成见。是古装戏他就爱看，可同样的剧情同样的情节，只要穿上现代的服饰，他就不爱看了。总体说来，他几乎对一切具有"当代"流行特征的艺术表达形式都不感兴趣，什么好莱坞的科幻、香港的警匪枪战等电影或电视剧都很反感。在家看电视节目，一些政治说教的所谓节目都会使他非常失望并气愤，"文革"时他因对"八个样板戏"有意见，为此差点丧命。当然这纯属个人喜好，本来就无可非议，就像我根本就不喜欢京剧，无论是传统的还是现代的，而我女儿也不喜欢我喜欢唱的老歌一样。在我很小上幼儿园的时候，母亲急性肾炎住院，我只好单独由父亲照看。在此期间，父亲经常领我上街看戏，为不失时机完整地欣赏他的所爱，曾提着尿壶（怕看戏中途领我上厕所）带我走遍市内的各大剧场，观看京剧名角的演出。闲来无事的时候，也常常可以听到他的京剧吟唱，什么"借东风"啊"空城计"呀什么的，而且唱得还真不错，听起来还真的挺专业的。家里的京剧影碟不计其数，除一些他生前最喜欢看的影碟随其葬礼带到"另一个世界"，其余也都作为其生前遗物珍存起来。以后我打算将这些影碟捐给社区，回归社会，物尽其用，为传承和弘扬我们的民族传统文化尽份力，我想这也一定符合父亲的意愿。从以上所述，可以看出，父亲很怀旧，反映出他很古典的一面。

说到家父很怀旧很古典，就不能不提到他另外的一个喜好，就如同他喜爱京剧一样，特别爱看"武侠小说"，当然也必须是古代背景的古典武侠。当你发现他在闷头看书的时候，如果不是学术方面的书，那肯定就是武侠小说了。前面说他讨厌香港的警匪枪战，但对金庸、梁羽生、古龙等这些香港当代作家所写的古典武侠小说，却是情有独钟。他几乎看遍了所能找到的所有的武侠小说，家里相关的藏书及影碟也同样是不计其数，应有尽有，足够开一个规模不大的武侠书店。据说父亲一次上课，在讲着"内在关系相关性"问题，见大家听得似懂非懂、脸现倦意，便突然话锋一转，提起了《金剑雕翎》，并把某录像厅大骂了一顿，说他们只放美国枪战片（同时作开枪状，嘴里发出嗒嗒嗒的声音），好好的《金剑雕翎》只放了一集就不放了，令人气恼。大家哄堂大笑，倦意全无。类似的还有其他版本，在此不能一一细说。我想父亲对古典武侠小说如此痴迷，上述所传也都在情理之中。

父亲生活简朴，不拘小节，在物质生活及其他个人消费方面，粗茶淡饭，随遇而安，几乎什么都不买。在我印象中，除了烟、武侠书、京剧武侠影碟，对了，还有给猫买鱼外，从没见过他购买过什么个人私用物品，自然在他的消费理念中，也就更不存在什么"追赶时尚""豪华奢侈"等概念。平时很不注意自己的仪表形象，不修边幅，忽略了我们一般人在生活中本不应该忽略的某些生活细节，经常是衣衫不整，在家里还经常把衣服穿反。原来我母亲在洗完衣服时一般晾晒都反过来，可父亲忙时往往是看都不看，不分反正拿过来就穿在身上，若无旁人提醒，肯定要穿出去成为笑谈。记得我小学时，一次父亲晨起忙于上课，竟把我的衣服穿反并撑破。家父的头发也常常凌乱。在外部形象上，自小到大父亲给我印象最深、最为明显的特征，任何第一次与他接触过的人，首先第一眼便会看到，就是他的头发与常人有所不同。也不是不洗头不理发，也许是不经常洗头不经常理发的缘故，但有一点是肯定的，那就是"不经常梳理"，凌乱不说，几乎是根根冲天直立"怒发冲冠"，就如同他倔强的性格一样。

父亲在饮食习惯方面，虽说是不挑不拣，有什么就吃什么，但也有他独特的喜好。首先他爱吃烤鸭，在中国人民大学念研究生的时候，"北京烤鸭店"是他和同学们时常光顾的地方。随后便是红烧肉，这也是他的拿手好菜，虽然平时不下厨房与厨无缘，但每到逢年过节，红烧肉这道菜非他莫属。受家父影响，这道菜也成为我上厨的拿手绝活。还有他对芋头也是情有独钟，因为那是他老家山东的特产。另外，父亲也非常爱吃我经常给他做的油炸溜土豆片。在父亲看来，"民以食为天"，无论何时，无论在什么样的情况下，亏什么也不能亏在"嘴"上，亏什么也不能亏了自己的肚子。当年"红卫兵"们，把他"挂大牌子""坐飞机"批斗了一整天，什么也没吃，饥肠辘辘。批斗结束后回到家，牌子一摘就携全家下馆子，到当时全长春市最好的饭店，重庆路的长春饭店（国营长春食堂），补充一天的体力损耗，以继续在明日的批斗会上迎接新的"战斗"。

提起长春饭店，我还想起了另外一件事。上世纪五十年代曾任吉林大学校长，也是吉林大学奠基人之一的匡亚明教授，在上世纪八十年代任南京大学校长期间，有一次回长春，主动到我家来访过一次。来看看我父亲，看望这个当年他亲手提拔起来的哲学教研室副主任（当时的哲学教研室，相当于后来吉林大学的哲学系，以及现在的吉林大学哲学社会学院），而后又写书《马克思列宁主义理论的几个问题——论邹化政与修正主义》，瞬间又使其成为"一个微不足道的人物"，全国知名的右派分子。匡教授对自己当年的作法忏悔不已，深表歉意；父亲不计前嫌，特从长春饭店请来一位名厨，在家中置酒招待匡教授，并仍尊之为"匡老"。三十年是非恩怨，尽赴炊烟。匡先生对我母亲当年对我父亲的不弃之举，尤为敬佩，走时曾握住我母亲的手说："化政是个难得的宝贝，往后可要照顾好他呀！"看起来匡先生当年治校严谨、唯才是举，但对所器重之人的割舍，也是迫于突变的政治形势，忍疼割爱不得已而为之。匡先生是老革命，是我国著名的教育家、中国思想史专家，在学术上是前辈。当年虽有"左"倾之过，但后来"文革"期间也险些被比其更"左"的"革命群众"置于死地（我亲眼所见）。党都在犯错误（反右扩大），个人之过在所难免。我觉得父亲和匡先生都是学者，他们在学术上是两位巨人，但在世俗中，两位"半斤对八两"，一个为"幼童"无疑，另一个无非也就是个"少年"，或再成熟一点"青年"而已。都是极"左"路线的受害者。后来他们在学术上往来密切，1985年在父亲晋升教授职称进入科研成果评审时，材料送到匡先生手中，匡先生抱病对父亲的《儒家道统新论》书稿给予了审读，并给予了非常高的评价。

父亲由于对学术的过于专注，而忽视凡间的世故人情。有一次，逢年过节我出差在外，父亲独自一人在家写作，单位同志送来年货，他出来开门既不打个招呼也不接东西，而是开完门头也不抬转身就返回书房，把人家凉在外面，房门大敞四开，场面十分尴尬。此事很长时间，在我们单位也成为奇闻广为流传。

也正是由于父亲对学术的过于关注，沉迷于对学术如痴般的探索和追求，而使自己沦为生活中的"弱智"和"低能"，家庭观念淡漠，忽视与家人及亲情的感情融和和沟通。家庭如同旅店，对家中日常生活琐事，少言寡语，从不过问。除了学问，对其他的一切似乎都没有兴趣。不会聊天，更不会唠家常。可一旦和同行探讨学术问题，或遇到在学术上向他问询的对象，以及在课堂上、在家里给学生和弟子们授课时，却是精神振奋，气势高昂，如洪水喷发，闸门大开，口若悬河，滔滔不绝。有时情绪难以自控，手舞足蹈，嗓音如雷，震惊四邻（前面提到"文革"期间，在家言谈国事，所谓东窗事发引来横祸便是这种情况）。父亲是一个学术狂人，他这种在外人看来似乎精神有点不太正常的教授表象，可谓是由来已久。我也曾问过，他自己也承认，据传早年在其当助教讲师时，有一回给学生们上课，大概是讲马克思辩证唯物主义的由来，自然牵扯到黑格尔辩证理论的合理内核，这一谈到黑格尔，父亲就激动万分，竟振臂高呼"黑格尔万岁"！加之他那"怒发冲冠"的外部形象，曾被人们冠以"邹疯子"的绰号。

"文革"过后，结束了那个"知识越多越反动"的荒唐年代，当年的"邹疯子"又重新走上了讲台，进入他学术生涯的第二个春天。1978年父亲"现行反革命"平反摘帽，是"四人帮"粉碎以后，整个吉林大学最后一个被"摘帽"的"专政对象"。平时学生们经常看到的那个衣衫不整，蓬头垢面，天天打扫楼道、清理厕所及阅览室环境卫生的中年勤务人员，一夜之间，竟突然现身讲台授课。这突如其来的变化，令人们极为震惊，同时也感到好奇。当时（也就是在他"摘帽"的1978年）父亲第一堂课的场面非常感人。整个教室座无虚席，挤得满满登登，后排的学生们都站在了桌子上面。教室的门口及楼道也是挤满了人，来晚的根本就挤不进去。听课的学生不光是哲学系，其他系的学生们也都闻风而至、慕名而来，有中文系的、历史系的、经济系的……甚至还有理科系的学生。听课的人实在是太多了，以至教务管理人员无法入室清场，往教室外赶学生都赶不走。讲台上，摆放有细心的学生给父亲冲好的白糖水（当时也没有什么高档的饮料）。讲课时，父亲精神振奋、情绪高昂，二十多年的学术压抑如火山喷发，一股脑地宣泄出来。室内鸦雀无声，父亲那激昂的授课言辞回响于教室，黑板板书的内容也不用板擦而是用他自己的袖口一擦了事（平时讲课就是这样，回到家满袖口乃至浑身都是粉笔沫子，就像从粉笔堆里爬出来似的）。尤其令人感动忘怀的是，当讲到最为关键的内容之时，情绪激动不能自己，用手猛击玻璃黑板，竟将黑板打破，手也被同时划破，鲜血淋漓（回到家，我看到伤得很重，长时间未能愈合），字血交融布满黑板。课讲完结束后，同他一样"疯狂"的学生们，呐喊狂呼激动不已，对邹老师精彩的讲演，报以长时间的热烈掌声，并献上一束束的鲜花以示感谢。

20世纪80年代是父亲执教及学术生涯的黄金时期，也是在他一生中最为幸福给他带来巨大快乐的时期。在此期间，他可以无忧无虑地与"知识"相拥，与"学术"想抱，坚持自己独立的哲学思考，名正言顺地研读他钟爱的哲学理论。父亲终于又重新执教走上了讲台，在讲台上传神般地将康德和黑格尔的哲学思想演绎出来，培育了一大批优秀的弟子和学术人才。同时80年代也给父亲的日常生活增添了新的光彩。父亲当时带有十来个硕士生，有男有女，年龄有大有小，他们来自全国各地的各条战线，有务农的也有当兵的，总之"工农兵学"一应俱全。记得在改革开放的80年代初，社会上曾一度流行家庭舞会，在我们家也经常举行，用现在时髦一点的话来说就是"学术沙龙"。家庭如讲堂，他经常在家里给弟子们上课。父亲平易近人，他的弟子们也常来我家向父亲请教或探讨学术问题，这不仅给我们这一"三口之家"带来新的气氛，孤独的我也无形中增添了不少"兄弟姐妹"。俗语讲"一日为师，终身为父"，此话一点不假。父亲与其弟子的情感互动，学术为媒，师生之情如同父子，乃至胜过血缘父子亲情。弟子们的到来，父亲喜形于色，师生相聚，海阔天空，无话不说，无所不谈，所谈话题自然是以学术为主，但也涉及到生活中的方方面面；父亲时常留他们在家用餐，并亲自下厨掌勺，为大家做他的拿手好菜；他们有的处朋友也要领到我家，让老师看看把把关……真可谓其乐融融。这一学术研讨与生活气息的共融，使父亲的家庭观念有了很大改观，以及日常生活中他那向来孤僻、沉闷的性格也发生了巨大变化，使他从中幸福地领略到了一种超乎亲情般的"天伦之乐"。

上面曾提到父亲缺乏与家人及亲情的感情融合和沟通，但只是缺乏，并不是没有任何交流，但沟通明显带有知识和学习的浓厚色彩，这也是他唯一与家人情感交流的互动方式。生活中，无论对我、对我母亲及自己的孙女，凡属生活琐事，怎么样都行，无动于衷，从不插手，也从不发表自己的想法和意见。可一牵扯到有关知识和学习方面的事情，情况就不一样了。记得1977年全国恢复高考的第一年，那时我已经参加工作，准备在职应试，父亲同我一样兴奋异常，就像他准备要参加考试一样，帮我备考复习，替我到吉大体育馆听课作笔记，颤抖的手用繁体一个字一个字地做记录，极为认真。同时，他还把他以前收藏的，还是商务印书馆印制的老教科书都翻了出来，给我作备考的辅助材料之用。在报考志愿上，他当然极力主张我报文科，但我没听报了理科，母亲也坚决支持我报理科。父亲的灾难经历，全因"文"而致，已给我落下了深深的印记，所以我执意弃文习理，从中专到大学永走理工之路，而终成为国家测绘地信战线上的一名高级技

13

术管理人员。父亲晚年，在他孙女考研的问题上，也表现得特别热忱，甚至把康德、黑格尔的一些哲学原著和他已出版的专著赠其阅读，引导她对哲学的兴趣，并建议考他弟子哲学专业的研究生，甚至打算收他孙女为自己的关门弟子，但最终也是未能如他所愿。在父亲看来，知识是人生立世之本，人活在世上不能无知，因而要不断地学习。与其他的长者不同，父亲对我和他的孙女，虽然平时在生活上关心甚少，但在知识学习这一根本性的问题上，却能表现出如上所述的那么一种超常关注。我想这就是大爱，是一种真爱而不是溺爱，是实质性的亲情之爱，而不是形式上的那种空洞说教式的父子之情和爷孙之情。

父亲备课从不做笔记，一般也不写讲稿（初次听课，对其口语及表达方式不太习惯的教师进修班除外）。因为那二十多年的"群书博览"给予他的知识积累，已深深地融于他的心灵和脑海之中。即将所讲的一切内容及思路，就如同家后院的果树，已结满累累的成熟果实，举手可摘，唾手可得，而唯一需要做的就是，如何更好地与他人分享。所以课前在家里，父亲通常往往先是陷入沉思和冥想，随后便可以看到他不出声地自言自语，在房间里走来走去，并配合一些肢体动作，演练授课现场的全部过程。他睡眠不实，总说梦话，有时在睡梦中也经常可以听到他慷慨激昂的授课言词，把家人惊醒。

父亲睡眠不实，总说梦话，我认为这并不是他的一种生理病态，而是一种他所独有的，用任何药物也治愈不了的，习惯性的思维方式。这种睡梦中的思维，就如同我们形容梦境常说的那样"日有所思夜有所梦"。但与我们常人不同，通常我们所梦之事杂乱无章，醒来几乎全忘，那不叫思维，那是胡思乱想；而父亲的梦境比较单一，是定向性的，除了学术内容还是学术内容，且又是一种灵感激发，醒来之后"记忆犹新"。在我印象中，说梦话是他的常态，梦话的内容几乎全与学术有关，就是骂人也与学术相连；如果你和他同室而眠，经常还可以看到他半夜像"诈尸一样"，突然从梦中惊醒，而后起身"奋笔疾书"（有时也是与梦话相伴，说着说着就起来了）。由此看出，父亲的思维，永不停歇，他的大脑如同"永动机"一样，一天二十四小时不停地运作，使其不停地置于精深、执着的哲学沉思和冥想之中。

父亲晚上睡梦如此，白天在家里与别人探讨和争论学术问题的时候，也同样会给人们展现出一种非常冲动和震撼的场面。父亲为学认真，性格执着，脾气急躁。经常为了学术问题，与人争论不休，往往情绪又特别激动，他那高昂的嗓门，再加点不雅的口头言辞，就如同跟人吵架。有时争辩一个学术问题，因自己的观点没能得到对方的认可，非常生气，手都在发抖，甚至可以气愤地把身边任何一样随手拿到的东西狠狠地摔在地上，以进一步阐述和强调自己的观点。一次有同行来访与其探讨学术。起初一切平静如常，可过了一段时间，便发生了"战事"，只听隔壁父亲嗓音如雷，并同时伴有物品的破碎之声，他们"干"起来了。首先，我发现猫惊慌地从父亲的书房里跑了出来，随后进屋看到，父亲两眼放光，还在兴致勃勃地向对方陈述，烟灰缸的玻璃碎片布满一地，"战场"一片狼藉。

父亲在研读写作的时候，也是全神贯注极为投入，就如同佛家打坐修禅一样，唯有学术心中留，"心无杂念"注意力特别集中，往往对周围所发生的一切全然不知。记得是1976年，父亲去湖北襄樊弟弟家为其父奔丧，回来时那边给他一箩筐甲鱼（就是我们常说的"王八"，是湖北的特产，据说有大补之功效），能有十只之多，可回到家，筐里却仅剩一只（半死不活）。原来是父亲途中，在列车上看书的时候，精力过于集中和投入，甲鱼啃破箩筐几乎全部逃生，他竟然没有察觉。当时的场面可想而知，逃生的甲鱼布满车厢，多数肯定都被人们顺手牵羊收入囊中，即便提醒，父亲也没能听见。事实上他当时的状态根本就听不见。

父亲自小就不太爱运动，学生时代也是如此，什么体育项目基本都不会，就会游泳，而且是蛙泳式的"狗刨"。从我记事起，父亲就游过两次，至多不超过三次。父亲虽不爱运动，生活也很不规律，经常熬夜，但平时的身体健康状况一直还可以，体能较强，感冒甚少，小病小灾的往往一挺就过去，很少吃药。年轻时得过一次肺结核，中年做过一次肾结石摘除。牙口不好，经常有牙疼的毛病，我也是这样，这自然主要与基因遗传有关。晚年中风卧床，也是与他平时饮食"喜油好腻"，加之"思维过度"所致；但此期间仍能坚持写作，头脑非常清醒，一点都不糊涂。父亲一生历经坎坷、多灾多难，八十四岁而终，虽不算特别的高寿，但与某些和他同龄或接近同龄，在他之前离世的同事相比，也算是一个不小的奇迹了。我以为多难的人生，有时从另一个角度来看也并非是一件坏事。父亲二十多年的蒙难经历，不仅在精神上磨炼了他的意志，长时期的"劳动改造"也在体能上，极大地弥补了他自小就本不爱运动的缺陷，使其原本瘦弱的体质有了很大的提升和改善，进而形成"抗折腾"的体格。这就使他在探索、追求学术的执教生涯中，有与众不同的旺盛精力，夜以继日，永不休止地"沉思"和"冥想"，不辞辛劳地"研读"、"教授"和"著述"。所以，父亲一生屡遭磨难，固然是对他的一个"打击"，但同时也是对他的一个"成全"。我不懂哲学，这也许就是事物的两面性，任何现实的表象，消极的实体当中或另一面，也有其积极的成分。用毛泽东的话来说，那就是"一分为二"吧。

父亲一生淡泊名利。早在二十世纪五十年代，据说在副教授提升的问题上，不攀不比，把其看得很淡，某人评上了，周围人意见很大，当问及父亲为何没被评上，父亲没有出于嫉妒之心说这个人水平不够，而是本着一种实事求是的客观态度，面带微笑淡淡地说：他够我也够，更没有因此而影响自己当时的工作和教学情绪。记得离休前，在其博士点申请报批的事情上，虽百般努力，但最终未能获准，父亲也并没有因此消沉，情绪上也同样没有受到任何负面的影响。1991年正点离休而后返聘三年正式离职。尽管人虽离职，但在学术上笔耕不辍，研究不断深入。据我统计，父亲生前已出版仅有的三部重要学术专著，有两部是在他临近离休前后出版完成的，且在此期间一直到2004年，几乎每年都有文章公开发表。2005年，在其病体缠身、中风卧床之际还完成了名为《第一哲学原理体系》的书稿，这也是在他生命终结之前，在学术上留给世人最后一部总结性的哲学遗著。

父亲生前曾有名言一句：生命之树和知识之树是同一棵树，没有新知识的滋养，生命之树就会枯萎。他把生命与知识融为一体，人生即知识，知识即人生，人之生命若没有知识的融入将毫无生机，脱离知识的人生将毫无意义。知识的贫乏十分可怕，无知可使人愚昧，无知可使人平庸，无知可使人堕落，无知可使人变成魔鬼……乃至无知最终将毁灭世界和人之生命本身。正因为如此，父亲为知识而降临人世，他的一生是追求知识、学术，追求正确理念（真理）的一生。他不大理会知识之外的人生，甚至认为无知的人生就不是人生。这就铸成父亲超凡脱俗，与常人有所不同：

这就铸成父亲融合马克思倡导的唯物主义、西方哲学和中国传统哲学，构建了自己独特的"中西马哲学融为一体"的哲学体系。以中国儒学"知性而知天"的原理为基础，结合黑格尔概念辩证法与胡塞尔现象学的核心思想，建立了一种"哲学即人学"的新的辩证唯物主义学说——先验唯物主义。晚年形成了体现心物统一的、包含"哲学现象学"、"超验本体论"和"范畴逻辑学"等环节在内的新的本体论思想体系的理论构想（"第一哲学原理的科学体系"）。

这就铸成父亲为学，贯中西，博今古，其哲学理论博大精深，涉及哲学的方方面面，既有强烈的思辨性，又有厚重的历史感和现实意义，并极大地影响了受其教诲的一代学者，培养了一大批国内知名中青年学术人才。

这就铸成父亲的治学理念：以人生终极意义为目标的形上追求，以真理为目标的纯粹理论思维的态度，以哲学思辨逻辑为基础的史论结合治学方法，以哲学基础理论研究为志业的理论取向。在塑造吉林大学哲学学科之理论研究特色方面起到了至关重要的作用，为吉林大学哲学学科学术思想传统的重要理论资源。

这就铸成父亲一生刚直不阿，淡薄名利，不计生活小节，性格单纯、直言无忌，率直、为人真诚、表里如一。同时这也使他人生的另一面历尽坎坷，蒙冤受屈，多灾多难。

总之，在我的心目中，父亲绝对是一个真正、纯粹的学者——哲学史家、哲学家。他在生活中是一个孩童，但在学术上是一个强者，绝对是一个顶天立地的人。

我与父亲虽为父子，但师生之情远高于我们父子之情。家庭对其来讲仅仅是一个人生求知立业的临时载体，而非学术空间，生活中父子间沟通甚少，也没有那些正统、戏剧般、台词似的生前"教诲"。所以父亲对我来说，只是我由衷敬佩和仰慕的对象，是他的一个与其学术无关的"学生"和"俗家弟子"（父墓碑铭落款之处，曾要把我的名字居前，我坚决没有同意，终为"众弟子及邹铁筋等敬立"）。

就亲情而言，唯一问心无愧的是，作为他的独子，特别是还有我的母亲，在他屡次蒙冤遭难之际，我们保住了家庭这个"载体"，并没有背弃而去，与其患难相守，温暖同行。否则有可能一切皆无，也可能不会有如今的此时此刻。

以上便是我对父亲的一些琐碎的追思和回忆。2018年即将临近，是父亲去世十周年祭。在纪念和缅怀其生前执教生涯及学术研究的业绩之时，我想比较重要的是能把他临终遗著如期出版，让他的哲学思想完整地展现于世，传于后世，使其精神生命永远存留于我国哲学思想的未来发展之中，以实现邹化政教授生前最终的遗愿，使先生在天之灵得以安息！

（作者系邹化政教授之子）

怀念邹化政先生

孙正聿

一、"有故事"的先生

在我所熟识的人中，特别是在我所熟识的学者中，邹化政先生大概是最"有故事"的人。

"有故事"的人，总是与常人有所不同的人。邹化政先生与常人的不同之处在哪里呢？就是他不大想常人所想之事，不大做常人所做之事，而是痴迷于常人不大想的"思想"（名词）之中，沉浸于常人不大做的"思想"（动词）之中。用他自己的话说，学问之树与生命之树乃为一棵树。学问即其人生，人生即其学问，不大理会学问之外的人生，于是邹化政先生成了与常人有所不同的"有故事"的人。

作为学问即人生的邹先生，在我的记忆中，既浮现不出"读书"的邹先生，也浮现不出"写书"的邹先生，而只有"沉醉"的邹先生：一是"沉醉"于"冥想"之中的邹先生，一是"沉醉"于"授课"之中的邹先生。每次去先生家，映入眼帘的常常是这样一幅图画：先生胖胖的身躯挤在并不宽大的椅子里，眼睛似睁似闭，怀里搂着一只懒洋洋的胖猫，略有节奏地微晃着身子，脑袋里翻滚着他的思想。向他问好，他微微点头；如果你和他谈生活中的人或事，他仍旧一言不发地眯着眼睛；只要你一说"哲学"，他就会点燃一支香烟，笑眯眯地听你说，有时"嗯"、"嗯"地回应着，有时会用浓重的山东口音大声地说"不对！"至于为何"不对"，他却很少解释。然而，让我记忆最深刻的是，他每次说的"不对"，却足够你长时间地思考，直到你真正感到自己的"不对"。这大概就是所谓的"醍醐灌顶"吧。

"沉醉"于"冥想"之中的邹先生，除了几位20世纪80年代的学生外，别人是不大见到的。人们所能见到的邹先生，是"沉醉"于"授课"之中的邹先生。这时的邹先生，立于讲台之上，"怒发冲冠"（先生的头发常常是直立的），"旁若无人"（先生的眼睛总是盯着黑板），"滔滔不绝"（先生的课总是从上课铃响不间断地讲到下课铃响），"慷慨激昂"（先生的思想如放闸之水扑向听课的学生）。正当人们全神贯注之时，先生却会突然地大笑起来，自得其乐地引用一、二句诗词，有时甚至会用粉笔猛力地敲击黑板，以至于把手指划出血来。下课铃声响起，先生的话戛然而止，昂首挺胸，双手扑打满身的粉笔灰，目不斜视地走出教室，好像是打了胜仗的战士离开战场。

二、"总有话说"的先生

去世不久的叶秀山先生，曾在《读书》发表一篇文章，题目是《读那些总有读头的书》，讲的是黑格尔的《精神现象学》。按照叶先生的说法，"总有读头的书"，就是"总有话说的书"，经得起追问的书。邹先生最认可的哲学家是黑格尔，邹先生的魅力就在于他像黑格尔一样，思想的逻辑是无尽延伸的，具有极强的理论征服力。

生活中的邹先生，不善言辞，"总是无话可说"。哲学中的邹先生，则与生活中的邹先生判若两人。他所讲的每个道理，背后总有一连串的道理在支撑着，以至于"总有话说"来应对人们的追问。他给我们讲的第一堂课是"近代哲学统观"。按照先生的说法，整个的西方近代哲学，就是"上帝的人本化"。他从上帝的自然化、物质化、精神化一直讲到上帝的人本化，以一条完整、清晰的逻辑进程展现了西方近代哲学的历史进程，毫不牵强地达到了哲学所追求的"历史与逻辑"的统一，深刻睿智地展示了哲学所要求的"由抽象到具体"的辩证法。对比西方学者所论述的从"信仰的时代"到"冒险的时代"、"理性的时代"、"启蒙的时代"再到"思想体系的时代"的近代西方哲学，先生以一个"核心词"——"上帝的人本化"——凸显了理解和阐释整个西方近代哲学的"灵魂"，又以一串"关键词"——上帝的自然化、物质化、精神化、人本化——展现了黑格尔所说的"环节的必然性"。一个"灵魂"照亮了每个"环节"，每个"环节"都闪耀着一个"灵魂"，简洁而又鲜明，深刻而又睿智，既显示了哲学史的辩证法，又构建了辩证法的哲学史。这大概就是邹先生最为认可的黑格尔的"全体的自由性"与"环节的必然性"的统一吧。每每读到邹先生的"近代哲学统观"的听课笔记，总是被他的"逻辑"所震撼。

进入大学之前，我就读过一些哲学书，记住不少的"名词"、"原理"、"条条"，自以为略懂"哲学"。然而，自大学二年级听高清海先生讲"古希腊哲学"、邹化政先生讲"近代哲学统观"，方觉自己非但不懂哲学，而且直接的误读了哲学。把我领进哲学大门的，一是高先生的"思维方式变革"，一是邹先生的"哲学理念反思"。这里要说的是邹先生的几个"基本观念"：一是"意识界的存在"，二是"逻辑的先在性"，三是"先验统觉原理"，四是"天道即人道"，五是"绝对理念是伦理实体"。正是这些"基本观念"的"相互规定"，不仅构成了"总有话说"的邹先生的哲学思想，而且引发了"接着说"的弟子们的哲学思想。

当代中国人学哲学，总是从"精神与物质"的关系学起："物质是客观的"，"精神是主观的"，"主观的精神是对客观的物质的反映"，似乎只要记住"世界是物质的，物质是运动的，运动着的物质是有规律的，有规律的物质运动是可以被认识的"，就是掌握了哲学的真谛。邹先生讲哲学，也是从"精神与物质"的关系说起，但他是从"意识界的存在"出发，"反思"教科书所说的"精神与物质"的关系："意识界的存在"何以存在和如何存在？怎样理解和看待"意识界的存在"的"主观性与客观性"？由此，就提出了被恩格斯概括的作为"哲学的重大的基本问题"的"思维和存在的关系问题"，就提出了前康德哲学的"经验论"与"唯理论"所争论的"感性与理性"的关系问题，就提出了康德的"先验论"和黑格尔的"思维和存在的同一性"问题，就提出了马克思在《关于费尔巴哈的提纲》中对旧唯物主义和唯心主义的批评问题——为什么旧唯物主义的"主要的缺点"在于"只是从客体的或者直观的形式去理解""对象、现实、感性"，而唯心主义则"只是抽象地发展了""能动的方面"？正是在邹先生的"当头棒喝"下，我开始"反思"作为哲学基本问题的"思维和存在的关系问题"，并于1985年在《哲学研究》发表了我的第一篇学术论文《认识的内容和形式的二重性》，由此展开了对"思维和存在的关系问题"的"前提批判"。

由"意识界的存在"而"反思""思维和存在的关系问题"，直接引发出"思维规律与存在规律"的关系问题。邹化政先生所提出的问题是：为什么康德认为"思维规律只是思维把握存在的规律"，而黑格尔却认为思维规律是思维与现实的"和解"？邹先生由此而着力阐发的是"逻辑的先在性"问题，即构成黑格尔哲学的"思维和存在的同一性问题"：只有在逻辑上承认思维和存在的"自在"的同一性，才能在认识中实现思维和存在由"自在"到"自为"再到"自在自为"的同一性。邹先生的论述，直接地引发了我对马克思和恩格斯的两个论断的思考：一是恩格斯的论断，即"我们的主观的思维和客观的世界服从于同样的规律，因此两者在自己的结果中不能互相矛盾，而必须彼此一致，这个事实绝对地统治着我们的整个理论思维。它是我们的理论思维的不自觉的和无条件的前提"；二是马克思和恩格斯的论断，即"凡是有某种关系存在的地方，这种关系都是为我而存在的；动物不对什么东西发生'关系'，而且根本没有'关系'；对于动物来说，它对他物的关系不是作为关系存在的"。恩格斯关于"理论思维的不自觉的和无条件的前提"的论断，不仅引发我"唯物主义"地重新理解"思维和存在的同一性"的"逻辑先在性"问题，而且促使我从如何对待这个"前提"去"反思"哲学与科学的关系问题，进而构成了我的"前提批判的哲学理论"。马克思和恩格斯关于"关系为我而存在的"论断，则不仅引发我深刻地理解"主体"对"客体"的"逻辑的先在性"，而且引发我深切地思考高清海先生所提出的"人对世界的否定性统一"关系，进而把哲学的"世界观"理解为"人生在世和人在途中的人的目光"，并由此展开对"构成思想的基本信念、基本逻辑、基本方式、基本观念和哲学理念"的无限开放的前提批判。

把"逻辑的先在性"视为一种"逻辑"上的推断和承诺，是邹先生最不能容忍的，也是邹先生最为拒斥的。在先生看来，以自然性和社会性的断裂来区分人与自然，是哲学思考中的致命的误区。先生认为，天道即人道，人道即天道，人的自然性乃是社会性的自然性，人的社会性乃是自然性的社会性，离开人的自然性而讲人的社会性，或者离开人的社会性而讲人的自然性，都是对天人之道的背离。思维规律之所以能够把握存在规律，就在于二者服从于同样的规律；绝对理念之所以能够成为统一性原理，就在于它所展现的是"自觉的理性与存在于事物中的理性的和解"即天人之道。先生关于天人之道的形上之思，关于人的自然性与社会性的逻辑思辨，对于我们深切地思考和体悟人与世界的关系，从而更为合理地实现"人与世界的否定性统一"，应当是一种值得不断推进的"形而上学"。

三、"活着的"先生

许多人写马克思，叫作"活着的马克思"；一些人写鲁迅，叫作"活着的鲁迅"。能够用"活着的"说法来写某个人，这个人大概总是个"历史人物"，这个人的思想大概总是影响深远的"伟大思想"。把"活着的"用在"邹化政"之前，我想说什么呢？我想说的是"最后的形上学家"。

读过美国人艾恺写的《最后的儒家》的人都会发现，我的"最后的形上学家"的提法是模仿来的。艾恺把梁漱溟先生称作"最后的儒家"，是因为梁先生不仅是儒家的言说者，而且是儒家的践行者。这样的"知行合一"的儒家，在现代可能是"最后的"。在当今的"后形而上学"时代，邹化政不仅"形而上"地"思考"着，而且"形而上"地"存在着"，这大概也是"最后的"，于是我把邹先生称作"活着的""最后的形上学家"。

无论是讲课还是写书，邹先生给人印象最深的就是"不靠谱"——讲课不"照本宣科"，写书不"规范引证"。不管是讲康德的"三大批判"，还是黑格尔的《逻辑学》、《精神现象学》，一讲就是半天，从来不读讲稿，就是那么尽兴地讲下去。先生的山东口音很重，如果你能听得懂他的"思想"，跟上他的"逻辑"，你就会全神贯注、高度紧张、毫不懈怠地"听进去"；如果你的"思想准备"不够，跟不上他的"逻辑"，你就会如坐针毡，满脸茫然，"不知所云"。所以，对于先生的课，反应和评价总是截然相反："听进去"的觉得受益终生；"听不进去"的感到万般无奈。

先生发表的论文和出版的著作，与现在的学者相比，都不算多。尤其是与现在通行的"学术规范"相对照，先生写的书都不算"标准"。无论是影响较大的《〈人类理解论〉研究》，还是知之者甚少的《黑格尔哲学统观》和《先秦儒家哲学新探》，虽然是对洛克、黑格尔和"儒家"的"专题研究"，但给人的印象却是先生的"借题发挥"——以"研究"之名而行"独白"之实。所以，对于先生的书，反应和评论同样是截然相反：赞同者为其"思想"而"拍手称快"，拒斥者为其"离谱"而"多有诟病"。

晚年的先生很少讲课，偶有"讲座"，听之者众，明白者寡，以至于开讲时座无虚席，结束时寥寥无几。先生本人似乎并不在意，就是那么滔滔不绝地讲下去，仍然像打了胜仗的战士离开课堂，但我还是感到一种酸楚和悲凉。究竟是"青年才俊"已经"超越"了先生的"形上之思"，还是现代的时尚抛弃了"形上追求"，我无力评论；但是我想，"创新"总要"离谱"，"思想"总要"异常"，"现实"总要"形上"的关照，"文明"总要有一些"知行合一"的"形上学家"。于是我问自己：还会有人像先生这样"活着"吗？我不知道；但在我们（先生的弟子们）的记忆中，有过这样一位先生，有过这样一种"活法儿"。

（作者系吉林大学哲学社会学院教授）

无尽的怀念，永远的思索

孟宪忠

1976年"文革"结束。

1977年恢复高考，我有机会读大学。

当时，我既可以报考文学系，因为我喜欢文学，读了许多作品，从小就想当作家；我也可以报考法律系，因我有六七年预审、司法的工作经历。但我更想思考一些问题，更想提高自己的思考能力。

相识的几位吉林大学的朋友与我说，您要是想深刻思考，你可以报考吉林大学哲学系，哲学是思考的学问，吉林大学哲学系高清海教授、邹化政教授是很有独立思想的，到这里学习会不错的。

就这样，我就自觉自愿地报考了吉林大学哲学系，成了恢复高考后第一批大学生。

在哲学系刚读完一年，1979年国家出台政策为加快人才培养，当时就读的本科生可以以同等学力提前报考研究生。因为大学一年级，我就与同班同学在哲学领域高等级杂志《哲学研究》上发表了文章，高清海老师支持我提前试一试报考研究生，结果大学读一年后就提前考试录取，成为吉林大学哲学系"文革"后第一批研究生，跟随高清海老师读硕士，邹化政老师是副导师。

从本质上理解哲学

开始读研究生时，高老师说，你虽然提前考取了研究生，但哲学的功底特别是西方哲学史的基础几乎还是空白，你要多向邹化政老师请教，邹老师是国内不多几位能真正理解西方哲学的实质和勇于阐明自己理解的老师。

遵照高老师的教导，我向邹老师表明希望老师能给我多讲些西方哲学。邹老师当时课程不多，就愉快地答应了我，说他每周可以用半天时间给我谈西方哲学史。

那是一段邹老师对我畅言无忌、精神开放的时光，也是我求学时期最幸福地获得精神思想的时光。

大约一个学期的时间，几乎每周都有小半天时间邹老师在家给我讲黑格尔、康德、贝克莱，布置我除了读黑格尔、康德的原著外，还要读梯利、文德尔班、麦克塔加特的西方哲学史。正是在邹老师私塾般的传授、启发下，我开始理解西方哲学的博大精深思想和永恒的认识与精神价值。

私塾般授课过程和撰写论文过程，可以说是我哲学思考方式和哲学人生态度的形成过程。

师从邹老师学习黑格尔哲学时，我才理解黑格尔逻辑先在性的本质是说世界由一个统一的规律统摄，这一规律即是绝对理念。逻辑先在性只是就规律的重要性而言，就规律是万事万物的本质而言，并不是我们肤浅理解地绝对理念是时间上先在于自然、社会万事万物之前，由绝对理念像上帝一样创造出万事万物。

从黑格尔关于理念的实存就可以理解绝对理念根本不是时间上先在的。黑格尔说得非常明确：表象即为实在（appearance is reality），绝对理念的实际存在就在万事万物中。在黑格尔看来，理念在逻辑阶段是纯粹的、抽象的，而抽象的理念是不实的。因此，理念为了实现自己就必定要扬弃自身的抽象性而异化为自己的对立面——自然界。黑格尔认为，理念异化为自然，同时又潜蕴于自然之中，主宰着自然界的事物的发展。但"自然仅仅自在地是理念"。与理念的自在自为的本性不相符合。这种不符合性特别表现在自然界的事物都依赖于一个他物，因而受必然性和偶然性的支配；而理念则是自己决定自己，本质是自由。因此，黑格尔认为：对于理念来说，自然界还是一个和自己的本性不相符合的异己势力，是一种异化。这样，理念就不会停留在自然界的发展阶段上，它必定要摆脱、克服自己的异化物——自然的牵制、束缚而复归于自己，由自在进到自为，从自然引出精神，从"自然哲学"过渡到"精神哲学"。

精神哲学是黑格尔哲学体系的最后一部分，也是黑格尔本人最为重视的。

因为"精神哲学"讨论的是"人"。在黑格尔看来，人高于自然界、高于动物之处就在于，人本质上是一个能够"思考自己"即具有自我意识的精神实体，是一个能够摆脱物质、必然性的束缚而实行独立自决的自由的精神实体。精神哲学的任务就是描述"绝对理念"通过自己的最高产物——人回复到自己、自己认识自己，实现思维与存在同一的过程。黑格尔所强调的精神本质上是一种辩证能动性，它不是单一的规定，不是僵化、固定的，而是生动活泼的不断地自我超越辩证的证过程。

不论是在抽象的逻辑学阶段、自然哲学阶段、精神哲学阶段，贯穿始终的是运动着的辩证法。一切都在运动，都在结构化，都在系统化。而这一切变动的实质就在于"现实的就是合理的，合理的一定会成为现实"。这一判断简直就是革命宣言：一切合理的必然到来。

黑格尔为什么将一个本质决定现象、思维存在同一性、表象与实在总要辩证运动、合理的必然是现实的理论讲得如此晦涩呢？

如果人们设身处地地想想自己经常三思而后行、环顾左右而言他的情形，就会理解康德、黑格尔等生活在一定历史条件下的哲学家了。

康德在1766年的一封信中承认：实际上，我相信许多我永远不会有勇气去说的事情。不过，我永远也不会去说任何我不相信的事情。

黑格尔讲演录的记录稿中，明显记载着他的原话："启蒙思想从法国转移到了德国，在这里，它产生了一个新的思想世界，它的原则得到了更深入的解释。然而，这些新的思想经常并没有被公开地与宗教教条区别开来；相反，为了达到对宗教至少表面的承认，人们做出了牺牲和扭曲，甚至在今天也还有这种事情发生"。

我接受邹老师关于黑格尔绝对理念的逻辑先在性是指本质、共性的重要性，并不是时间先在的思想，我的硕士论文《黑格尔的绝对理念研究》也坚持了这一观点。这在当时人们误解、批判黑格尔的氛围下是很不合时宜的。由于高老师也支持我独立思考，答辩委员会主席北京大学著名教授张世英先生赞同这一观点，我的论文得以顺利通过。

讲解贝克莱开启近代认识论的意义时，我说到市面上一些所谓的哲学著作批判贝克莱是主观唯心主义，批判贝克莱的存在就是被感知荒谬到极端，并讽刺贝克莱如果存在就是被感知，那么贝克莱出生前没有感知到的他的祖先就不存在吗？当我将这书给邹老师看时，邹老师气愤地将其扔到地上，连连说"无知、胡说"。邹老师说，贝克莱的存在就是被感知是说人们直接面对的世界首先是意识呈现出来的世界，在意识呈现出的世界中一定有意识的独立作用。认识论要研究意识的能动性，是贝克莱以尖锐的形式提出了认识的能动性问题。这个道理并不复杂，颜色、声音、气味都是一定的物理因素与人的感觉器官交互作用的结果，在这个意义上，我们可以说人们直接面对的世界都是由人的感官作用转化物理因素的呈现世界，可以说存在就是被感知。

讲解芝诺的辩证法时，面对人们说什么芝诺提出阿基里斯追不上乌龟的命题是无视事实的形而上学，邹老师也极端蔑视。邹老师说芝诺从来没有从感性上否认希腊名将飞腿阿基里斯赶上爬行的乌龟，说芝诺否认阿基里斯赶不上乌龟这一感性事实那是无中生有的污蔑。邹老师说，芝诺说阿基里斯追不上乌龟是在讨论思维的矛盾、思维的辩证法，芝诺是在思维、理性层面探讨如果阿基里斯要赶上乌龟先总要追上相差距离的二分之一，可二分之一又有二分之一，二分之一可以无穷尽地分下去，阿基里斯就永远走不出二分之一的矛盾。

不胜枚举。

是邹老师对古希腊哲学、近代哲学、德国古典哲学的讲授使我步入了西方哲学的殿堂，趋近于对其本真的理解。

邹化政老师最大的贡献是在国内肤浅化、庸俗化西方哲学的背景下恢复了西方哲学的本来面目，使一大批学生、后来者重新踏上人类文明的大道。这是一个前提，在此基础上，邹老师的《"人类理解论"研究》、《黑格尔哲学统观》、《先秦儒家哲学新探》更是以自己的独立见解推进了对洛克、黑格尔哲学及中国古典哲学的研究。

我师从邹化政老师治学最大的感悟就是，研究问题一定要从思想者的原著开始、从尽量阅读原语言著作、理解原意开始（虽然这只是一个趋近过程），一定要独立思考，绝不能人云亦云……

从本真上做人行事

邹老师启发我超越常识来学习、理解西方哲学，这些学习也使我认识到多年来我们基本上是在肤浅化、庸俗化、歪曲、污蔑西方哲学和世界思想。

在学习时，我不免要问：社会上为什么会肤浅化、庸俗化、歪曲、污蔑西方经典哲学家和思想家。

邹老师不无奈地说：恐怕是无知还有些无廉耻吧……

"无知"就是根本不读西方哲学家的原著，根本不了解哲学家的所言所思，就跟风助势地乱批一气。邹老师说，"文革"前在国内除了留学海外的贺麟、杨一之几位老先生外，有几个人真正读完了黑格尔的著作？真正读完了康德的著作，看看有多少批黑格尔、康德的都成为教授了。邹老师更坚定地说：全国几乎没有一个人读过杜林的书，看看"文化大革命"时有上亿人在批杜林。这严肃吗？这公平吗？不是讲实事求是吗。不看人家的书就批判，哪来的实事求是。

邹老师说得深刻：之所以肤浅化、庸俗化、歪曲、污蔑还与我们将哲学学习搞成了全民族运动有关，与发动群众学哲学有关。

哲学需要刻苦学习、需要独立思索、需要超越经验、超越常识，就像原子物理、量子力学不是直观的经验，不能全民搞原子物理、量子化学一样，哲学也不完全是直观的经验，也不能全民搞哲学，全民搞哲学不肤浅才怪呢、不庸俗化才怪呢？

邹老师说，你看世界上那些产生了伟大哲学家的国家是群众学哲学的吗？穿鞋戴帽不可能是真正的哲学，附庸权势不可能是真正的哲学。我们学哲学成了运动、批哲学成了运动，几亿人都成了批判家，那还不是庸俗之众？

为什么歪曲、污蔑西方哲学呢？与我们简单化的唯物主义、唯心主义两极化思维有关，与泛滥成灾的阶级斗争分析方法有关。动不动就用唯物、唯心划线，用阶级斗争的观点分析哲学阵营、区分是敌是我，这样划分的结果，在革命派看来全部西方哲学基本上都是唯心的和反动的。苏格拉底被说成是反动派鼻祖，黑格尔学说被斥责为麻醉人们的宗教，我们完全脱离了人类文明发展大道。而对苏联的掌权者哲学、权力哲学，我们却顶礼膜拜，陷入了教条、僵化、哲学官化和官化哲学。无廉耻还不就是不问是非的站队、打击别人、表现自己、为自己获得权、名、利。

我多次问过邹老师为什么被划为右派，老师与我说，还不是因为我说哲学要独立思考，就说我不拥护统一思想，我说历史上的哲学是哲学家、思想家的创造，不一定都是政治人物提出来的。这就说我污蔑领袖，美化康德、黑格尔，拿西方哲学家对抗领袖。我说今天哲学学者可以发展哲学，就说我们有野心。邹老师真的很无奈地说，我就是实事求是的看到全世界的哲学思想就是哲学家提出来的，不是国王、总统提出来的，才总结说哲学家可以提出哲学，不一定是政治人物提出哲学。邹老师不乏天真地说：你们说我说得不对，无论西方哲学发展过程中还是中国哲学史上你指给我哪一位国王、皇上、总统是哲学家？

那为什么是反革命呢？

邹老师笑了，还不是我随便说了一句"世界上没有万寿无疆，是人都要死"，就上纲上线是针对领袖；我说哲学史上没有女哲学家、女生不适合学哲学就被揭发是讽刺江青。在那个动辄得咎的年代，充满了黑色幽默。

我与邹老师私下接触多了，就很随便很随意地与邹老师谈话了。面对划为右派、定为现行反革命的这些"莫须有"之罪，我不解地对邹老师说，您不能不说万寿无疆这些事，不能不说主要是哲学家创造哲学思想这些事吗？这些又不是哲学理论本身的内容，说它干吗，说不好惹麻烦。邹老师笑了：我这个人看着不对劲的事，有话藏不住。笑完了，像突然发现什么似的对我严肃地说，你可不能说这些事与哲学理论无关，与发展哲学无关。为什么苏联几十年没有真正的哲学，只有僵化、教条的"官化哲学"，还不是因为当权者垄断了言论，学者们失去了独立思考，哲学家没有了思想空间。

邹老师，一个将哲学视为生命的人。

先生不但从理论上求哲学之真，还从发展环境上，为哲学思想者争取创造思想之地位。

邹老师，一个孩子似天真，彼得般忠诚的人……

我再次想起了康德的迫不得已：实际上，我相信许多我永远不会有勇气去说的事情。不过，我永远也不会去说任何我不相信的事情。

我想起了国内一位学界泰斗转化康德的思想为人生格言：假话全不说，真话不说全。

邹老师则是：真话藏不住，假话全不说。

在许多人眼中，邹老师差了一点人生智慧。

我想，今天我们再思邹老师的为人为学为事，也极有现实意义……

上世纪80年代初，我是去邹老师家次数最多的学生了，邹老师不修边幅、抖动身体、动情讲课的形象永远定格在我的记忆中。印象深刻的还有那只几乎永远趴在邹老师身旁的懒懒的黄色大猫。邹老师不时将大猫揽在怀中，边抚摸着它的脊背，边讲述着黑格尔、康德，大猫也闭着眼睛享受般地在听……

今天，眼前再现这一情景，脑海浮出如下语言，使我对邹老师抚摸大猫理解得更深刻了：

心理学家西格蒙德·弗洛伊德说得对：与猫共度的时光，绝不是浪费。

哲学家伊曼努尔·康德说得深刻：从一个人对待动物的方式，便能判断他的心地。

经济学家兼作家亚历士·罗维拉说得警世：动物教会我们如何做人，特别是在没有人性的时代。

不知大家以为然否？

（作者系上海交通大学安泰管理学院教授）

跟从邹化政老师走近德国古典哲学

王南湜

我大学的专业是化工机械，1981年前基本上与哲学无缘。这年冬天因原来工作的化肥厂关闭转到了一所大学任教，来年春天到吉林大学上助教进修班，才算是第一次正式接受哲学启蒙教育。当时吉大哲学系最著名的学者有高清海、舒炜光和邹化政三位老师，大家都希望能多听听他们的讲授，学到些哲学真经。但高老师当时正忙于编写新教材，只给我们做过几次讲座，舒炜光老师则因患喉癌，难于发声，也只借助仪器才勉强讲过一次课，因而邹化政老师的课就成了我们的能够得到的最佳选择。记得邹老师给我们助教进修班开过三、四门课，此外，我还旁听了他给研究生开设的几门课。等到结业时翻检要带回家的课堂笔记，发现二十多本中竟然有一大半是在邹老师的课上记的。这样，在吉林大学学习一年，经过老师们的哲学启蒙，特别是邹化政老师的耳提面命，我也就从一个纯粹的哲学门外汉开始窥到了一点门径，为后来步上哲学探索之途建立了一个自感还算比较纯正的出发点。

一、在邹老师的课堂上初识德国古典哲学

邹老师开设的课程主要是德国古典哲学，包括德国古典哲学发展史，哲学家专题和原著导读三类课程，后一类课程有黑格尔《逻辑学》研究，康德《纯粹理

性批判》研究等，此外也还开设过洛克《人类理解论》研究等课程。但所有这些课程中所关注的中心内容最主要的还是黑格尔哲学。

从邹老师对黑格尔哲学的解读中，当时感受最深的是他对逻辑先在性和时间先在性的区分。这一区分今天对于从事哲学研究的人来说，似乎是颇为平常的东西，但在那个思想禁区刚刚被打开的时期，对于初涉哲学的我而言，却有如醍醐灌顶，在面前打开了一个以往不曾开启过的窗户，让我初次窥见了哲学思考所指向的那一超验境界。如果说我从工科转向哲学在起初多半还是为种种世俗因缘所牵引的话，那么，正是这一"窥见"，才让我真正迷上了哲学，将哲学思考当作了自己无可逃避的"天命"，并在其中感受了无穷的乐趣。

在邹老师的讲课中，逻辑先在性原理被运用于诸多问题和领域，但当时对我而言，这一原理的首要意义却是对于流行的哲学观念有了可能进行重新审视，其中最重要的又是对于唯心主义与唯物主义之划分的重新审视。多年来，人们习惯于把哲学史归结为先进阶级与反动阶级之间斗争的理论反映，一股脑地把哲学上的唯物主义视为先进阶级的思想代表，而将唯心主义视为反动阶级的思想代表，这不仅极大地歪曲了哲学的历史，而且更重要的是导致了对于马克思主义哲学的严重误解，使人们无法正确理解马克思的哲学革命。而正是这一逻辑先在性原则，对于人们正确理解哲学的历史，特别是理解马克思主义哲学与德国古典哲学的关系却有着莫大的积极意义。

按照人们当时对哲学基本问题的通常理解，区分唯心主义与唯物主义的标准便是何者为本原，而这个本原又往往被理解为何者时间上在先，即时间先在性。照此看法，一方面，唯物主义便被理解为只是一种对于先有自然，后有人类及其意识的常识的肯认，而唯心主义则是一种罔顾这一常识的热昏的胡话。由于对唯物主义与唯心主义如此偏狭的理解，所导致的结果便是，一方面，人们无法理解人的能动性，从而无以把马克思主义的唯物主义与旧唯物主义区别开来，另一方面，亦往往难以将客观唯心主义与唯物主义区别开来。一个显著的例证便是，一方面，人们通常用法国唯物主义去阐释马克思哲学，另一方面，又将马克思主义哲学理解为对于黑格尔唯心主义的颠倒，认为只要将黑格尔哲学中辩证运动的主体从绝对精神颠倒为物质便可成功地从黑格尔哲学转向马克思主义哲学。然而，问题是，如此理解的作为辩证运动主体的物质，既然能够从中产生出生命、人类及意识，则与黑格尔的绝对精神又有什么区别？这实际上只不过是把黑格尔的绝对精神置换成了"绝对物质"而已，除了名称的改变以外，实质并未有任何改变。这样，人们一方面宣称马克思在哲学上实现了一场革命性变革，另一方面，这一变革却被解释成一种如同儿戏般的简单转换，所谓"革命性"便也成了一种堂吉诃德大战风车式的滑稽之举。

面对这种理论上的尴尬，人们便不得不去另寻理解马克思哲学革命的出路。处在哲学观念大变革之潮中的我，尽管初涉哲学，却也奋力追随于其中。在这当中，邹老师所倡导的逻辑先在性原则在某种意义上可以说为之提供了一种方法论指引。这是说，既然任何哲学基于某一原则对于世界的说明，都是一种逻辑先在性，而非时间先在性，那么，不仅用时间上的先后区分唯物主义与唯心主义的方式不能成立，而且仅凭逻辑上的先后也无以有效地区分这两类哲学倾向，而是必须追问其用以说明世界的这一原则本身的性质。既然马克思哲学变革的首要对象是黑格尔哲学，而黑格尔哲学用以说明世界的原则是绝对精神，且如果绝对物质与绝对精神并无实质性区别，那么，能够形成与之对立的说明原则的，便不是用一种绝对性取代另一种绝对性，而是要破除这种绝对性或无限性原则，走向一种有限性原则。具体说来，这便是走向有限的主体即现实的人及其活动。这种趋向便是众所周知的从上个世纪八十年代开始的对于马克思哲学的实践唯物主义阐释进路。也正是基于这一眼界，人们才发现了马克思哲学革命的起点正是对于黑格尔辩证运动主体之无限性的批判。在《1844年经济学哲学手稿》中，马克思把人规定为自然的、肉体的、感性的、对象性的存在物，而将其本质规定为"对象性的活动"，亦即有限的存在物，这意味着马克思要以之反对黑格尔"把人和自我意识等同起来"，将人理解为"非对象性的、唯灵论的存在物"，"知道自己是绝对自我意识的主体"。在马克思看来，黑格尔哲学中，"主词和宾词之间的关系被绝对地相互颠倒了：这就是神秘的主体—客体，或笼罩在客体上的主体性，作为过程的绝对主体，作为使自己外化并且从这种外化返回到自身的、但同时又使外化回到自身的主体，以及作为这一过程的主体；这就是在自身内部的纯粹的、不停息的旋转。"[1]而在《德意志意识形态》中，马克思更是强调从"从事活动的，进行物质生产的，因而是在一定的物质的、不受他们任意支配的界限、前提和条件下活动着的""现实的个人"出发[2]。显然，"现实的个人"只能是有限的存在物，有限的主体，而绝非无限的或绝对的主体。因此，所谓对于黑格尔哲学的颠倒，便只能是用有限的"现实的个人"取代绝对精神而作为辩证运动的主体，所做的颠倒便绝非是绝对精神与绝对物质之间的易位，而是人作为有限者与绝对者之间关系的颠倒，是人神关系的颠倒！

当然，邹老师本人并未从其逻辑先在性原则中引申出对于马克思哲学的实践唯物主义阐释，而且，不少主张实践唯物主义的人们也未必关注过逻辑先在性原

---

[1]《马克思恩格斯全集》第42卷，人民出版社1979年，第176页。
[2]《马克思恩格斯选集》第1卷，人民出版社1995年，第71—72页。

则，但无论如何，对我来说，正是从对逻辑先在性与时间先在性的区分开始，走上了对于马克思哲学的实践唯物主义理解的，而且，从逻辑上讲，逻辑先在性原则也可以说构成了通向实践唯物主义的前提性条件，或者说，是对于实践唯物主义的一个奠基。

二、沿着邹老师指引的路走近黑格尔哲学

1983年初，助教进修班结业之后，我告别了吉大，背着二十多本课堂笔记回到了原单位新疆喀什师范学院。临行前特意到家中去拜别了邹老师，希望能从他那里再得到些教诲。虽然在课堂上的邹老师口若悬河，滔滔不绝，但回到生活中，却沉默寡言。当时坐了不短时间，邹老师也无多言语，记得的只是他关于做学问的几句话，其中印象特别深刻的一句话是，在理论上一定要彻底，不放过任何一个有疑问之处。

回喀什后，本欲就在此教书和自己读书，但又一次机缘凑巧，有了一个机会到中央党校理论部去读研究生。时值蒋南翔任主持工作的第一副校长，高教部长出身的他，教育理念是要把中央党校纳入普通国民教育体系。此举得失成败，非我辈所能评价，但从我们这批研究生切身处看，却从中得到了切切实实的"好处"，那就是有幸聆听了张岱年、任继愈、汪子嵩、黄楠森、齐良骥、张世英、王太庆等一批一流学者的授课。这些课程当中，德国古典哲学仍是学习的重点，当然也是难点。虽然老师们讲授得很是精心，但大家理解起来仍有不少疑难。好在有邹老师的先期引导，特别是借助那十多本课堂笔记，通过近两年的学习，算是在对德国古典哲学的理解上又有了不小收获。受邹老师的影响，大概也和寻求终极知识的情怀有关，黑格尔是我此时最为关注的哲学家。记得邹老师在课堂和曾讲过，他崇拜斯宾诺莎。但同学们都明白，他心里所指的是黑格尔，只是由于黑格尔是唯心主义，而斯宾诺莎则被判定为唯物主义者，他才这么说的。在邹老师的先期熏陶下，我这时虽然还不能说就是黑格尔的信徒，但在对马克思哲学的理解上却已经十分黑格尔主义化了。我所选定的硕士论文的题目《〈资本论〉中的辩证法问题》，便是试图以黑格尔的方式重构《资本论》中的辩证法体系。

照我当时的理解，黑格尔哲学是对于绝对精神历史发展的描述，而马克思对于黑格尔哲学的改造，便是将辩证运动的主体从绝对精神转换为了现实的人，因而，马克思实践唯物主义便是对于现实的人的历史发展的描述。而所谓辩证法，就是用于描述的方法或逻辑。这种描述之所以需要辩证法，是因为它所要描述的对象乃是一个有机整体性的存在，而辩证法正是用来把握有机整体的方法；若对象并非有机整体，便无须辩证法。如此看来，黑格尔的绝对精神由于其为一种非

对象性的绝对之物、无限之物，因而其所构成的整体便是绝对的、无限的整体存在，而马克思视作为运动主体的现实的人，既然是对象性的存在物，受对象限定的因而是有限的存在物，其所构成的整体便只是一种有限的或相对的有机整体性存在。因此，一方面，由于两种哲学的对象都为有机整体，因而便都需要以辩证法加以描述，这就是说，马克思在某种意义上继承了黑格尔的辩证法；但另一方面，又由于基于"绝对的"或"无对的"绝对精神之主体，与"有对的"对象性存在物即人主体的根本性区别，马克思的辩证法与黑格尔的辩证法又有着根本性的区别，即黑格尔辩证法是一种自我封闭的绝对真理体系，而马克思的辩证法则为一种开放的有限真理的体系。

据此理解，我在硕士论文中所确定的理论目标，是把《资本论》中的三个辩证法基本原则——从抽象到具体、矛盾进展、逻辑与历史的一致——把握为一个具有内在统一性的有机整体。论文首先论述了有机整体必然内含矛盾这一前提。有机整体是诸要素相互作用的统一体，诸要素相互作用、相互联系而形成的有机整体具有超出诸要素自身规定简单相加的特性。这超出的特性作为整体的总体规定而贯通诸组成要素构成了有机整体中的普遍性层次，为普遍性所统摄的诸要素则为其中的特殊性层次。普遍性既不能脱离特殊性而又超出特殊性，特殊性不能归结为普遍性而制约着普遍性，从而两者就构成了有机整体内部的矛盾关系。事物的发展便是这两个层次之间相互作用、相互渗透的过程。这表现在反映它的理论中，便是普遍性经由特殊化而达于个别性的过程。《资本论》中从抽象到具体的上升过程，就是这样一个由最初的抽象普遍性经过与对立面的相互作用而特殊化，从而达到具体普遍性即个别性的过程。同时，这一过程也是一个历史与逻辑相统一的过程。这是因为，所谓事物的逻辑，亦即现实生活的内在结构，而这一现实的内在结构是由历史发展而来，历史过程以扬弃的形式保存在现实之中，历史过程的总和与现实是同构的。因此，《资本论》中辩证方法三原则的内在统一性的基础在于矛盾进展原则：矛盾进展规定着从抽象到具体的过程，矛盾进展又是逻辑与历史相一致原则的内在依据，因此，矛盾进展原则是马克思辩证方法的实质。

显而易见，在硕士论文中这样一种对于马克思哲学的解读，尽管十分强调马克思的现实的人作为主体与黑格尔绝对精神主体之间的根本性差异，但就基本精神而言，却无疑是极为黑格尔主义化的。这是因为，这种解读所依据的文本主要是马克思的早期著作，特别是《1844年经济学哲学手稿》，而在很大程度上忽略了马克思后期对于资本主义的科学研究，从而发展出了一种超越于科学的准思辨体系。这种黑格尔化的解读，是那个时期的一种新潮，我只是随着这一潮流行进而已。当然，这一解读方式对于将马克思主义哲学从那种僵化的机械唯物主义阐释体系中解放出来，是有着巨大的积极意义的。正缘于此，它才成了自八十年代末以来的主导性阐释模式。

三、在邹老师辩证法观念启发下构建社会转型理论框架

邹老师讲辩证法并不是只就康德、黑格尔的经典原著做出阐释，而是经常加以发挥，将人们惯常理解的哲学命题用辩证法加以新释。这些新释看似信手拈来，但却常常令人耳目一新。有一个例释特别令人印象深刻，那就是对货币与普通商品关系的独特理解。我们知道，黑格尔辩证法的矛盾进展是一种从抽象普遍性到特殊性，再到个体性或具体普遍性的"三步舞"。邹老师在讲到这一关系时举了《资本论》中关于货币与普通商品的关系为例：价值是一种抽象的普遍性，普通商品无疑是诸多特殊性，而货币作为一种体现于某些特殊商品上的普遍性，则正是一种具体的普遍性或个体性。讲到这里，邹老师似乎意犹未尽，还进一步发挥道：还可以把货币理解为普通商品的"上层建筑"，亦即这一关系类似于"经济基础"与"政治上层建筑"的关系。在这里，邹老师独特之处是不像人们通常所做的那样，把上层建筑理解为在经济基础之上的外在建构，而是理解为从经济基础自身超拔出来，但又是经济基础自身的本质规定，是经济基础之本质结构在有形物上的集中体现。在我的记忆中，这一理解当时令我兴奋不已的是，它同时也就意味着也可以将"政治上层建筑"与"经济基础"的关系反向地理解为类似于货币与普通商品的关系。当然，当时只是由于看见了一个全新的视域的兴奋，却没有想到在时隔十几年后，当我研究社会转型遇到如何建构理论框架的问题时，邹老师这一信手拈来的例子，竟成了我建构社会哲学的一个基础性的方法论原则。

在上世纪九十年代，时值中国社会大步迈向市场经济之际，在短短的十多年间，人们的社会生活已经发生了翻天覆地的变化。如何描述和理解这种变化，已成了理论界关注的一个中心课题，哲学研究自然也不会置身事外。描述这种变化便是描述社会转型。说到社会转型，自然是指从非市场经济社会向市场经济社会的转型。当时，人们从不同学科对这一转型做了多方面的描述，但这些描述却无疑大多只是现象层面的东西。哲学固然也可以通过归纳这些现象性特征，对社会转型做某种更为系统性的描述，但系统性的现象性描述，仍是现象性的，而把握住这一转型的最为本质的东西，才应该是哲学的任务。那么，应该如何进行呢？我试图从社会理论大师们的社会类型理论中寻找方法。我们知道，马克思把非市场经济社会和市场经济社会规定为"人的依赖关系"和"物的依赖关系"两大类

型，梅因关于"身份社会"与"契约社会"的区别，腾尼斯的"共同体"与"利益社会"的概念，迪尔凯姆对"机械团结"与"有机团结"的分类，韦伯的"价值合理"与"目标合理"的社会行动类型划分，也都是从不同角度对于传统社会与现代社会，或者说，是对于非市场经济社会与市场经济社会的基本特征的刻画。这些分类无疑都从不同方面揭示出了这一社会转型的本质性规定，但如何将它们纳入一个更具整体性的规定中去，使之成为描述社会转型的基本框架呢？马克思、梅因、滕尼斯、迪尔凯姆、韦伯等人的分类，实际上都关涉到社会团结或社会秩序的形成方式，或者说，生产方式，那么，社会转型是否可以从社会秩序的形成或生产方式的变迁来加以描述呢？

这里的关键是找到社会转型或变迁中"变"中"不变"的东西作为描述的参照系，不然的话，便无法达到真正本质性的层面。在对描述社会转型理论框架的探寻陷入困惑之时，邹老师关于货币与普通商品的关系可视为同于上层建筑与经济基础关系的观念，突然从脑海深处蹦出了来，使我一下子获得了一种"灵感"：能否用马克思关于货币与普通商品关系的理论来理解社会秩序的形成呢？若行得通的话，则便不难找到非市场经济与市场经济两种社会类型在形成社会秩序方面共同的东西与不同的东西。找了共同的东西与不同的东西，并加以描述，不就是对于社会转型之本质的把握吗？

我那时的想法是，社会秩序无非就是以某种规范去约束人们的行为，那么，这用以约束人们行为的规范在其有效地发生作用的范围内便是一种普遍的东西，是保持这一范围内人们有序存在的一种同一性。这一定范围便是一定数量的人群，当有某种作为普遍的东西或同一性的规范使一定的人群统一在一种秩序之下时，该人群便成为了一个社会组织。这样，在一个社会组织或集团之中，便至少存在着两个层面，一个是作为社会组织之构成者或成分的每个个人，另一层面则是该组织整体自身。个人本身自然直接就是其体现者，而作为整体的组织则在直观上是无形的，或者说，规范作为整体之根据、之代表，只是一种抽象的存在，它必须体现于各个个体的身上才成为现实的。但抽象的东西不会自己实现自己，要使之实现，必须通过一定有形的力量、有形的物或人。这是说，或者必须是每一个体自觉地将规范落实于自己的行动中，或者通过一种强制力量代表社会整体即普遍的东西来强使人们按规范行动，当然，更可以是通过半自觉半强制的方式来将规范落实于行动中，以保证社会的有序存在。在自觉的方式中，社会的同一性、普遍性是内在于每个个体之内的，而在强制的方式中，社会的同一性。普遍性则对象化、个体化在特定的个人或特定的物身上的，使这些个人或物成为社会的化身，即普遍的东西采取了特殊的存在方式，或者说，特定的个人或物被提升为了普遍的存在物。这种情况便正是商品经济中作为货币的金银之类与众多商品的关系。金银本身只是一种特殊的商品，但当它作为一般等价物的货币之后，却成了一种普遍的商品、一种"通货"。正如马克思所说的，"在货币上，一般财富不但是形式，而且同时就是内容本身，可以说，财富的概念实现在一种特殊对象上了，即个体化了"，"因此，货币是商品中的上帝"[1]。一般的社会秩序对象化于特定个人身上，便是官员。因而，我们也可以说，官员作为社会规范之对象化，正是一种社会中的"通货"，芸芸众生中的"上帝"。

这样一来，我们便似乎可以将社会秩序形成，视为一种以将一个社会群体中普遍性原则对象化于某种具体事物，并由其统领其成员的方式。这样的生产方式又可分为两类，一类是主要地通过官员所体现的政治权力系统来形成的，另一类则是在很大程度上通过货币所体现的经济权力系统来实现的，政治权力系统在其中则起着辅助作用。但无论是哪种生产方式，其机制都是可以货币与商品的辩证关系去理解的。

据此，我们便可以马克思所说的人体解剖是猴体解剖的钥匙的观念，来反过来从货币与商品的辩证关系来理解传统社会的官僚政治系统。官员既然是社会规范之化身，那么，他便拥有以社会的名义来使个人服从社会规范的力量，这种可以支配他人的力量便是权力或权威。当人们对于规范的服从是出于对官员代表社会的合法性的认可时，官员所具有的力量便是一种权威，而当这种服从只是出于对于官员所拥有的强制力量的畏惧时，官员便只有权力而无权威。一般说来，官员作为一种双重性存在，一方面他是社会整体之代表，这要求他的一切行为只符合普遍规范，而不允许夹杂特殊的私人性东西；另一方面，他又是一个特定的、有血有肉、有七情六欲的活生生的个人，有自己特定的利益、特定的欲望、特定的行为方式。因此，在官员身上，普遍性之规范与特殊性之私人利益等的矛盾特别突出。这要求一个人若想成为一个合格的官员便必须有力于社会整体而抑制自身特殊性的高尚品质，品质的高下决定了一个人能否成为合格的官员。正如虽然任何一种商品都能够充当货币但并非任何一种商品都是货币的适当承担者一样，也并非每一个人都是官员的适当承担者。金银是货币的适当承担者，而木材、土地等则不是。当然，正像人们可以用黄铁矿冒充金子，或者往其中掺杂其他物质一样，人们也可以伪装高尚，也可以假公济私。当官员堕落成假冒伪劣者之时，权威就蜕变成了一种纯粹的强权。一般说来，正如纯粹的金银不存在，完全假冒的金银很难正常流通一样，纯粹的权威很少存在，完全凭强权的统治也很难长久，而经常的情形则是权威与强权的混合。所不同者，只是在混合物比例上的不

[1]《马克思恩格斯全集》第46卷（上），人民出版社1979年版，第170—171页。

同，在这种情况下，官员一般便是一种"不纯的金银"，他在执行普遍性规范的同时，也为自己以及自己所属的那个小团体谋取私利。如果谋私利不太过分，社会上往往也能接受，并视之为常态。官员的这种双重身份，使得官员这种社会职务成为竞相争夺的对象。当然，这只是一个方面，另一方面则是如何实现普遍性规范。

而市场经济社会中，由于商品交换必须以一定的市场秩序存在为条件，因而在这里，货币作为"商品中的上帝"，便取代传统社会中的官员在形成社会秩序中起到了相当程度的作用，从而使得社会秩序的形成不同于传统社会主要依赖于政治权力，而是有了经济与政治两个层面的联合生产方式。这使得市场经济社会不同于传统社会的诸领域合一之结合方式，而是趋于诸领域分离。

值得一提的是，在前不久得知，在邹老师上世纪八十年代初将货币与商品的关系理解为类同于上层建筑与经济基础关系的前后，德国的"新马克思阅读"在对《资本论》价值形式辩证法解读的基础上，提出了"国家衍生"说，即认为价值形式、资本逻辑对于资产阶级国家形式有决定性作用，将国家看成只是资本逻辑的"衍生"。这一"国家衍生"说虽然有着极为不同的理论背景，但就将政治国家与价值形式看作同构的方式而言，与邹老师的理解却不谋而合。无疑，他们之间是互相不知道对方的观念的。这可谓"英雄所见略同"。

四、在邹老师理论精神的鼓舞下从黑格尔走近康德

像许多同时代人一样，在八十年代投身哲学，除了种种机缘之外，自身处于社会生活大变动时期，心中难免存有种种疑惑而试图从哲学这一终极理论中求得解答。初次接触黑格尔哲学，之所以为之折服，正是由于它的体系宏大、无所不包，似乎能够解答任何问题。然而一旦走近这种思辨哲学体系，虽然看似能够解释一切疑惑，但其所提供的解释却又如同在云雾缭绕的高空中远眺大地，总是令人感到模糊不清，难以满足理论精神的需要。因此，在我内心中总是感到一种涌动，一种寻求更为彻底和清晰地解答疑惑的涌动。而彻底性和清晰性正是从邹老师那里所感受到的理论精神。记得在课上和课下的答问中，邹老师总是不回避问题，要对每一个问题都给出清晰的答案。对于一时不能解答的问题，他也从不含糊其词，而是反复力求找出合理的解释。对于权威性的命题，如果有不清晰或不合理之处，也照样予以追问和更正。正是在邹老师这种理论精神的鼓舞下，我开始怀疑对于马克思哲学的黑格尔主义解读的合理性，而试图寻找更好的阐释方式。

这种寻找突破是一个漫长的过程。起初，虽然不满于黑格尔主义阐释方式

的空泛和漫不切题，但却一时找不到新的阐释之道。在这一时期，相关于中国社会转型，道德哲学、政治哲学等有关社会生活方面的问题提上了议事日程，一时间，这方面的研究成了显学。在这一大潮之中，作为主导性意识形态的马克思主义哲学自然不会袖手旁观，而是要引领潮流。然而，一旦进入实际研究，尽管议论不少，但在研究中人们却不难发现，作为一种规范性理论的道德哲学、政治哲学却不仅无法从教科书体系的机械决定论引申出来，同样亦无法从黑格尔主义阐释方式中引申出来。这便意味着，那些热闹的议论是缺乏根基的。因此，要为马克思主义政治哲学、道德哲学研究奠定一个基础，就必须对既往的阐释做出新的阐释，使之能够兼容规范性原则。

由于多年来以卢卡奇为代表西方马克思主义哲学在中国马克思主义哲学创新性阐释中所起的积极作用，人们自然会在其中寻求理论支援。更重要的是，卢卡奇的《历史与阶级意识》既然被视为是对于第二国际机械决定论的批判和对于人的能动性的论证，那么，人们自然也希望能够从中找到所需要的东西。该书以对无产阶级意识的证成为主题，亦向人们宣示了这一点。但通过对卢卡奇著作的反复研究，得到的却是令人失望的结果。多年来，我一直给研究生讲授《历史与阶级意识》。由于该著与黑格尔的《精神现象学》有着极为类似的逻辑结构，因而我便把这两部著作关联起来，从《精神现象学》的如何证成实体即是主体的结构，去理解无产阶级如何从历史的客体达于对于其历史地位的自我意识，即达于历史主体的过程。但在阐释中逐渐意识到，在论证无产阶级如何达于自由自觉的可能性时，卢卡奇并未摆脱黑格尔式的历史决定论，即在卢卡奇的论证中，无产阶级之达到自我意识，并非无产阶级之内在的自发行为，而是受控制于总体的历史性，只有在总体历史进展的某一个阶段上，由于被置于性命攸关之处境，无产阶级才被"推到了"自我意识之中。尽管这被解释为一种客观的可能性，从而似乎为主体的能动性留下了余地，但这种可能性归根结底仍是被决定的。这样，无产阶级之自觉性，从根本上说来，就仍然是一种历史必然性，而并非取决于其自发性。而且，这一所谓"客观的可能性"的论证方式，即便假定其合乎逻辑地证成了无产阶级意识，但这里所说的仍是一种不同于每个工人个体的总体性的"阶级意识"，于是也就留下了一个如何从这种总体性的阶级意识达到个体意识的问题。这也就是颇似于卢梭的"公意"与"众意"之间关系问题的"被赋予的阶级意识"与"经验的阶级意识"之间的关系问题。在卢梭那里，为了克服"公意"与"众意"之间的张力，他甚至要强制实行"自由"，使得那些停留于"众意"的众人"被自由"。而在卢卡奇这里，亦如一位学者所指出的那样，"工人阶级的意识（物化和自由）范畴便形成对立的两极，他们分属两个不同的社会团体：

无产阶级依然停留于物化之中，并且凭靠自身是无法实现其客观可能性的；而这个政党的领导者不言而喻地被认为是辩证认识的承担者，因而是自由的"[1]。为了达到现实的自由，这一张力必须被克服。但如果这一张力是卢梭式地被克服的，即无产阶级是"被自由"的，那么，所实现的这种主客对立的扬弃即人类的自由解放就是十分可疑的。

但卢卡奇的这部著作毕竟是对于马克思哲学做黑格尔主义阐释的典范之作，其在证成无产阶级意识上的失败，并非只有消极的意义，而是以其失败从根本上宣示了黑格尔主义阐释路径的不通。这也就同时意味着人们必须另觅他途。而且，更重要的是，这个"他途"也是《历史与阶级意识》中所显示出来的，那就是出离黑格尔哲学而走近与之不同的康德哲学。我们知道，在《历史与阶级意识》中，卢卡奇是将康德哲学视为资产阶级意识的典型表征，而沿着黑格尔批判改造康德哲学，消除其二元论的进路去证成无产阶级意识的。这意味着，康德哲学与黑格尔哲学之间具有一种正相反对的关系。进而，这还意味着，如果说卢卡奇式的对于马克思哲学的黑格尔主义阐释是一种不成功的或者说偏离了马克思哲学之正道的解释的话，那么，康德哲学在某种意义上便是一副矫正剂或解毒剂。认识到这一点，便引导我进而对马克思哲学做了一种"近康德"式的阐释。当然，只是"近康德"，而非一种康德主义式的阐释。目前，这一阐释还在探索之中，但可以指出的是，这种阐释至少能够为说明人的能动性留下空间，从而也就能够为建构一种马克思主义规范理论，进而为道德哲学、政治哲学建立一个基础。

在对马克思哲学的阐释上从黑格尔主义走向"近康德"，就理论趋向而言，初看起来似乎是离邹老师愈来愈远了，但我从内心能感受到，邹老师是会首肯我的这一转变的，因为在理论精神上，我感到是离邹老师更近了。

（作者系南开大学哲学院教授）

---

[1] 吉多·斯塔罗斯塔：《科学认识和政治行动——卢卡奇〈历史与阶级意识〉中的思想悖论》，载衣俊卿、周凡主编《新马克思主义评论》第一辑《超越物化的狂欢》（卢卡奇专辑），中央编译出版社2012年8月，第375页。

我欠恩师岂一文

——怀念邹化政老师

孙利天

任教三十多年来，在我的讲课、写作和学术讲话中，提到或引证最多的老师就是高清海和邹化政两位先生。高老师是我的博士生导师，在他身边学习和工作二十余年，频繁提及应是自然的了。而邹化政老师只是我大学本科的任课教师，记忆中他给我们班讲过西方哲学史的德国古典哲学部分和康德《纯粹理性批判》两门课程，加起来至多百余课时，在做学生时和毕业后与邹老师的个人交往时间也十分有限。然而，我曾和好友孙正聿教授说，我现在仍在端邹老师的饭碗，吃邹老师给的饭。在课堂上，在写作和阅读中，邹老师给予我的哲学概念框架是我哲学思考的坐标或"座架"，是我全部哲学工作的基本工具，是我哲学的语言工具箱里最常用的工具。作为一个专业哲学教师来说，哲学工作是我养家糊口的饭碗，而给予我哲学工作基本能力的邹化政老师真的有衣食父母的恩情。我欠老师何止这一篇短短的纪念文字。

一、曾牵过老师温软的手

我们哲学系77级是1978年3月入学的，当时邹化政老师可能尚未摘掉右派帽子，仍在学校图书馆扫地。最初听说邹老师的名字是1979年上半年，当时邹化政老师已获得解放，正在给76级同学讲《纯粹理性批判》。我记忆中邹老师的出场就颇有神秘、传奇的色彩。学生宿舍中传言邹老师很有学问，但他讲课有很浓重的山东口音，大多数同学听不懂他的讲课。这自然刺激了我的好奇和想象。但当时刚上大学，大家都很遵守学校纪律，好像没有人去旁听邹老师的讲课。还好，大约半年之后邹老师就给我们上课了，讲课的内容是西方哲学史的德国古典哲学部分，下一个学期似乎是和78级合班上的《纯粹理性批判》。期待已久的见面，余热尚存的好奇，在同学中邹老师的授课掀起一场兴奋的波澜。实话实说，邹老师讲课确实山东口音较重，但没有影响我们记笔记，听不懂的真正根源是我们哲学基础知识的欠缺，我们没有进入思辨逻辑的知识基础和思维训练。但在他的具体例证中我们能多少领会一些观点，仍感到新颖和震撼。在平静的校园生活中哲学系出现了一场"邹化政热"，这也让一些本系老师感到失落和困惑。他们认为，学生的热情就是因为听不懂，这种说法也有部分道理。77、78两届学生很多是入学前已经工作几年，年龄较大，在多次政治运动中对马克思主义哲学已有较多了解，对苏联教科书模式的哲学多少有些厌倦。邹老师授课中基于德国古典哲学的话语体系，学院化的讲解和论证方式，加上他积郁多年而获喷发的学术激情，使我们确实感到纯粹哲学的魅力。尽管听不懂太多，却在思维方式和价值态度上有极强认同。

也许得益于我上大学前长期做文字工作，记录速度较快，邹老师的讲课我记下了详细的笔记。其中德国古典哲学的笔记保存至今。我在本科时和工作后这份笔记曾至少阅读六、七次，课堂上不懂的东西逐渐明白了许多。在大三邹老师给我们讲完《纯粹理性批判》后，按要求每人要写一篇小文作为考核依据，其他老师的课程也多是这种考核形式。我当时斗胆把自己写的几篇作业一起递给了邹老师看。其中有一篇我印象是学年论文，标题是"对邹化政哲学定义的理解"。现在看这样的论文题目也是有些离经叛道，不谈马克思、黑格尔等哲学家的哲学定义，却要理解一个普通教师的哲学定义（当时邹老师可能刚提副教授），这有些匪夷所思。但思想的事情不能因人废言，关键是能否有新的思想。我现在还记得当时邹老师的哲学定义是："哲学是人在与自然的统一性中表达自己历史必然性的最高意识形式"。在今天这个后形而上学的时代，"最高意识形式"的说法，第一有学科帝国主义的倾向；第二，意识哲学已变为语言哲学，所以很难被人认可。但这个哲学定义所强调的"人与自然的统一"和"表达自己历史必然性"的说法，第一，避免了主体形而上学的偏颇。第二，也避免了"神目观"的科学主义和客观主义的哲学理解。这似乎在今天的哲学语境中仍有精神指引的意义。几篇作业交给邹老师的几天后，我敲开邹老师家的门，没想到进门后邹老师一把拉住我的手，一直走到他的书房。当时邹老师住的是两家一个单元的平房，从大门

到书房要拐两个角，走几米路，手一直没有松开，直到坐下。也许因为我对邹老师的讲课下了较大功夫琢磨理解，也许因为我上大学前有较好的文字基础。更主要是我上大学时就26岁了，有黑格尔所说的健康的常识，有成年人的理解力，邹老师对我写的几篇东西十分赞赏。当时邹老师尚未招收研究生，大有让我做入门弟子之意。

我本科毕业后留在吉大马列主义教研部任教，后来听说邹老师曾找有关部门要调我到哲学系做他的学术助手，可能因马列部领导不放，此事作罢。1982年，邹老师开始招收研究生，天成、大志、广文、振林等学友先后入邹老师门下，而我则在马列部工作了二十年，直到吉大合校才调入哲学系，此时邹老师已退休多年。未能成为邹老师的助手和研究生是我学术生涯的遗憾，但邹老师给予我的鼓励和激励，却使我在马列部工作时仍保持对纯粹理论哲学或学院化哲学的兴趣，后来能考入高老师门下攻读博士学位，也得益于邹老师影响在本科时打下较好的学习基础。我在马列部工作的二十年间，虽和邹老师不在一个工作单位，却始终保持着联系和交往。我毕业初的三年多，夫妻两地生活，孩子尚小，家又离长春较近，只要没有课，经常回家照看孩子。据同寝室的老师说，邹老师几次到寝室找我我都回家了。一次偶遇邹老师，他勃然大怒，斥责我"你的家你不回去就不能过了吗？""你还想不想做点学问。"当时青年教师的生活都十分窘迫，许多和我一起留校的同学已另谋出路，我也曾有过南下深圳或调离工作的念头。我们这些种过地、做过工、上大学时已完全成年的人，本来就缺少规范扎实的学术训练，也几乎没有热爱学术、献身学术的志业和热情，我当时做哲学教师的感觉与我年轻时放电影的工作感觉没有多大差别，只是工作谋生而已。多亏邹老师和高老师的影响，心里多少有些对纯粹学术的感知和敬畏，我才能在几十年的时间里断断续续总是多少读点哲学的经典文本，保持着一些理论兴趣。

我知道邹老师有双温软的手已是第一次牵手二十多年之后，当时邹老师已退休多年，我也快到了邹老师当年给我们上课时的年纪。在一个阳光灿烂的初秋的日子，我步行几里路去看望邹老师，见到时他仍如二十多年前一样，一把拉住我的手，一直走到屋后的葡萄架下，这才松开手为我剪下几串葡萄。已过知天命之年的我，已没有了青年时期的局促和不安，我这时分明感到老师的手十分温软。此时我既十分愧疚，又有些释然。愧疚的是当年邹老师对我厚望殷殷，而我在世俗庸常的生活中虽然不能说完全荒废学业，但离老师的期望相差太远；释然的是邹老师温软的手告诉我他依然爱我，懂我，他可能原谅了我的懒散、淡泊和庸常。记得南京大学张一兵教授曾说过，我们这一代在学术上只能是过渡的一代。一兵教授在我们同代人中可谓勤奋楷模，他尚如此说，这可能就是真理。邹老师

毕生追求真理，于此理可能早已了然，早就对我不抱太大希望。念及此，我与老师坦然相对，亲情如故。

二、思辨的唯物主义

吉林大学的哲学学科创建于50年代初，1951年曾任教于抗大的刘丹岩调入吉大任哲学教授，1952年高清海老师从中国人大研究生班毕业到哲学教研室任教，1954年邹化政老师也是从人大研究生班毕业回校任教。此时，舒炜光老师正在读刘丹岩的研究生，还有位侯放老师，这四人当年号称刘丹岩的"四大弟子"。侯放老师1957年划为右派，下放农村，一去二十余年，回校后已难有大的学术作为。另三人则分别成为吉大三个哲学二级学科的奠基人。刘丹岩老师曾留学英国，对弟子们强调学哲学要抓住根本，要独立思考，这在当时全面学习苏联，教条主义盛行的风气中，可能是十分稀有和宝贵的，我曾说这是符合哲学本性的思维方式。在刘丹岩老师的指导和影响下，高清海老师以史论结合，理论与实践结合的路径，创新性的理解和发展马克思主义哲学；舒炜光老师则力求结合自然科学发展的新成果，建立一种科学的马克思主义哲学；邹化政老师基于对西方哲学史的深入研究，力求创造一种唯物的超越黑格尔的思辨的马克思主义哲学。他们后来都经历了二十余年的政治运动的磨难，舒老师、邹老师被定为右派，劳动改造多年，高老师多次遭受政治批判。但他们都愈挫愈奋，矢志不移，在创造和发展马克思主义哲学的不同道路上，均取得骄人的成果。

我曾偶然看到学校档案馆里存放的一段记载：1957年邹老师被定为右派后，下放到学校的伊通农场劳动。1959年哲学系党总支书记在一次会议上说"邹化政到农村劳动两年，什么农活也没学会，倒是学会了英文，还是让他回来教书吧"。据姚大志老师说，学校图书馆所存的英文哲学原著，邹老师都曾借阅过，这得益于他自学的英文吧。从60年代初，邹老师有几年又回到了哲学讲台，同学们对他的授课反应不一，有的说深刻、思辨，水平很高；有的说听不懂；有的说思想反动。到1966年"文革"开始，邹老师因为说哲学史上没有女哲学家，被上纲上线为"攻击'文化大革命的旗手'江青同志"，被定为"现行反革命"。邹老师一次在饭桌上回忆这段历史，说当时真的害怕了，担心会不会被枪毙。幸运地活下来，邹老师被发配到图书馆扫地、扫厕所，直到我们1978年入学。大约是1969年，组织上曾想让邹化政老师到农村插队，据说是师母郝振亚老师坚持说他是反革命，没资格走"五七"道路。邹化政老师才能得到继续留在学校扫地的工作。其间他一方面在偷偷阅读背诵西方哲学原著，一方面开始构思思辨唯物主义的体系。

邹老师的思辨唯物主义体系构造，是在对哲学和哲学史上的主要问题长期思考的基础上建构的。许多同学去邹老师家，看到的邹老师多是坐在木椅上怀里抱只猫静静沉思的形象。按照我们的印象，哲学中几乎所有重要的问题他都有长期细致的思考，本体论、认识论、辩证法、伦理学、美学以及中国传统哲学的诸多领域，他都有长期思考的独到见解。这其中他思考最持久的问题可能是如何唯物主义地超越黑格尔。记得邹老师自己曾说过，从"第二次劳动改造开始"（应是1966年"文革"后）。他思考"思维规律与存在规律如何统一"和"超越辩证法"的问题，这个问题他至少想了二十多年。也许邹老师认为黑格尔哲学是哲学史的最高成果，坚持和发展马克思主义哲学，必须内在地、思辨地超越黑格尔，而我们教科书的马克思主义哲学只是从朴素实在论的常识确立了唯物主义的原则，这种唯物主义与十八世纪的唯物论相差不远，不能表达马克思主义哲学的精神实质。如何建立一种经过哲学论证或哲学证明的马克思主义的唯物主义，邹老师尝试过"超验辩证法"和"现象学本体论"的不同路径，并为此殚精竭思。

海德格尔曾把西方哲学超越内在意识的焦虑视为哲学的丑闻。胡塞尔对自然态度思维本能设定的存在作为"外在超越"加以悬置。列宁也曾引证狄德罗无法反驳贝克莱的主观唯心主义而感受到的恼怒和困惑。思辨唯物主义似乎有一个不可克服的悖论：世界是被意识到的世界，从而世界就是意识界；意识只能超越已有的意识，却不能超越意识之外。因为超越意识之外所获得的对象仍是被意识到的对象，从而仍是内在于意识。那么，超越内在意识的困境，或者是像海德格尔那样，改变存在领会，从而改变柏拉图主义的对象性思维；或者如列宁所说的那样，把朴素的、本能的唯物主义作为基础，但胡塞尔似乎认为朴素唯物主义的信念难免陷入怀疑主义。邹化政老师凭借他对西方哲学史的精深造诣，立志独辟蹊径，尝试思辨演绎一种唯物主义的本体论。邹老师生前出版的《"人类理解论"研究》、《黑格尔哲学统观》、《先秦儒家哲学新探》三部著作我都曾粗略读过，但并没有深入研究。他去世后留下的一部手稿《第一哲学原理》是他退休后借鉴胡塞尔的现象学重新建立本体论的著作，我尚未看到。我对邹老师本体论演绎的思路多是大学本科他讲课时留给我的印象。我印象较深的有两点：一是，思维规律如何与存在规律统一。思存统一性是黑格尔的原则，也是他客观唯心主义的基础。邹老师认为，黑格尔的思存统一性中的存在是精神化的存在，思存统一是逻辑学和存在论的唯心主义的统一。要超越黑格尔的唯心主义，必须对思维规律和存在规律的统一，做出新的论证，为此他思考了数十年。在《黑格尔哲学统观》一书中，邹老师把逻辑先在性视为黑格尔说明世界的原则。多年精研黑格尔哲学之后为什么特殊强调"逻辑先在性"这个原则？这是着眼于本体论问题的解决。记得邹老师讲课时饶有兴味的讲到"本体之谜"。康德和黑格尔都曾使用理智形而上学或智性形而上学的说法，这种独断论的形而上学的本体论认为本体时间上先于经验事物的存在，从而造成诸多不可克服的矛盾，如本体如果能自身存在，为什么要创造一个现象界?在时间上先于现象而自身存在的本体仍是直接性的存在。从而需要解释他存在的根据，因而它就不是本体，等等。邹老师认为，黑格尔以逻辑先在的原则消解了传统本体论的疑难，本体作为本质和规律只是逻辑上先于现象和经验而存在。它就在现象和经验之中，并作为其根据而存在。就此，我曾说合理形态的本体论只能是辩证的。逻辑上先于世界的规律体系是世界的本体。思考的难点是这一规律体系的性质，黑格尔把它理解为精神本体，如何超越黑格尔论证本体的物质实体性，这是邹老师思考多年的"超验辩证法"。

我印象深刻的第二点是邹老师"超验辩证法"的论证，见诸文字在《"人类理解论"研究》的最后一章。我和孙正聿曾十分认真地读这一章，私下也有过一些讨论。邹老师从笛卡尔"我思故我在"的著名命题的重新理解和阐释入手，从我思的不可怀疑的确定性，推论出作为思的主体或负荷者的我在的实在性。进而他引进儒家的忠恕之道作为"思维规律"的普遍性和必然性，推论出同样能思的他人或他者的实在性。这似乎与现象学的主体间性和列维纳斯的"他者"理论十分接近。至此已论证了"人"的超验的客观性和实在性。进一步怎样论证"物"在我们之外的客观存在呢?或者用邹老师自己的更精准的说法是，怎样论证普遍意识固有的、本能的超越意识的真理性呢?邹老师就此做了较为复杂的论证。我和正聿都没有明白。邹老师自己也坦承此处论证的不足，他自述在退休后受胡塞尔的现象学启发，提出"哲学现象学"来进一步地解决这个问题。大致思路是，人的觉知是意向性的觉知，即对某个对象的觉知;人对对象的直接觉知和想象的觉知分明自觉到不同，那么直接觉知的对象就是外在超越的客观对象，意识之外的客观存在是不容置疑的。

论证了自然意识本能具有的外在超越意识的真理性，即物在我们之外的客观存在的真理性，进一步的工作是建构逻辑先在的作为世界本体的规律体系，这可能是二十世纪世界哲学最后的、最顽强的形而上学本体论建构。邹老师认为，两千多年的哲学从未思考几何学的"点"的意义，或者说它对形而上学本体论建构的意义。超时空的本体之"点"是物质属性和精神属性统一的能动之点，此能动之点组织成规律体系，并在不同的物质结构层次中表现为精神属性协调、制约物质属性的不同等级的物质运动。人亦是精神属性调节、制约物质属性的社会性物质存在，只不过人作为最高级的精神运动和物质运动形式，对既超越又内在的本体规律体系可以达到自觉，从而实现人道和天道的统一。

三、渐行渐远的背影

行文至此，我已觉得脑袋有些麻木和僵硬，不知邹老师是否有特殊的精神属性担负起如此繁难的哲学思考。舒炜光老师曾和学生说，要为世界做贡献，可惜英年早逝。高老师、邹老师都有王南湜教授所说的伟人气象。不同的是，高老师内敛、温和、刚毅，对各种不同的意见都能认真记录，仔细思考，我对此曾错评高老师。在八九十年代的一些学术讨论会上，很多学者只能从哲学原理教科书的常识水平上讨论高老师的哲学教科书体系改革，高老师心平气和认真记录，我认为这是高老师人格修养的表现。一次有学生把这个意思告诉高老师，高老师明确地说"他说的不对！"。那么也就是说高老师亦能从我所说的常识和教条中学习和思考出哲学的道理。邹老师则完全是另一种风格，直率、天真、暴烈。学生有时课后提问，邹老师多是喊叫、怒斥，让人下不来台。大约在1995年前后，邹老师唯一一次在我家吃饭，我印象有天成、景林作陪，这都是邹老师的得意弟子。但在饭桌上谈起哲学，邹老师仍是拍桌大喊，吓得我已上中学的女儿不知所措。

奠定吉林大学哲学学科基础的三位老师均已辞世。他们个性不同，研究领域和致思取向也各不相同，但他们都有相似的际遇，都有为哲学开宗立派的宏伟志向，都有积数十年之努力所取得的杰出的研究成果，也可以说他们都是自己时代的思想英雄。上文说邹老师有双温软的手，按照中国传统的命相说这是富贵相。但邹老师两次劳改，也曾遭受很多批判，有近二十年离开哲学讲台，可以说历经坎坷。高老师1959年被批判为资产阶级反动修正主义分子，从马哲教研室改派西方哲学史教研室，从而使他有机会大量阅读西方哲学史原著，形成后来史论结合的研究风格，他称这是因祸得福。邹老师是新中国成立前入党的党员，参加过"土改"工作队，当年曾配过手枪，可谓神姿英武。大约是在1956年前后，哲学研究室主任刘丹岩老师因病外出休养，匡亚明校长到教研室宣布邹化政代理教研室主任，并号召大家要团结在邹化政周围，也可谓风光无限。但不久即被定为右派，从此远离了主流政治的舞台。在写这篇文章之间，我和孙正聿曾感叹人都是时代和经历的产物。假如邹老师当年一直顺风顺水，以他的直率和天真，不知行至何处？邹老师在给我们上本科课时曾有名言"生命之树和知识之树是同一棵树"。在把学术生命作为人生根本意义的邹老师身上，坎坷的人生际遇恰恰成就了他的学术生命。由此也可说它是好人好命。

邹老师去世也快十年了，那些熟悉的身影已渐行渐远，随之而逝的是一个激情、动乱和英雄主义的年代。他们宏大的哲学抱负，在逆境中艰苦卓绝的苦思笨想，心无旁骛的单纯的学术生活，是一种不可模仿只是属于那个时代的生活方式。这也可能是我自己没有出息的托词。我们作为过渡的一代把这些日益遥远的故事讲给学生们听，希望他们能够多少传承那种坚韧、深沉和宏大的学术精神，也希望他们能有更好的学术未来。

（作者系吉林大学哲学社会学院教授）

兰经劲风香自幽

—— 纪念形上学大师邹化政先生逝世十周年

高文新

　　邹先生辞世10周年了，在人们的心中，尤其是在他的学生和受他影响过的人们心中，他的形象不仅没有被岁月磨蚀，反而更加清晰，更加鲜明。我们真切地感觉到他所留下的思想真空，体验到他的离去所造成的巨大损失。之所以如此，是因为邹先生非一般人，他是在思想史上留下自己深深的印迹的人。

　　纵观20世纪中国哲学舞台，有三条主线，就是人们常说的中、西、马，邹先生在这三个方向上都有独特的理解和深刻的阐释，并且做出了自己的思想贡献。经过多年对中西哲学融会贯通的思考，他形成了一个基本观点，一个受黑格尔和朱熹影响的思想。邹先生认为，天地万物，宇宙之中，有一个最根本的原理或原则，把它展开来，就是老子的道，朱熹的理，就是柏拉图的理念，黑格尔的绝对，这一原理是天地人相统一的本质，是自然、社会和人类思维的一般规律。这个绝对原理是宇宙的本体，其形式即辩证逻辑，正是在这种意义上，邹先生属于传统的本体论哲学家，是思维深邃的形上学大师。当前许多从事马克思主义哲学教学和研究的人也承认这样的基本观点，但是他们把绝对表象化，从非反思的直观经验的含义上理解绝对，停留于古代柏拉图的"野蛮"水平，因而没有进入哲学辩证思维之门，他们的辩证法只是一种朴素的"学哲学、用哲学"水平的机智、机巧。

一、对哲学"痴迷"的思想者

邹先生1925年生于山东海阳，1946年考入吉林大学的前身东北行政学院，1948年随迁沈阳，改名东北人民大学，这一年高清海先生也考入东北人民大学，邹先生是高先生的"师兄"。1950年两人同时被选送到北京中国人民大学读研究生，并于1952年回东北人民大学任教于哲学教研室。这是当时东北人民大学两个闻名全校的青年哲学理论人才。高先生致力于马克思哲学研究，对通行的马克思主义哲学教科书苏式标准提法产生怀疑，写出了有影响的论文，于1956年26岁被破格提升为副教授。邹先生则在欧洲哲学史的研究中精耕细作，对德国古典哲学特别是黑格尔哲学的研究独到深刻，全校都知道哲学教研室有一位"痴迷"黑格尔的青年教师，甚至说已经迷到了精神不正常的程度。这种传说类似于迷恋数学的陈景润，全身心地投入学问，对日常生活不在意，一般人看来似乎是精神出了毛病。对传统哲学的迷恋使邹先生打下了坚实而深厚的传统哲学的学术功底。

1957年，邹先生被"莫须有"地打成"右派"，失去了教书机会，仅过了两年，高先生也被定为"右倾"，没资格讲授马哲，被转到欧洲哲学史专业。尽管他们的"罪过"程度不同，处理结果也有差异，但他们有一个共同点，刚刚年届"而立"，就在政治上遭受挫折，却不能动摇他们对哲学研究的专业信心和理论热情。高清海先生转到哲学史专业以后，注重攻读欧洲哲学的经典名著，一本一本地做笔记。邹化政先生被下放到农场劳动，他把哲学史上的经典名著拆成活页，干农活休息时一页一页地研读，这种功夫十分了得。邹先生很少做笔记，但他对欧洲哲学史名著了然于胸，这是艰难困苦中得到的本领。十几年的磨难，处于逆境中的两位先生没有被压垮，反而如孙大圣一般练就了不坏之身。他们的帽子越戴越大，高先生从"右倾"变成了"反动学术权威"，邹先生从"右派"变成了"反革命"，中间虽然枷锁时稍放松，但一直不能得到解脱，直到1976年，才回到正常的教学状态。回顾这段历史，我等为他们作为新中国第一代知识分子的遭遇而唏嘘，也为他们身处逆境却矢志不渝而赞叹。我等尚且能体会他们的行为心志，不知现在和以后的年轻人会理解吗？

20多年的勤奋攻读和刻苦思索，邹先生形成了自己的哲学史观，把欧洲哲学史的发展演变逻辑变成了信手拈来而随心所欲的自家知识体系。一旦他登上讲台，拿起教鞭，他那特立独行的观点颠覆了传统哲学教科书上的许多天经地义的观点，他那智慧的思想震惊了如饥似渴的青年学子，在校园里产生了轰动式的效应。

二、破除对黑格尔辩证法的错误理解

长期以来，在马克思主义理论界，一直存在着对黑格尔哲学的误解。我们试从三本权威教科书来看这种误解。

1. 艾思奇主编《辩证唯物主义和历史唯物主义》："黑格尔认为，在自然界和人类出现以前，就存在着所谓'绝对观念'，并且认为，世界上的一切现象都是由'绝对观念'派生出来的。"

2. 肖前、李秀林、汪永祥主编《辩证唯物主义原理》中这样理解黑格尔哲学："在他看来，自然界和人类出现以前，就存在着所谓'绝对观念'，世界上的一切都是'绝对观念'的体现和派生物。这种无所不在、无所不能而又神秘莫测的'绝对观念'不过是用哲学术语表达出来的上帝而已。"

3. 马克思主义理论研究和建设工程重点教材《马克思主义哲学》："客观唯心主义则把某种'客观精神'说成是先于并独立于物质世界的存在，并把物质世界说成是这种'客观精神'的产物、表现或附属品。"

这些权威教科书，艾思奇的论述是1961年，这几乎是改革开放前所有哲学教科书的标准提法，1978年前后邹先生批判和攻击的就是这种观点。肖前等人的论述是1981年，这正是吉林大学哲学系在邹先生的带领下突破这种知性思维的错误理解，还黑格尔哲学以本意的同时期。马工程的全国哲学专业的教科书写于2009年，关于黑格尔的研究取得许多成果，对黑格尔哲学的正确阐释早已不应成为问题，但是，一些声名赫赫的哲学专家们仍然沿袭了对黑格尔哲学的错误理解，丢掉了改革开放以来理论研究的优秀成果，昧心地曲解了黑格尔。不能正确地阐释黑格尔，更别指望对马克思哲学做出正确的理解。

1979年，邹先生给硕士研究生开课，题目是《西方辩证法史》，而且给研究生讲授黑格尔的《小逻辑》，77级的本科生闻讯去听课，一时间学生们奔走相告，教室里挤满了人，有的学生站着听课。邹先生提出理解黑格尔哲学的关键在于"逻辑在先"，黑格尔说"绝对精神在先"，并不是像教科书所说的那样，绝对精神在自然和人类之前"时间在先"地独立存在着。如果黑格尔的绝对精神"时间在先"，那么黑格尔关于本质与现象、内与外、肯定与否定、绝对与相对等所有的辩证法，都不存在了，黑格尔成了柏拉图，"绝对唯心主义"成了柏拉图式的"野蛮"的唯心主义，人类思维进化的2000年历史成果一扫而光，黑格尔相对于柏拉图没有进步。

邹先生指出："无论是国外的学术界还是国内的学术界，以前对黑格尔哲学都发生过一些误解，而这些误解有些至今仍在流行并影响着学术界对黑格尔哲学的研究。"误解黑格尔的人们从直观的表象的含义上去理解黑格尔所说的绝对精神"外化"为自然，缺乏哲学的反思意识，停留于朴素的日常观念。中国马克思主义理论界的许多权威名人，除了受苏式本体论教科书的影响，还囿于恩格斯的一段关于黑格尔的论述："这个绝对观念是从来就存在的，是不依赖于世界并且先于世界而在某处存在的。"这个表述不仅肯定了绝对观念时间上"先于世界"，而且还给予了空间上"某处"的属性。当年，我接受了邹先生的思想，但我也犹疑于恩格斯的这个表述。1981年，我在广州中山大学参加《欧洲哲学史原著选读》一书的定稿讨论会，趁机向北京大学的王太庆先生求教，但是王先生笑而不答，35年过去了，我至今弄不懂王先生的沉默是出于政治的还是其他的原因。我的观点是明确的，恩格斯的这段表述如果不是缺乏重视的随意描述，就是错误的。不管恩格斯对黑格尔做了怎样杰出的阐释，但这样理解"绝对精神"时间在先，可以肯定是错误的。

对黑格尔的误解根深蒂固，纠正起来太艰难了。1982年，我的硕士论文答辩，论文题目是《欧洲哲学史上一般与个别的认识过程》。论文绕不过一个根本的理论问题，共相、绝对作为本质与殊相、相对作为现象之间的辩证关系，本质作为先在性如何理解，黑格尔的绝对、实体作为本质、共相如何理解。答辩时间是半天，有充裕的讨论时间，答辩委员会主席是北京大学黑格尔研究大家张世英先生。我的两位硕士导师高先生和邹先生同为答辩委员会成员。79级硕士研究生是吉林大学哲学专业的第一届，不是导师制，而是指导小组制。马哲专业成立了一个指导小组，高先生是组长，邹先生等是组员，我的硕士论文的直接指导教师是邹先生，因此，我荣幸地有两位导师。答辩会开成了理论讨论会，张先生和蔼可亲，我的答辩按程序只进行了不到一小时，就变成了高先生和邹先生共同向张先生请教黑格尔哲学。77、78级许多同学来听答辩会。

80年代初，思想解放刚刚开始，人们的理论热情空前高涨，邹先生在教学中批判马哲原理领域对黑格尔的误解成为吉林大学哲学系的热点问题。邹先生相信，在中国，贺麟、杨一之、张世英等先生是真懂黑格尔的，所以，借答辩会的机会提出了正确理解黑格尔哲学的问题。邹先生阐述了他的"逻辑在先"理论，高先生提出了关于黑格尔的种种疑问，最后，张先生肯定了邹先生的理解，这对高先生产生了重要的影响。邹先生的观点提升了整个吉林大学哲学系的理论水准，为吉林大学哲学系的哲学基础理论研究20多年走在全国前列发挥了重要作用，助推了高先生的伟大理论成果。

邹先生认为，在黑格尔看来，世界只有一个，其内在本体或本质，不是柏拉图的理念界那样的单独存在，也不是斯宾诺莎的脱离样式而自身具有肯定性的实体、自然，而是同事物或现象处于对立统一关系之中，两者一而二，二而一。绝对精神作为本体或本质，是肯定性，但是它的肯定性恰在它的否定性（事物、现象）之中，离开了否定性，它同时就丧失了肯定性。这个绝对精神作为本体或本质，是自主活动的精神，把它的丰富内容表达出来就是逻辑学，逻辑学表达的是本体或本质，因此又是本体论。逻辑学表达的是事物的本质，人的认识必然也要经历同样的过程，因此逻辑学又是认识论。逻辑学作为本体论和认识论的统一，是一种纯本质的理论形式，不具有独立存在的经验性。黑格尔在《逻辑学》中明确地说："逻辑的体系是阴影的王国，是单纯本质性世界，摆脱了一切感性的具体性。"如果认为逻辑学表述的精神是一种独立的具体存在，那么不仅不懂黑格尔，也不懂辩证法，当然，也不懂哲学。

邹先生说："黑格尔的整个哲学体系，都在表达这样一个基本观念：本体不是一个自身存在的现实性，它只是一个贯通在宇宙体系或存在过程中的一个共相，一个表现在包括人的精神现象在内的统一基础；它存在，但它的存在不是别的，整个宇宙的存在过程，便是它的自身存在的现实性。本体不能在它抽象自身中就是存在，本体自身与它的存在，是在二者相互区别中的一个同一性，是本体自身作为本质，与宇宙存在过程中的一切事物作为现象的对立统一，是无限性与有限性的统一。"

邹先生关于黑格尔哲学的辨正，绝不仅仅是一个局部的哲学史观点，不仅仅是关于黑格尔的一个具体问题，而是关系到如何理解哲学史2000年发展的思想成果，关系到如何理解辩证法，当然也关系到如何理解马克思哲学。所以，邹先生的理论活动，大大地推动了吉林大学哲学系的马克思哲学研究。

三、为康德"先验思维概念"正名

邹先生在80年代初对康德哲学认识的拨乱反正，是他的又一个重大理论贡献。在那之前，对黑格尔哲学虽有误解，但毕竟承认有"合理内核"，而对于康德哲学，只说他是"德国唯心主义哲学的创始人"，几乎所有的哲学史都一概持否定态度，在马哲原理教科书中，康德只是先验主义、唯心主义、不可知论的反面典型，一无是处。1980年，邹先生给研究生和77、78级讲授康德《纯粹理性批判》，使一大批青年哲学人才知道康德是一位贡献卓著的大思想家，同时对许多哲学理论有了全新的认识，青年学子大有醍醐灌顶之感，直呼痛快。邹先生推动吉林大学哲学系，实现了"认识论转向"，对于高清海先生冲破传统苏式教科书，进而推动中国哲学界实现"认识论转向"，发挥了自己的作用。

全面否定康德，等于否定人类认识的进步，否定哲学史的优秀内容，这样的哲学史只是一种贴唯物主义和唯心主义标签的流水账，没有思想内容。邹先生对康德哲学的拨乱反正，使哲学史研究成为推进重大理论认识进步的有效方法，使哲学史成为内容丰富的研究领域。本文无法全面地阐述邹先生对康德哲学研究的理论贡献，只能择其要而讨论几点。

1.先验（先天）的合理性

多年来，在苏式本体论教科书中，一直有一种经验主义的倾向，直至今天，这一倾向没有改变。艾思奇教科书说："人们在实践中对于某种对象的感觉和印象反复了多次，于是在人们脑子里就产生了概念，从感觉印象到概念是认识过程中的质变。"这里没有也不可能回答，从感性怎么质变成理性的呢？在最新的马工程哲学教科书中，重复了感性认识和理性认识的辩证关系："理性认识依赖于感性认识，感性认识有待于发展为理性认识，感性认识和理性认识是互相渗透的。"这种表述似乎很全面，两者都肯定，而且是辩证关系。这样的表述我们在培根、狄德罗等经验主义者那里同样可以看到，经验主义者很少极端到否认理性的程度。例如，培根说有人像蚂蚁，只知收集，有人像蜘蛛，从肚子里吐丝，正确的做法应该像蜜蜂，既收集又加工。但经验主义者的理性和思维是一句空话，毫无内容。而苏式教科书中谈到的"思维能动性"同样是一句空话，是没有内容的。原因在于，苏式教科书的传统观念，丢掉了以康德为代表的近代认识论的思想成果，停留于经验主义的"白板说"，使感性和理性的辩证关系成为没有内容的空话。

邹先生先提出了"白板"问题。他问到：当人们面对一个对象时，人的头脑是"白板"吗？是一个像婴儿那样的"白痴"吗？这种提问包含了两个观点：第一，人的头脑不是"白板"；第二，作为婴儿的人，头脑就是"白板"。邹先生认为，在绝对意义上，人生而无知，仅具有可能发展的肉体基础，例如，印度的狼孩没有发育成人的思维能力。但是，在正常情况下，婴儿逐渐长成为人，头脑不再是白板，而具有了人的思维能力，这种思维能力使人面对一个对象时，相对这种具体的经验事实，头脑里有了"先验"的思维能力，也就是说，作为"成年文明人"，头脑不是"白板"，是有"先验"的思维能力的。几乎与邹先生同时，李泽厚先生也在1979年出版的《批判哲学的批判》中论述了康德的先验思维能力，而且结合马克思主义的观点探索了人的先验思维能力的形成问题。邹先生指出，康德的"先验"指的是成年文明人，不是绝对的含义。在绝对意义上，人的思维能力和知识都是后天的、经验的，在成年文明人的相对意义上，思维能力是先验的，而知识是经验的。这样的"先验"是合理的，这种先验能力是人的理性思维能力，是形成理性认识的能力。否认"先验"能力，就停留于经验主义。

2."纯粹知性概念"是先验思维能力而不是知识

前康德哲学中，经验论和唯理论双方都从知识的含义上理解"先天"、"先验"。笛卡尔的"天赋观念"就是一种例如"两点之间直线最短"这样的先验知识。洛克批判也是这种含义的"天赋观念"。时间过去了400年，苏式教科书仍然在这样的含义上理解"先验"。毛泽东说："人的正确思想从哪里来的？不是头脑里固有的。"这里所指的，也是这样的含义。

邹先生关于康德"先验思维概念"的思想，一下子跳出了传统的说法，给人们的思想打开了一个新的天地。邹先生明确地区别了人的知识和人的思维能力，康德的先验思维概念或先天知性概念是成年文明人所具有的思维能力。人的先验思维能力是一种运用概念形成经验判断的能力，这种能力是一种"统觉"，是综合统一感性直观而对感性直观有所觉解，进而运用思维概念的能力。先验思维能力是有内容的，是有规定性的，这种内容或规定性就是先天知性概念。先天知性概念不是知识，知识是一种经验的现实性，人们可明确地想到自己具有哪种知识。人是不知道或想不到先天知性概念的，它不是一种明白的意识。例如，人们可以正常地说话，却可以不懂语法。说话是现实性，语法是可能性。人们可以知道说了什么，却可以不知道语法。先天知性概念不是一种先天知识，不具有先验的现实性，它只在具体的思维过程中起作用，人们是经验不到它的作用的。邹先生原原本本地阐述了康德的先天知性概念的含义，使康德思想的合理性充分地显现出来。

3.思维范畴与存在范畴

在传统哲学中，有一个共识的观点，哲学范畴是最普遍的，甚至在最新的教科书中，也是这样理解的："物质是标志客观存在的哲学范畴，是对一切可从感觉上直接或借助中介间接地感知的事物的共同本质的抽象。"这是一个带有唯名论色彩的定义，世界是无数个别事物的总和，物质范畴是对无数个别事物的标志，之所以具有最大的普遍性，因为是对一切事物的抽象。这种对哲学范畴的理解起源于柏拉图的"最普遍的种"。亚里士多德提出了十种最普遍的存在，也就是十种范畴。所有这些传统的理解有两个共同点：哲学范畴具有最大的普遍性，哲学范畴是对存在的抽象。换言之，只从存在的角度理解哲学范畴，属于人类对象意识性质的本体论哲学。

邹先生指出了哲学范畴普遍性的康德含义，超越了本体论思维模式。康德也列出了范畴表，这个范畴表来源于判断表。判断表是人类知识的分类，是人类已经形成的知识。每一类判断都是人类不同的思维能力的体现，有什么样的思维能力就形成什么样的知识或判断。从判断表，我们可以找出范畴表，也就是找出人类的思维能力。这样，范畴就是思维范畴，也就是纯粹知性范畴（概念）。康德认为纯粹（先验）知性范畴（概念）是最普遍的，这是因为人类思维能力适用于一切现象，因而具有最大的普遍性。康德提出了哲学范畴的思维属性，也就是认识论范畴。黑格尔综合了人类认识史，把哲学范畴既看成是存在的范畴，又看成是思维的范畴，于是实现了思维与存在同一的逻辑学、本体论、认识论的统一。

邹先生对康德哲学的这些认识，还康德哲学以本意，使康德作为西方哲学史上最重要哲学家的地位明确起来。有关康德哲学的认识，都是最重要的基本理论问题，因此，邹先生几乎扭转了整个哲学史研究。

四、欧洲哲学发展逻辑的杰出思想

1947年6月苏共中央政治局委员、书记处书记日丹诺夫按照斯大林的指示，召开并主持了苏联历史上最大的一次哲学史讨论会，宣布"哲学史也就是唯物主义与唯心主义斗争的历史。"从那以后，特别是在中国，直至1978年以前，哲学史领域没有了理论研究，只有阶级属性和派别标签。没有进化，没有发展，唯物与唯心、辩证法与形而上学、先验论与反映论、可知论与不可知论，双方结好了对子，摆好了斗争的架势来到人间，哲学史就是这种斗争的记述。北京大学一本哲学史称苏格拉底为"反动派头目"，让人无语。

1978年，在安徽黄山召开了中国欧洲哲学史研讨会，哲学史是认识史的论点成为大会共识，也成为中国欧洲哲学史界的共识。邹先生感受到春天的气息，像一个身怀绝技、蓄势待发的武士有了施展拳脚的机会。他在给研究生和本科生的授课中，阐发了积淀心中多年的独特的欧洲哲学发展逻辑，使学生体验到思想史的深奥与美感。

1. 欧洲近代哲学发展是"上帝自然化"的过程

传统哲学史囿于贴标签的思想方法，很难阐释近代哲学的发展。培根的分子、霍布斯的机械论、洛克的二元实体说、狄德罗的分子、拉美特利的机械论、卢梭的二元论、霍尔巴赫的自然观，最后是费尔巴哈感觉论的唯物主义，近代唯物主义始终是机械论、唯名论、原子论、感觉论，其基本属性是不变的，所以才导致19世纪末科学进步以后"物质不见了"的困境。列宁区别了物质的"具体形态"与物质范畴的抽象本质，克服了原子论的局限，但是，列宁的定义仍具有唯名论、本体论的倾向，不同于马克思的思路。高清海先生把马克思哲学理解为"实践思维方式"，站在理论的高地上来看哲学史，"哲学的秘密在于人"，哲学是人对自身实践的反思，唯物主义是从实践的客观条件方面来思考，唯心主义是从实践的主观思想方面来思考，近代哲学的进步，表现为人对自身实践进步的思考，离开了人，说不清哲学的进步。

早在20世纪80年代初，邹先生在《西方辩证法史》课程中，就指出近代哲学的发展是"上帝自然化"的过程，并且做了全面深入的阐释。在欧洲，社会观念和制度的进步，通过宗教观念和宗教活动的进步来实现，离开了宗教而提出所谓先进理论，难以成为近代欧洲社会共识，难以变成亿万人的实践，也无法推动欧洲社会。例如，资产阶级的自由平等理论和民主实践，在欧洲是通过自然神论的自然法学说和宗教改革为先导而实现的。这是因为，一方面，宗教与哲学本来是人类文化中最核心的两种互通互渗的意识形式，另一方面，欧洲文化是典型的宗教文化，基督教是欧洲文化的最鲜明、最本质的特征。所以，欧洲哲学的演变和上帝观念的演变是同一过程，正是上帝观念的演变表现了哲学的进步和发展。在古代，从感性自然中升华出一个纯精神的上帝是欧洲哲学的进步，在近代，把一个脱离自然的上帝和天国重新还原和统一于自然，更加是欧洲哲学的进步。这种还原不是简单地回到古代，而是把人类思维进步成果包含在内的一个丰富的具体性，恰如黑格尔所说的具体、抽象、具体。融合了上帝在内的自然，不再是古代那种人类充满神秘感的存在，而是人类已经充分了解的祛魅的自然界，这是发展了的唯物主义，甚至是自我扬弃的唯物主义。

"上帝自然化"使欧洲近代哲学的进步同欧洲社会发展有机地统一起来，物质观的细节变化不仅是一个专业的琐碎问题，而是近代欧洲思想大潮中的一朵浪花，视野开阔了，认识深入了，哲学史成了活的有血有肉的生命过程，邹先生引导青年学子感受到人类社会的脉动，感受到人类思维进化的深刻与奥妙。

2. 欧洲近代哲学发展是"人本化"的过程

哲学的"人本化"，是费尔巴哈的著名命题，这是理解近代哲学的重要向导，是理解马克思哲学的前提。但是，处于前康德哲学水平的中国马哲界，只是从传统本体论哲学中寻找所谓的优秀思想成果的碎片，根本不理解费尔巴哈揭示的深刻趋势，也不知道什么是传统哲学中的"合理"内核。在有些人看来，哲学是关于世界的"知识"，怎么能"人本化"呢？

在邹先生那部著名的"六经注我"式的阐释洛克哲学的著作中，他详细地论证了欧洲近代哲学的人本化逻辑。邹先生认为，近代哲学从洛克开始，经过休谟，到达康德，是哲学人本化的过程，主体意识成为哲学的中心点，全部哲学问题已经变成人的意识原理的问题。全部哲学问题的答案，秘密都在人自身。哲学终结于人类学，传统哲学终结于康德。黑格尔是沿着本体论的惯性发展的最后形式，他的哲学也是一个人本主义的思想体系。恰如费尔巴哈所指出的，思辨哲学的秘密是人本学，不是绝对精神异化为人的精神，相反，绝对精神正是人类精神的异化。至此，哲学问题是人的问题，哲学的秘密是人，已经表现出来。康德把人理解为一种思维能动性，为马克思把思维能动性转化为实践能动性准备了条件。黑格尔把人理解为活动着实践着的人，但他的唯心主义阻碍他把人理解为有血有肉的感性的人，他不可能看到人的实践是物质资料的生产劳动。费尔巴哈恢复了人的感性，但他丢掉了人的思维能动性，回到了经验主义的被动感受性。思想资料已经具备，一切都已准备好，窗户纸总得有一位高人捅破，天降大任于斯人也，马克思出场了，劳动是破解一切秘密的钥匙，劳动是人之为人的活动方式，在劳动中结成的关系是人的本质，石破天惊。

从上面的叙述可以看出，邹先生虽在欧洲哲学史专业教书，但他的理论也表现在马哲和中哲当中，他不仅是一位哲学专家，他就是一位哲学家。邹先生从欧洲哲学发展逻辑入手，进而揭示人类思维的发展规律，揭示马克思哲学产生的必然性，这使他对马克思哲学有独立的思考和先进的理解，这对高清海哲学学派的产生有重要的基础性作用。

吉林大学哲学专业在20世纪末涌现并向全国输送了一大批优秀的青年哲学人才，这同邹先生的哲学理论熏陶是密不可分的。在人们心中，邹先生思维深刻、学识厚重，爱憎分明、令人起敬，出自吉林大学哲学系的学者们都异口同声地赞扬邹先生。然而，邹先生一生没有任何荣誉和称号，没有获得任何奖励，没有得到国库里的一文资助，连博士生导师也没有评上，早早地退了休，只在家中接待热爱理论的青年学子，这是为什么呢？我觉得这是我们教育管理机制和伦理状况出了问题，每念及此，我隐隐地心痛。

想起邹先生，有说不完的话，谨此。

（作者系吉林大学哲学社会学院教授）

真理与智慧

——纪念我的导师邹化政教授

姚大志

2008年2月15日，吉林大学哲学系邹化政教授因病去世。邹化政教授是我的硕士研究生导师，也是指引我走向哲学之路的引路人。从我1982年初进入吉林大学哲学系学习，到2008年邹老师逝世，在长达20多年的时间里，无论是学校教室里的公开授课，还是私下的个人间闲聊，邹老师的教诲都令我受益终身。

一

我是1981年以同等学力身份报考吉林大学哲学系的。也就是说，我没有读过大学本科。在我本该读大学并且也想读大学的年纪时，大学只招收工农兵学员，而我当时在长春地质学院工作，没有资格被推荐进入大学学习。当1977年国家恢复高考制度从而可以报考大学的时候，我则因"年少轻狂"，认为自己读书不少，在大学没有什么东西可学的，因此也没有报考。

在1980年的时候，我对自己从事的办公室职员工作彻底厌倦了，便想通过考取研究生的方式到大学读书。当时，我所在的长春市只有两所大学招收文科研究生，即吉林大学和东北师范大学（当时叫吉林师范大学）。就我想报考的哲学专业来说，吉林大学1979年招收了第一届研究生，1980年则停招一年。这样，我只好报考东北师范大学。考试成绩发布以后，我觉得不算好也不算坏。按照考试成绩，我认为自己应该能够考上，但是最终传来了坏消息，我没有被录取。当时我并不知道自己没有被录取的原因，后来则听说，我所报考的导师本来有一个心仪的学生，但是我的成绩比该人更高，这样他便索性一个都不招了。很多年之后，我有一次在飞机上邂逅这位老师，他本人证实了我此前的"听说"是真的。我猜测，他也许是因为我没有读过大学而拒绝。

运气时常伴随人生。1980年我没有考上东北师范大学，特别是鉴于这并非因为成绩比他人更差，这是我的坏运气。但是，没有考上东北师范大学却给了我下一年报考吉林大学的机会，这一次或许会有好运气。好运气果然来了，因为这次我报考的导师是邹化政教授。1981年我随77级学生一起报考吉林大学哲学系外国哲学专业研究生，并且以优异成绩被录取。特别是邹化政教授负责出题并评阅试卷的"西方哲学史"一科，我得到了96分的高分。很久以后，当时参与评卷的邹铁军老师对我说，本来邹化政老师给的分数是98分，他和黄维章老师觉得这个分数太高了，于是提议减掉2分。据说当时邹老师看了我的答卷后非常兴奋，把试卷拿到走廊给其他学科的老师看。复试时情况倒了过来，邹铁军和黄维章两位老师给了我98分，而邹化政老师则减掉2分，最终同初试一样是96分。对我而言，重要的事情是邹老师没有因我没有上过大学而将我拒之门外。

大约从50年代中后期开始，邹化政教授一直在各次政治运动中屡遭打击和迫害，被剥夺了教师资格，长期在学校图书馆从事清扫工作。大约在1978或者1979年，邹老师才恢复教师资格，登堂授课。在我1982年初入学时，邹老师已经在学生中拥有极高的人气，受到了很多学生的拥戴和崇拜。他的课堂也常常爆满，吸引了那个年代求知若渴的学生和青年教师，并且其他学科的教师也经常到他的课堂上听课。

其实，听邹化政教授的课程不是一件容易的事情。首先，他讲话带有浓重的山东口音，很多人一开始很难听懂。其次，邹老师讲课不仅思想深刻，而且带有很强的逻辑，而学生往往跟不上他的思维逻辑。最后，邹老师讲课喜欢提问学生，而所提的问题又常常令学生难以领会，这样有些学生便"知难而退"了。从我跟随邹老师读研究生至今，20多年过去了，但是回想起来，还是有两门课让我记忆犹新。

一门课程是"西方辩证法"。这个课程名称容易让人误解，因为它的内容同通常所说的辩证法没有多大关系。邹老师所说的"西方辩证法"，实际上就是西方哲学史的发展逻辑。这里的辩证法是黑格尔意义上的。这门课程我们上了一年，而邹老师只讲了一个"导论"。我觉得这是我在研究生期间所上的最重要课程，它使我们对从古希腊到德国古典哲学的西方哲学史有了全面、深入和系统的理解，对西方哲学的本质有了深刻的理解。鉴于这门课程非常重要，并且当时也没有教科书或讲稿，于是我在听课时做了很详细的笔记。遗憾的是，这本笔记后来被一个友人借走了，并且也一直没有归还，尽管我曾几次催要。

另外一门课程是"黑格尔的《逻辑学》"。我们选择的不是贺麟先生翻译的"小逻辑"，而且杨一之先生翻译的"大逻辑"。一方面，"大逻辑"的篇幅和内容都比"小逻辑"更多和更复杂，另一方面，杨先生的翻译也不像贺先生的翻译那样平易。在长达一年的课程期间，在邹老师的引领下，我们逐字逐句的研读此书。虽然很多学生感到备受煎熬，但是收获也十分巨大，这门课程不仅使我们对黑格尔哲学有了深入的领会，而且也对德国古典哲学的本质加深了理解。对于以哲学为职业的人来说，这种学习会使其受益终身。

就学术而言，邹化政教授对我的影响主要有以下几个方面。

哲学研究者首先应该做一个同情的解读者。邹老师学贯中西，有一个时期也曾潜心研究中国哲学，并且有相关著作面世，但是他主要还是一位西方哲学的研究者。作为一位西方哲学的研究者，邹老师对从柏拉图到黑格尔的西方哲学家都能够加以同情的解读，即使他并非对他们都有相同程度的偏爱。我们知道，邹老师始终偏爱德国古典哲学特别是黑格尔哲学，但是这并没有妨碍他对洛克进行同情的解读。这种态度含有一个洞见：这些先哲的著作能够流传几百年甚至几千年，肯定有它们的道理。如果我们没有从他们的著作中学习到什么，那么问题可能出在我们自身。在对先哲持有同情解读的同时，我们也知道，任何哲学家都会受到时代的限制，从而他们的思想也都带有某种局限。

哲学研究者应该对整个哲学领域都有全面的、深入的和系统的研究。如果我们只是从课堂上和著述中了解邹化政教授，那么我们会认为他主要是西方近代哲学特别是德国古典哲学的研究者，而在这些领域，他尤其对形而上学具有精深的研究。但是，如果我们对他有一种全面的了解（这种了解是通过持续多年的交谈获得的），那么我们就会知道他对西方哲学的每个领域都有深入的思考。西方哲学大体上可以分为本体论、认识论和伦理学等领域，而每一领域又可分为若干分支。例如，伦理学的领域有义务论与后果论、主知论与主情论等分支。邹化政教授对这些领域或分支的基本问题都有精深的研究和深入的思考，就此而言，他在中国哲学界是独树一帜的。在邹老师的影响下，我在留校任教的最初十年里，对从柏拉图到萨特的西方哲学进行了系统的和认真的研读。为了深化对西方哲学的理解，我按照本体论、认识论、心灵哲学和伦理学的划分对其基本问题进行了分门别类的研究和思考，而这些研究和思考表现在我90年代初期为研究生开设的"西方近代哲学导论"课程中。

哲学研究者应该站在学术的前沿。看到这里，对邹化政教授有所了解的人都会不以为然，甚至暗自窃笑，因为在人们的眼中，邹老师是一个典型的传统学者，对新思想和新潮流通常持有拒斥的态度。这是对邹老师只知其一，不知其二。所谓"前沿"，与研究的内容无关，而与研究的方式和态度有关。虽然你研究的对象是柏拉图，但是你能够站在今天的高度来研究，利用最新的成果来研究。如果这样，你的研究就是前沿的。我对邹老师有一个"独特"的发现，吉林大学图书馆80年代之前存有的哲学类英文图书，邹老师几乎都借阅过，而我是通过每本书内的借阅记录卡片发现这一点的。在通常的印象中，邹老师与外文文献是无关的。另外，人们通常以为邹老师的阅读止于黑格尔，但实际上他晚年读了很多现象学的书，并且试图用现象学作为解释框架来阐发自己的哲学观点。在这种意义上，邹老师自己的哲学观点一直在变化。

二

追求真理，这应该是知识分子的第一美德，特别是哲学家的第一美德。学习哲学，就是学习如何追求真理。哲学家的根本任务是揭示关于世界、人本身以及道德的真理，他们应该是以追求这些真理为职业的人。否则，哲学不仅"毫无用处"，而且也"毫无意义"。在这个最重要的问题上，邹化政教授是中国哲学家的楷模。在几十的学术生涯中，邹老师不计名利，没有头衔，潜心于纯粹的学术，为我们做出了永远值得学习的榜样。

在这个问题上，中国文化与西方文化具有天壤之别。在儒家传统中，青年学生在学习的阶梯中所达到的最高境界就是"学而优则仕"。换言之，优秀的知识分子都应该当官。我们应该学习各种知识，但最终目的是经世致用。即使最终知识分子的才能不受赏识，不能"治国、平天下"，也要"独善其身"。在中国传统知识分子的头脑里，没有西方意义上的真理观念。也就是说，中国知识分子对知识的看法本质上是功利的，尽管中国没有西方那样的精致的功利主义理论。

虽然西方的知识观中也存在功利的成分，并且自19世纪以来在英国和美国产生出了系统的功利主义和实用主义的哲学理论，但是在西方文化和西方知识分子中，真理观念具有头等重要的意义。从古希腊哲人所说的"我爱我师，但是我更爱真理"，到现代科学的诞生，知识分子头脑中闪耀的都是真理之光。从古希腊开始，西方哲学家就认为世界上存在着客观的真理，而这种真理与真理发现者本人的性质无关。哲学是一种发现真理的事业，而哲学家是追求真理的人。当现代意义上的科学从其哲学母体中分离出来之后，科学家便成为真理追求者的代表。人们经常感到困惑：中国古代的科技知识非常发达和丰富，但是为什么没有产生现代意义上的科学？在我看来，最重要的原因就是中国人没有客观的真理观念。科学是以真理观念为前提的，没有真理，何来科学。

虽然哲学家是以追求真理为职业的人，但是追求真理并不是一种容易从事的事业。说追求真理不是一种容易的事业，这不仅是指发现真理是非常困难的，而且指追求真理本身也是非常困难的，起码对中国知识分子是如此。要想追求真理，就需要我们拥有"真理之心"，而在很多情况下，我们的"真理之心"是被蒙蔽的。蒙蔽"真理之心"的东西很多，最重要的有以下这些。

首先是利益。从文化上说，我们所有中国人都是功利主义者和实用主义者，尤其是中国的知识分子。我们是实用主义者，因为我们没有客观的真理观念，在真理问题上我们是相对主义者。我们认为某些观念是真理，这是因为它们有用。或者说，因为某些观念有用，所以我们称它们为"真理"。没有脱离人类的客观意义上的真理，即使有这样的真理，对我们也毫无用处。我们也是功利主义者，因为我们学习或获得知识的目的在于经世致用，在于知识能够为我们带来的利益。如果知识不能为我们带来好处，那么我们就会失去学习知识或发现知识的动力。这种功利主义和实用主义落实在具体的个人知识分子身上，用时下的话语说，就是"精致的利己主义者"。

其次是名声。在传统的中国文化中，知识与名声是紧密联系在一起的。一个人越有知识，他就越会得到人们的尊敬。因此，一个人因知识渊博而名满天下，这是自然的，也是无可厚非的。问题在于，在今天的中国学术界，知识分子通常把名声放在了知识前面。把名声放在知识前面，这是因为他们认为名声比知识更为重要，也是因为他们为了名声而追求知识。而人们之所以为了名声而追求知识，这是因为在当代中国社会，名声变得物质化了。用哲学语言说，这种物质化就是"物化"或者"异化"。名声的物质化就是"头衔"。目前在中国，有各种各样的"头衔"，有来自人事部的，有来自教育部的，有来自中宣部的，有来自各种"民间组织"的，也有来自各个高校的。这些"头衔"通常与利益是连在一起的，从而导致知识分子更加渴望并努力得到它们。在这种意义上，名声与利益是联系在一起的，有了"头衔"，利益就会伴随而来。

最后是权力。自古以来，中国知识分子有一个通病，即崇拜权力，而非真理。在中国知识分子的眼里，用福柯的话说，握有权力的人也就是掌握真理的人。如果下级与上级发生争执，上级一定是握有真理的人。如果教师与校长发生争执，校长一定是握有真理的人。因此，很多大学教师当上教授之后，下一个目标就转向了处长甚至校长。当一个普通教授变换了身份（当了大学校长）之后，通常情况下被看作无知的话就变成了真理，同时也会引来热烈的掌声。但是，权力是真理的敌人。现在中国的高校拥有了大量的资金，但是高等教育的发展却不如人意，学术水平也没有明显的提升，其中一个重要问题就是在中国的高校中，权力高于真理（知识）。在中国的高等院校中，校长和处长们拥有太大和太多的权力，而对真理和知识拥有太少和太小的敬畏，即使他们本身就是知识分子，就是某个学科专业的教授。或许这就是问题所在：当一个知识分子掌握了巨大权力之后，他以为就掌握了别人所没有的真理。

要想洞见真理，就需要智慧。"哲学"一词在古希腊的含义就是"爱智慧"。在我看来，哲学家之所以爱智慧，在于凭借它达至真理。哲学家是以追求真理为事业的人，而只有拥有智慧，才能够洞见真理。脱离了真理的智慧，不过是炫耀而已。智慧与聪明都被用来描述人的卓越，但两者的性质明显不同。聪明是谋取利益的能力（或为自己或为他人），而智慧是获取真理的能力。因此，在用于描述人的时候，我们往往说"大智慧"或"小聪明"。这里的"大"与"小"不是指人的性质，而是指其能力的性质。有些人非常聪明，但是没有什么智慧。有些人具有智慧，但看起来一点都不聪明。所谓"大智若愚"，就是指后者。聪明有可能反被聪明误，同样，智慧也有可能被蒙蔽。有些人本来拥有智慧，但是受到了个人利益、声名特别是权力的蒙蔽，就会失去洞见真理的能力，甚至追求真理的能力。

智慧是洞见真理的能力。即使人们拥有智慧，但如果他们不去追求真理，自然也不会洞见真理。那么驱使人们去追求真理的东西是什么？我认为是"真诚"，或者说"赤子之心"。知识分子只有是真诚的，怀有一颗赤子之心，才能够洞见到各个领域里的真理。在这个方面，真与善似乎具有同样的性质。按照康德的道德哲学，我们要想做善良的事情，要想把行为准则当作永远遵守的法则，我们必须要拥有善心（善良意志）。同样，在真理的事情上，我们要求获得真理，要得到超越主体的客观知识，我们必须要真诚，要拥有赤子之心。我们只有真诚，才会不受利益、声名和权力的引诱和蒙蔽，去勇敢地追求真理，从而凭借智慧洞见真理。没有了真理，智慧就会受到蒙蔽，我们与真理也就渐行渐远。

就此而言，邹化政教授是一个真诚的人，是一个具有大智慧的人，是一个真正意义上的哲学家。

（作者系吉林大学哲学社会学院教授）

回归自然与天道

王天成

一

我们知道，中国传统做学问的方法往往注重历史的方法。历史上有六经注我、我注六经之分，实际上，单纯的我注六经是不多的，往往大多数人都是六经注我。但无论是六经注我还是我注六经，都是在经我之间转换。西方的主流学问不是如此，它是用逻辑的方法谈学问的，单纯历史的方法也用，但不是主流。近代新学兴起以来，我们从小学到中学到大学，也在学逻辑的方法，比如说中学就在教授论说文要有"论点"、"论据"、"论证"等等，这实质上就是在教逻辑的方法。但话说回来，对于逻辑的方法我们用得并不熟练，所以我们做学问还不免更注重历史的方法。我们说逻辑的方法和历史的方法有区分，并不是说它们完全互相排斥，其实逻辑的方法里面也有历史，历史的方法里面也包含逻辑，只不过是侧重哪一方面而已。所以，更为全面的方法是逻辑和历史相统一的方法。无论是中国还是西方，都有人使用这种方法，而西方使用这种方法的典型代表就是黑格尔。

我之所以说上面的一堆话，实际上是想对邹化政先生做学问的方法做一个简单的定位。前一阵子，我们的哲学界无论是哲学还是哲学史，实际上用的还是历史的方法，其中包含的逻辑的建构环节很薄弱。这就可能造成一个问题：学术表面上是生机勃勃的，但学理上又显得没有创造性。在我们学术研究的过去一些时段，甚至造成了西方人造理论，我们跟着人家研究人家造的理论，甚至把它叫作"和世界接轨"。其实，这种接轨当然有必要，但太过了。所以如果总是这样研究下去，中国的学问可能真的就衰落了。好多有识之士意识到这一点，提出了不仅要学人家的东西，还要进一步解决前人留下来的问题，不仅学着做，还要接着做。依据自己的国情，探索未解决的哲学问题，寻求答案，这或许应该成为我们今后所努力的方向。邹先生是研究西方哲学的，特别是对黑格尔，研究得很深入。同时，对中国文化的精神也有自己独到的理解。但是，邹先生做学问的方法，却是一种以逻辑为主体的逻辑与历史相一致的方法，这可能得益于他的德国古典哲学研究，特别是黑格尔研究。邹先生研究康德也好，研究黑格尔也好，甚至是研究当代的一些哲学家，尽管也注重相关资料的考据，但并不拘泥于此，而是更为注重他们研究问题的方法。其中他特别注重的是黑格尔研究问题的方法，即思辨的方法。可以说，邹先生的哲学方法是这种思辨方法的进一步的发挥。正是在这种方法的引领下，邹先生所阐述的哲学主题是建构性的，或者说是创造性的。

一般来说，哲学问题都是一些在各方面算作终极的问题，终极的问题就很少有定论。我们看历史上的一些哲学问题，人们对它们几乎都没有完全一致的看法。如果我们以这种看法的确定与否来作为真理的标准，那么哲学就不是真理。但是站在我们现有的认识水平上看，不是真理的东西是不值得去追求的。其实这里面包含着很多的隐秘和误解。既然哲学问题没有定论，哲学不是真理，那么人们还去追寻它干什么呢？康德给出了一个理由，他说这些终极的对象，比如灵魂、宇宙、神等等，尽管不是真理、知识，但它也不是没有根据，它有基于人性的主观根据，所以他说形而上学没有客观根据（不是知识），但有主观根据（基于人的本性）。这样，康德就以"根据"为平台确立了形而上学作为哲学的地位。它既不是真理也不是谬误，而是某种"似真"的东西。这种似真的东西可以作为人们的希望存在，而希望恰恰是人及人的活动的最高目的。康德的这种对哲学的定位已经表现得很大度了，比以后的某些经验主义者认为形而上学仅仅使人满足某种无谓的情感要大度得多，但黑格尔仍然不满意。黑格尔也站在这个平台上评判哲学，但却想把它上升为真理。或许他也受时人的影响，认为不是真理的东西不值得去追求，所以他必得将哲学即形而上学上升为真理。这促使他从康德、费希特的主观性的视角转换到了客观性的视角，并在此基础上修订了真理的标准。

说这些是想说明，邹先生更类似黑格尔，想把形而上学确定为真理，或者说确立为知识或科学。所以我们看他学术生涯的每一步都试图用形而上学来解决哲学问题。但邹先生的形而上学又不像黑格尔的形而上学。黑格尔的形而上学是以精神来统摄一切，他的理由是精神有能动性，只有能动的东西才配得上起统摄作用。但邹先生坚持的是唯物主义，他的唯物主义又不是那种被动的物质唯物主义，而是强调能动性的唯物主义。从这看邹先生受马克思唯物主义思想影响至深。一般说来，由于马克思主义之中既包含唯物主义本体论因素，也包含人学的因素。这两个因素人们往往很难达到协调的理解。邹先生也很关注马克思主义人学理论，同时也很关注西方近代到当代的人学理论。比如在写《人类理解论研究》时，也曾专门研究近代人学理论，同时对费希特、谢林的自我意识机能理论也做过专门研究，但是他念念不忘的还是本体论，特别是怎样超出意识的内在性、确立起一种客观性的问题，即康德所说的"超验"问题。所以，他看到现象学之后，觉得现象学的直观理论可以搭建这样一种桥梁，就很重视现象学，并做过多年的研究。由此看来，邹先生对人学和认识论的研究，实际上是想澄清他的本体论。这也通过我经历的一件事情看出来，我有一段也对认识机能、直觉等感兴趣，并做了一段较深入的研究，和邹先生谈，他曾提醒，最终还是要落脚到逻辑、本体论，这才能解决根本问题。从这件事情也可以看到他的基本思想倾向。所以，他对认识活动的研究，对直观的研究，实际上是要成就他的思辨逻辑的通透性，最终还是要建立本体论或形而上学。也可以推而广之说，他对人学的研究，实际上是要超越人学，上升为包含人学的形而上学，他也称其为天道之学或自然哲学。

前面提到他的形而上学或本体论不同于黑格尔，是唯物主义的。但他的唯物主义不是一般的唯物主义。一般的唯物主义是心、物完全对立的唯物主义，邹先生则更强调心物一体。这方面他崇尚斯宾诺莎，也更倾向于物活论，他认为物本身就是活生生的，物是包含精神在内的。这样，他就和黑格尔不一样了。黑格尔坚持精神是包含物在内的一个对立统一体，邹先生则认为物是包含精神在内的对立统一体。同时他和通行的唯物主义也不一样。所以他有时说他的理论既不是唯物主义也不是唯心主义，实际上就是要划清和人们通常理解的唯物主义、唯心主义的界限，防止人们对他理论的误解。

我们的时代可能更崇尚丰富多彩，不太崇尚统一性。你在学术上用一些"主义"来统摄什么，容易引起现代世界的反感。所以邹先生建立本体论或形而上学的追求，可能被认为有点老，有点过时。其实，哲学总是有丰富多彩的时候，也有将这些丰富多彩归于统一的时候，因时运而变。俗话说天下大势分久必合，合久必分，这对哲学的主题也是适用的。其实，中国和外国学术最初都是丰富多彩的，中国的先秦百家争鸣，西方的古希腊也有各种不同的声音。就西方说，本体论一统天下的局面是西方理性发展的产物，是西方文化发展的一个环节。所以，反对形而上学、反对本体论、崇尚丰富多彩，这可以叫作现状，但并不代表真理，不代表天下大势。天下大势还是分久必合合久必分，分合交替。从这个角度看，邹先生重建形而上学，建立"第一哲学"的努力，是很有价值的。

分合交替之所以在历史上成立，是因为无论分也好合也好，哲学的一些基础问题总是贯穿始终。这些问题涉及人的生存根本，关涉世界的终极价值和人的最高理想。但是对人来说是很难解决的，所以哲学的思考不能追求一劳永逸，就像人的生存、终极价值不能一劳永逸一样。从这个意义说，哲学的那些根本问题似乎没有定论，没有定论恰恰表明它是最为重要的问题。但这种没有定论并不是公说公有理婆说婆有理，它是有根本的价值取向的，这个价值取向是恒定的。如果否定了这种价值取向的恒定性，我们就很可能过于崇尚哲学问题的相对性，而忽视它的价值上的绝对性，从而丧失追求哲学真理的信心和决心。应该说，现在的哲学状况与此类似，大家抱住哲学的相对性，反对和消解那种崇高的绝对价值，这表明人们对哲学的信心是不足的。但哲学毕竟又是一门经典学科，为了成就这个学科，就只能把一些"丰富多彩"的问题拿来充数。最后造成的局面是哲学的表面繁荣，深层次的探索没有进展，邹先生曾经很形象地称之为"哲学泡沫"。泡沫有五光十色，但真理黯淡得多，当人们以欣赏这些五光十色的泡沫为美的时候，真理就会被筛除掉。但是，泡沫是要在短时间破灭的，哲学的出路还是要追求永恒的东西，追求真理。在追求哲学真理方面，邹先生坚定性是令人佩服的。他坚信哲学真理的存在，并且也坚信他能够达到哲学的真理。这使他一生都在追求哲学的真理，我们从他最后写的著作《第一哲学原理的科学体系》就可以看出来这一点。正是因为他的这种追求，使他对哲学的根本问题，包括本体论、辩证法、认识论、价值论等都进行过深入研究，也都取得了重要的思想成果。可以说，吉林大学搞哲学基础理论研究的许多人，都受到过他的思想成果的影响。

邹先生追求哲学真理，同时他和黑格尔一样，坚信真理必须是一个体系，或者说是一个系统。但是，要成就一个系统很困难，需要做长期的努力。邹先生经过了很长的一个探索过程，最终成就了一个体系，即他的《第一哲学原理的科学体系》。长期以来，邹先生孜孜不倦地试图走出意识的内在性证明他的唯物主义，由此他提出了解决超验问题的思路，包括他的超验辩证法。晚期他认为现象学是走出意识内在性的一种关键的学说，所以大力吸取现象学的营养。这样，就使他从中期的认识论的研究中走出来，进入到以本体论为基础的"第一哲学"研究中来了。"第一哲学"在他那里实际上是一个自身显现的逻辑体系，他也称之为科学体系。邹先生的这种探索，即从主体开始最后走向"第一哲学"的探索过程，和从康德到黑格尔、从胡塞尔到海德格尔的哲学转变过程很相似，康德和胡塞尔的哲学都具有主体哲学的特点，但从主体如何打通客体这个思路出发来解决真理问题，似乎对人来说很不容易做到，也可能这是人的意识能力的极限。这样，就使人们只能由意识哲学转换到形而上学，由认识论转换到本体论。因为人的认识能力很有限，以这种有限的东西为标尺，只能成就有限的科学知识，不能成就哲学作为科学知识。所以我们看，黑格尔、海德格尔，都在其理论建立的起点上对主体哲学进行了批评，如黑格尔在《精神现象学》中对意识哲学的批评，海德格尔对主体哲学、人道主义的批评等等。邹先生也对主体哲学进行批评，在这方面他和黑格尔、海德格尔等人的做法是一致的。这实际上表现了哲学发展的一种内在规律。人的认识是很有限的，但人的认识每前进一步，自信心也加强一步，人们就很可能在充满自信的前提下认为人可以创造一切，是衡量一切的标准。但当这种认识发展成为人的肆无忌惮并且成为潮流的时候，它的负面作用就会出现。这时候就需要虚心一些，转换一个角度。实际上在现在，随着科学技术通过资本的扩张，其"座架"效应逐步显现，所以人们都在考虑摆脱人类中心主义。从这个角度看，邹先生强调从自然出发，批判主体哲学，坚持形而上学即第一哲学，也是很有意义的。

二

邹先生的一生一直在探索哲学的真理。在不同的阶段他所探索的主题是有差别的。但是，邹先生最后形成的《第一哲学原理的科学体系》，则集中表达了他对哲学最终的逻辑思考。应该说，这部代表他最终成果的著作是很晦涩难懂的，即使我们跟随邹先生学习多年，好多精细的环节、概念间细微的区别以及不同环节的过渡还是不明白。特别是其本体论、认识论和价值论中的一些细微思考和辨析，有待我们进一步研究。好在有一个导论，表达了邹先生对第一哲学科学体系的总体看法。按我的理解水平，在这里我只能就这个导论介绍其中的一些大略环节。

大概说来，第一哲学原理的科学体系是一种对（广义自然）哲学的逻辑思考，按他的话说，"是整个哲学系统的普遍基础"。[1]逻辑讲究共相，而哲学作为一种"学"又是知识。所以邹先生从知识共相开始讲起。他说："什么是哲学？纯就哲学之为哲学而言，哲者，明知而智慧的意思；学者，学问或知识的意思，从而哲学就是一个明知而智慧的学问或知识系统（学问即知识，以后我只用知识一词）。但是，明知而智慧的知识本身是一个共相：其他一切科学的知识，

[1]邹化政：《第一哲学原理的科学体系》导论，以下所有引文出自"导论"者，不再另注。

都可以是明知而智慧的知识。所以，在明知而智慧的知识共相对面，耸立着一个它的各种特定殊相明知而智慧的知识领域，前者，可称其为明知而智慧的知识共相，简称知识共相；后者，可称其为各种明知而智慧的知识殊相，简称各种知识殊相。"可见，知识的共相构成哲学研究的主题。但应该指出的是，如果仅仅把知识共相理解为主观的，那就不是知识了，知识总有客观性，总是关于对象的知识。"知识共相，必须有为它所表现的对象。这个对象，不可能是知识共相以自身为反思对象的那个对象，因为这里说的是知识共相本身所表现的现象，亦即它的原始对象。那么它的此种对象是什么呢？"他认为这个知识的原始对象就是外感显现中的"事物存在形象的实在性。所以如此，这乃是由于外感官确定性，是我们的最初所知——脱离了外感官所给予我们的确定性，我们面对的，便是一无所有的空白。"原始对象和知识共相一样，也是共相包含它的殊相。知识共相与它的对象——原始对象共相"是一个不可分割的对立统一体"。"既没有无原始对象共相的知识共相，也没有无知识共相的原始对象共相。从这个统一性的视角来看，哲学便可进一步全面地规定为：它是知识共相与其原始对象共相的对立统一。"

这种统一包含两个环节，一个是感性知识共相与感性原始对象共相的对立统一，再者是理性知识共相与理性原始对象共相的对立统一。我们所说的"客观实在性"，无非就是原始对象共相作为感性对象共相与理性对象共相的统一，前者是事物存在形象实在性，后者则是事物存在形象实在性的本质。所以，"客观实在性便是事物存在形象实在性与其不同层次本质的内在统一。"邹先生把"客观实在性"看得很重要，因为没有客观实在性，知识也就不成其为知识，哲学的真理就不存在了。站在这个立场上邹先生维护知识共相和对象共相在统一的基础上的差别，并且批评了西方自贝克莱休谟以来的哲学在这个问题上的混淆。他认为，这些哲学都将知识共相和对象共相混同了，只不过有感性层面的混同，有理性层面的混同。比如经验主义者大多将感性知识共相与感性原始对象共相混同，而黑格尔则是在更高层次上将理性知识共相与理性原始对象共相混同了。这种混同的结果是以知识共相淹没了对象共相，因而西方哲学的本性必然是唯心主义的。

感性对象共相即事物存在形象实在性，理性对象共相则是事物存在形象的本质实在性，二者的共相构成原始对象共相，也称客观实在性。邹先生认为，这个作为原始对象共相的客观实在性的内涵逻辑内容就是"自然"。哲学由此就变成了关于自然的学问，即自然哲学。关于自然，他又进一步区分为自然和自然界。"通常人们所谓的自然，就是自然界，但是在我们看来，自然与自然界是有区别的，二者不是一回事。什么是自然？自然者，事物存在形象实在性，以其不同层次内在本质为基础，然其本身所固然的自生自化的一个过程之谓也——一切事物存在形象实在性，在其普遍联系与制约中，都不能不是一个毫不借助任何外力的、自本自根、自生自化的一个然其所固然的实在性。而作为这样一个实在性的自然，在其所有数量中的总和统一性，这才是自然界。所以，自然不能等同于自然界，二者是有区别的。""如果我们将事物存在形象的不同层次本质，扬弃为它的固有内在性，则所谓自然与自然界的区别，便可简化如下：1，所谓自然，就是事物存在形象的实在性。2，所谓自然界，则是所有事物存在形象实在性的总和统一性。"具体说，哲学就是以自然与自然界的对立统一体为对象，所以可称其为"自然哲学"。但是邹先生的自然哲学是广义的，而不是狭义的。狭义的自然哲学是在社会性自然和非社会性自然相分的前提下只研究非社会性自然及自然界，而邹先生所谓的"自然哲学""是关于自然一般、自然界一般的思想体系，它是整个哲学系统的普遍基础"，即其"第一哲学原理的科学体系"。

第一哲学原理的科学体系分为本体论、认识论、价值论三部分。本体论讲客观实在性，认识论讲主观实在性，价值论讲主客统一性，是前二者的合题。但是按照邹先生看，它们同时也是逻辑，确切说是决定逻辑的来源和本性的基础性的东西。因为逻辑总是有内容的逻辑，不是空泛的形式，而本体论、认识论、价值论所述内容恰恰也是逻辑的基本内容。可见，在这个环节上邹先生和黑格尔的处理方式是一致的。在他看来，"逻辑学应分为客观逻辑学与主观逻辑学（传统逻辑学仅是主观逻辑学），和此二者的统一——主客观统一的共相逻辑学。它的梗概，分别包含于自然哲学即所谓第一哲学原理的本体论、认识论、价值论之中。"从此看，这里所说的本体论、认识论、价值论，便也都是关于本体、认识、价值的逻辑表述，而不是某种活动的描述。

具体说来，"在合理的逻辑形式中，以事物存在形象实在性为对象，从它开始到其不同层次本质，并从其终极本质中演绎各种事物存在形象实在性的产生规律，便是本体论。""在合理的逻辑形式中，以各种日常经验和各种科学为前提去反思知识共相产生、发展的规律，便是认识论。""无论是知识，还是它的客观对象——事物存在形象实在性，就其都是出自大自然内在之理的合理性，因而就它们在大自然中都是具有合理意义的东西说，这便是它们作为价值的实在性。用中国哲学的术语说，这便是天道的合理性。以价值为对象的学理，便是价值论。"[1]这样，自然的客观实在性（本体论内容）和主观实在性（认识论内容）便在价值论中回归到了自然的合理性。关于本体论、认识论和价值论的具体内容，极为丰富，足以体现邹先生的丰厚的学养和缜密的沉思。其中的具体环节的

[1]见邹化政：《第一哲学原理的科学体系》第一章

论述，包含着许多发人深省的观点，这些观点和论证有待于我们仔细研究。相信不同的读者会在不同的角度和不同的层面受到启发。

三

应该说，邹先生最终形成的第一哲学，很多推演的细节还搞不明白，但按邹先生的学问，我相信邹先生是已经想明白了的，只是我们由于没有进行这方面的思考或思考不深入而不太理解。所以这个系统中肯定还包含有许多具有重要意义的思想需要挖掘。但有几点是很值得注意的。

首先，邹先生将其第一哲学（形而上学）称为自然哲学，是很有其现实意义的。正像前面所提到的，自近代以来，一方面，科学技术借助于资本的力量，一直更新着现代化的进程，但更重要的一方面，资本借助科学技术，也一直更新着自己一种无限增值的进程。资本借助于科学技术所建立的信息手段，不断刺激着人的欲望，很多科学技术已经变成了欲望的满足手段。至于哪些科学技术真的是为人类谋幸福，哪些是单纯的满足欲望，人们已经分不清楚了。这样，科学技术的创造能力，便使人对自己的自信达到了肆无忌惮的程度，认为人可以创造一切。人们对自然似乎总是摆出一副主宰者的样子，似乎自然的一切事物都是为人而存在的。这在哲学上的代表就是人学的过分发展。我们知道，恩格斯曾经警告，如果我们蔑视自然规律，必受自然的惩罚。邹先生重视形而上学、重视自然哲学，将自然哲学比之以天道之学，实际上也在矫正着现在人学过分发展的片面性。从哲学史上来看，黑格尔曾经批判经验主义以致康德的意识之学，海德格尔也曾批评过人道主义，他们的一个共同的旨趣就是回归存在论，回归天道之学。邹先生面对人学泛滥的局面，倡导回归自然、回归天道，将第一哲学标示为自然哲学，其所具有的批判性意义和黑格尔、海德格尔哲学的意义是相似的。在这个意义上应该说，回归自然、回归天道是邹先生留给我们的一个最后的、最重要的遗产，值得我们深思。读邹先生的这个体系，他的话是有棱角的，一方面他是一个严厉的批评者，对任何哲学学派的缺点往往不留情面地直接指出来，从不隐晦，另一方面他也总是运用那种人们听起来会觉得十分难懂的思辨语言。但是，仔细体会他所展示的那种趋向天人合一的自然境界，却能够使人们从某种人学的躁动中平静下来，给人一种怡然的感觉。

其次，就本体论问题来说，邹先生以事物存在形象实在性为起点建构的一种生命本体论是很有意义的。一般的本体论在西方是讲关于"存在"的学问，而邹先生则吸取并升华了现象学的成果，从事物存在形象实在性分析开始，所以事物存在形象实在性构成了基础。他认为，事物存在形象的实在性包含事物形象和存在形象两个环节，事物存在形象的全体性便是二者在区别中又统一的全体性。如果以事物存在形象的实在性的形体性为核心，将其不同方面的属性扬弃为形体核心的内在属性，那个"形体核心"与其内在属性的统一体，便是事物存在实在性。事物存在形象的实在性是基础，而事物存在实在性作为其最切近的本质，构成了对自然进行逻辑分析的起点。"事物存在形象实在性第一层次上的本质，而这个本质即它最初的本来面目，因而即为它最初层次上的本体，因为它的一切属性表现形象，都来源于它的不同属性。"[1]正是通过对事物存在实在性的分析，邹先生解释了自然作为有机生命的结构。前面说过，邹先生曾多次褒奖斯宾诺莎的实体观即自然观，通过对事物存在实在性的两种属性的分析，他严密地展示出了这种自然观的基本性质。在邹先生看来，事物存在实在性基本上有两种不同属性，即物理属性和精神属性，它们处在既相连续又相中断的内在关联中。这样，展现于我们的自然便成了一个有机联系体或生命体。本体论就是揭示这生命体不同环节的内在逻辑，最后凝结为客观逻辑。将自然在本体论的意义上理解为生命体，应该说不只邹先生一个人，好多哲学家都有过这样的理解，包括斯宾诺莎在内，但是能够达到邹先生这样系统建构的，应该说是少之又少了。通过严格的论证达成对自然生命的理解，对于我们更好地了解包括我们自身在内的自然，是有很大益处的。

再次，在《第一哲学原理的科学体系》中，邹先生对西方哲学特别是近代哲学的根本缺陷把握的也是很独到的。上面我们说过，邹先生研究西方哲学，特点是他能够进入到西方哲学的核心去。他熟练地掌握了西方哲学的思辨论证方法，所以他写出来的东西更像是西方式的。可见他得益于西方哲学，但同时他对西方哲学的弱点或缺点也看得更清楚。前面我们说过，他在多年前就意识到，西方特别是西方近代以来的主流哲学，本质上是唯心主义的。在这部著作中，他对西方哲学的这种本质进行了深入的分析。他认为："自贝克莱、休谟以来，西方近现代哲学主流的基本特点，便在于知识共相，与其原始对象共相——事物存在实在性的混同。"在前面我们解释过邹先生关于知识对象、原始对象共相以及它们的区别和关联。当然二者是统一的，但邹先生在论述中更为强调它们的区别性。我猜测，这主要是因为在当今的哲学思潮中，对它们的区别性的认识是很不够的，甚至根本就没有认识到这种区别性是个很重要的东西。原来我们坚持某种朴素的唯物主义，当我们意识到任何事物都要通过我们的感觉/知性来被我们所感所知时，我们的感和知就成为第一位的东西。近代西方的"认识论转折"使我们上升到了这样的高度。这也和近代人学的转折也使我们将人看成第一位的东西一样。

---

[1] 见《第一哲学原理的科学体系》第一章

当我们说"桌子是黄的"、"天是蓝的"、"大地是绿的"等等的时候，当然这都是我们的认识，我们的知识，但同时它也关联着一个对象，而这个对象却不是知识创造出来的，而是原初的。邹先生把它叫作"原始对象"，这原始对象由于是感性显现的，所以被称为"事物存在形象实在性"，而它们的具体共相（作为普遍、特殊和个体统一的共相）就是"原始对象共相"，这也是"事物存在实在性"。从此看，"事物存在形象实在性"是最基础的，但是西方传统哲学中却没有这个概念，而只有"事物存在实在性"的概念。不仅如此，还把事物存在实在性作为知识的原始对象共相和知识共相混淆了。邹先生特别分析了二者混淆的不同层次（见"导论"中"知识共相与原始对象共相的混同与它的层次"）。由于近代哲学和当代哲学的主流在这个问题上具有一致性，所以邹先生的这种分析实际上是对近代和当代哲学本性的一种再认识。当然，事物存在形象实在性和人的感性相关，特别是和外感相关。而感性在西方传统中总是被贬抑的。其实，感性中隐藏着很多秘密。邹先生能够在感性形象的平台上看到事物的实在性，这和西方传统的看法是完全不同的。不仅如此，这种看法也为我们开出了一个在这个问题上进一步深入思考的空间。

应该说，邹先生是一位以缜密的思辨从事哲学工作的哲学家。他的很多有价值的思想都隐含在思辨的论证中。不去梳理他的思辨论证，这些价值很难凸显出来。所以，相信通过我们认真研读邹先生的著述，会有更多有价值的思想被发掘出来。

（作者系吉林大学哲学社会学院教授）

人道即天道

——邹化政先生的儒家哲学研究

李景林

一、缘起

一个大学的哲学学科，必须要有一位或几位形而上学家来支撑，才能挺得起，立得住，具有自身的精神方向和原创性的动源。对于吉林大学哲学学科来说，邹化政先生就是这样一位形而上学家。邹师1957年被错划为右派，"文革"期间又蒙冤被打成现行反革命，在长期的劳动改造期间，先生克服重重困难，以令人难以想象的毅力，卧薪尝胆，饱览中西哲学原典，凭借自己的天资和努力，在学术上打通中西，形成了自己独特的学术和思想系统，在德国古典哲学、儒家哲学、形上学、认识论、价值论诸哲学领域都有自己独到的建树。邹师的人格精神和思想智慧，对于我们这一代学子思想和人格的养成，有深巨的影响，对吉大哲学学术传统和西方哲学理论体系的建立，亦具有开创和奠基之功。

邹师1980年代初重登杏坛之后，为本科生和研究生开设多门哲学和经典研究的课程，如德国古典哲学、西方辩证法史、人学原理，洛克的《人类理解论》研究，康德的《纯粹理性批判》《实践理性批判》《判断力批判》，黑格尔的《小逻辑》《大逻辑》《精神现象学》等。我个人在本科和研究生学习期间，有幸亲炙于先生，几乎听过他所讲授过的所有的课程，由是而得略窥哲学之门墙，真是受益无穷。

先生为人诚悫率真，浑若赤子，不事张扬，亦绝少交游。是以其思想学术，犹若蚌中之珠，实高而不名。不过，相对而言，因先生出身西方哲学，其有关西方哲学的研究，在业内颇为识者所重，亦有相当的影响；而其有关中国哲学的研究，就很少有为人所知了。邹师所著《先秦儒家哲学新探》（下文简称《新探》）一书，是其有关儒家哲学和中国哲学研究的代表作。该书1990年由黑龙江人民出版社出版，距今已有27年的时间了。其实，约在"文革"期间，先生已经开始了对儒家哲学的研究和思考，写过一部十余万字的《论孔子》的手稿。八十年代中期，又在匡亚明先生的鼓励下，写成了百万余言的《儒家道统新论》。这部书稿，我曾有缘先睹为快，邹师也曾在其"人学原理"的课堂上讲授过它的内容。《新探》一书，就是由这部《儒家道统新论》浓缩提炼而成的。邹师此书的特点，不在于对儒学作细部的解释，而是以一种新的诠释理念和宏观的哲学视野，对儒学做出一种现代意义的理论重构，以应对儒学在现实境遇中所面临的种种理论问题，在今天仍有重要的学术价值和思想穿透力。我个人几十年来从事中国哲学和儒家哲学的研究，有责任发扬邹师的儒学思想。在邹师逝世十周年之际，我重读《新探》，心与先生游，将点滴感悟，写在下面，以为心中的纪念。

二、"人道即天道"的诠释理路

邹师虽出身于西方哲学，但却反对现成地依照西方哲学的概念和理论框架来直接规范和解释中国哲学。《新探》一书的研究方法，是首先统合中西哲学，提出一种超越于西方哲学的、整体论的哲学观，再以此来反观和诠释儒家哲学，以对之做出现代意义的定位与理论的重构。

在西方哲学中，本体论、宇宙论、价值论、知识论、道德伦理等问题，分属于不同的哲学部门。西方近代以来的哲学，又特别强调价值与事实、应当与实然的区分，这也强化了现当代哲学对道德和价值问题的相对主义理解。麦金泰尔用"情感主义"来概括现代人的生存状况和道德价值观念，就很形象地表明了这一点。[1]

毫无疑问，道德、伦理、治道和人格成就的问题，是中国哲学尤其是儒家哲学的核心内容。哲学本质上是一种形上学，它最终的指向，是一个真理的体系。因此，如果我们仅按照西方哲学的部门划分，把儒学和中国哲学的理论形态，局限于其中的伦理道德、价值观和政治理论的论域，又因近代以来西方哲学事实与价值、实然与应然之分立的观念，而把道德、价值问题主观化，当然会对儒学之作为一种哲学或形上学的地位产生怀疑。现代一些学者否定中国有哲学或形上

---

[1]参阅A·麦金泰尔《德性之后》第2、3章，中国社会科学出版社1995年版。

学，也有学者批评儒家是一种道德决定论或泛道德主义，多由此思路而来。

《新探》其实并不是一部通常意义上的先秦儒家哲学史，而是一部黑格尔所说的作为一种"哲学本身的研究"[1]的儒家哲学论著。换言之，《新探》所做的工作，是在确立自身哲学观念和诠释原则的基础上，对儒家哲学的一种义理重构。该书的长篇《导论》和第一章《中国的哲学传统》，用近120页的篇幅，着力从中西哲学之比较与融合的角度，阐述了作者独特的哲学理念，并以对中国哲学特殊历史背景与宗教观念的深入探讨为基础，揭示了中国古代与西方迥异的道德传统，以及由此所决定的中国哲学的基本原则——以天人关系为出发点的"人道即天道"的哲学原理。该书即以此为诠释原则，重构儒家哲学的理论系统并赋予其在世界哲学中的合理定位。这一诠释理路，对于回应和纠正现代以来以西方哲学概念和理论模式解释中国传统思想和儒学所产生的种种问题及其误解，具有重要的方法论意义和思想解释力。

在《新探》的《导论》部分，先生首先提出了一种"总体性"的哲学概念，以作为其探讨儒家哲学的诠释原则。这个所谓哲学的"总体性"，实质上就是一种统合并超越于中西哲学的一种普遍的哲学观。

《新探·导论》指出，哲学作为一种"智慧之学"，其研究对象就是主客观的关系。"用现代的话说，哲学便是以人的主客观关系为对象的科学。"（《新探》第1页）不过，我们不能停留在对哲学的这种抽象的理解上。反思是哲学的一个根本的特性。从反思的、而非日常经验和实证科学意识的立场来看，人并不能直接地与客观的对象世界打交道。作为哲学之对象的主客的关系，实质上只能是一种"思维以感性为中介而对存在的关系"（《新探》第9页）。思维统合感性并以感性为中介而关涉于存在的问题，就是一个"思维规律的问题"。在这一层面上，哲学乃表现为一个思维规律的体系。

但是，哲学不能仅仅把思维理解为一种单纯抽象的理智活动。进一步来看，思维作为人的理性，实质上是人的存在或"人性"的表现。或者可以说，"人性就是人的思维作为理性的本性"。（《新探》第18页）因此，"有关人自身的哲学"的"人学原理"，便构成了哲学作为"智慧之学"的一个内在的、本质的规定。西方哲学论人的理性，有理论理性与实践理性的区分。就此而言，要从人的整体存在而非单纯抽象认知的立场来理解人的"智慧"或理性的内涵，就必须确立实践理性对于理论理性的先在性和基础的地位。

如果我们把人的理性看作抽离于实践理性的单纯的"思"、"知"，这样

---

[1]黑格尔认为："哲学史本身就应当是哲学的"，"哲学史的研究就是哲学本身的研究"。见氏著《哲学史讲演录》第一卷，商务印书馆1981年版，第13页、34页。

的思、知便会成为一种无关乎人的存在的"空有"，因而必须由对象性的经验内容来填充并规定其内容。这正是康德转向实践理性来确立人的道德形上本体的缘由所在。"所以，理论理性的思维规律只有在实践理性的思维规律的基础上才能得到科学的解释……理论理性和实践理性的统一，才构成人类智慧的整体。"（《新探》第19页）而"哲学作为智慧之学，是有关人的理性的理论，它揭示的是思维以感性为中介而对存在的关系总体，而这个总体又是理论理性的思辨原理和实践理性的人学原理的统一。这即是哲学意义上的思维科学的总体性。在这个总体性中，世界观与社会历史观、认识论与伦理道德观、逻辑学与人学原理是统一不可分的。只有这样的哲学，才能表达思维与存在关系的整体"（《新探》第20页）。这一超越于中西哲学的"总体性"或普遍的哲学观念，就是《新探》重构儒家哲学义理系统的基本的诠释理念。

先生指出："站在这样的哲学概念之上，我们便能更加清楚地看到中国儒家哲学的基本内核和伟大历史意义。中国儒家哲学，一开始便是在这个高度上来表现和发展其哲学思想的……这些思想原则的展开，又都是以人学原理为核心，以理论理性的思辨原理为逻辑基础，在不同程度上表达了思维对存在的总体关系。哲学概念的不同环节，在中国哲学的发展中，始终没有相互分离，而各自形成一些抽象片面的哲学意识。我们可以这样说，不理解最高层次的哲学概念，就不能透彻地理解中国儒家哲学。"（《新探》第20页）这段对儒家哲学的总体评论，有三个要点：第一，儒家哲学自始至终都贯彻了前述"总体性"的哲学理念。而在邹先生看来，西方哲学只有德国古典哲学才达到了这样的高度（见《新探》第20页）。第二，儒家哲学特别突出了人性论或人学原理对于整个哲学系统的核心及其通贯性地位。第三，儒家哲学由此而具有了一种整体论和内在关系论的理论特色，其哲学的每一观念及诸环节，都内在地包含着这一总体性理念的全体。这一点，集中体现在儒家的天人关系观念和宋明儒学普遍的"宇宙-心性-人性"观念中[1]。这便形成了儒家自身独特的哲学原理和思想系统。

《新探》第一章更由这一"总体性"哲学理念引申出了中国哲学和儒学的哲学原理——"人道即天道"。

儒学既以实践理性的"人学原理"为核心贯通理论理性作为自己的指导性原则，则作为哲学对象的主客关系问题，或者说，"思维统合感性并以感性为中介而关涉于存在"的问题，便转变为一个以人性或人的存在之实现为前提的"天人关系"问题。因此，"天人关系"问题，便构成了中国哲学和儒学的出发点和核心问题。

---

[1]参阅《新探》第一章和第七章、六。

西方哲学偏重于理论理性的认知传统，规定了其哲学的反思，必"开始于万物本原是什么的本体论问题"；其哲学史亦必"在开端上仅仅表现为一种有关自然的自然哲学"（《新探》第84页）。与此相对，中国哲学所理解的"人与物"的关系，则表现为一个"在人对人关系中的人物关系"（《新探》第88页）。因此，"天人关系必然成为中国哲学所从而出发的反思对象，并且成为贯通整个哲学发展的核心"（《新探》第84页）。而中国哲学"对天道的反思，总是作为天人关系的一个基本关系进行的"（《新探》第85页）。对"天道"作为万物本原的反思，既非中国哲学之作为理论系统的出发点，亦不能构成中国哲学史的开端。而在这个作为中国哲学反思对象的天人关系结构中，人所追求的目标和最高境界，就是人与天地万物为一体的天人合一境界。而人在人性或人的存在实现的历程中来证成天道的客观性，其内在的原理就是"人道即天道"。这是中国哲学迥异于西方哲学的一个重要的特点。

《新探》强调，儒家哲学"在中国哲学的发展中，最为典型、最为突出地自觉到天人关系的总体作为一个人道的思维与存在的同一性问题"（《新探》第96页）。"人道即天道的哲学原理，自孔子开始便为儒家所坚持。孔子所谓人心有仁义之性的固有'明德'，'人能弘道，非道弘人'，以及'道不远人，人之为道而远人，不可以为道'的原则；子思'合外于内'为一道的原则；孟子所谓'知性而知天'的原则；二程、朱熹所谓知性知物一回事、有知于性则有知于物的原则；都是在向人表明人道即为天道的最高哲学原则。儒家哲学的发展，实质上是这一哲学原则的展开"（《新探》第95页）。

儒家哲学的"天道"观念，乃由殷周时期的"神道"观念转变而来。殷周时代的宗教，其神道的观念与世界其他的宗教不同，它的神格的方面并不突出，其上帝天命的观念，乃是其内在地主宰自然（物则）与人伦之道（民彝）为一体的法则系统。在这里，神与人乃统合为一，并未抽离为两个独立的世界。这"决定了中国人一元化的宗教意识，难以得到充分的、独立的发展，它必为有关这个天道观念的哲学意识所代替，特别是为儒家哲学意识所代替"（《新探》第73页）。因此，在儒家哲学中，"天道"作为一个本体或万物之统一体的观念，从来就不是一个"简单的自然观念"（《新探》第83页）或独立于自然和人伦世界的形式化实体或本体，而是被理解为一个内涵至善价值规定的本体。"天道"在自然一面，乃表现为一个本具"神明德性"或不同层级精神性规定的、生命伦理义的宇宙（天地万物）观念；它的"最高环节"，就是"人的明德之性或人性……在圣人那里表现为一个天人一体的圣人之道"（《新探》第213页），并展开为一个人和人伦世界的存在。人道、人性或人的存在内在地拥有天道，其最终的指向，是实现天人的合一，即人道与天道的合一。

在这样一个"人道即天道"的理论视域中，前述思维与存在的关系问题，就拓展为一个人道与天道的关系问题。从西方哲学理论理性与实践理性区分的角度看，思维与存在的关系，就是一种认知或认识的关系。而在儒家哲学"人道即天道"的视域中，人与周围世界的关系则必然是一种以人性或人的存在之实现为前提的"天人关系"。由此，儒家哲学所理解的"理性"，亦必然是一个"实践理性逻辑上居先而统辖理论理性"的理性整体（《新探》第363页）。在这个意义上，儒家哲学的道德、人伦概念，乃是一个内在地包涵自觉或理智于其中的关乎人之存在的总体性概念，而非仅仅西方哲学意义上的狭义的道德。思孟所提出的"诚"的概念，即集中地表现了这一点。

这个"诚"，既是"天道"，同时亦标明了"性之德"。"诚"是"真实无妄"，是"真"；同时，在它标明人、物各"是其所是"即其应当的意义上，又即是"善"。（见《新探》281页）"诚"作为内在于人的"天道"，即是这样一个"真"与"善"、实在与应当的本原一体性。《中庸》又言诚明互体："自诚明，谓之性，自明诚，谓之教。诚则明矣，明则诚矣。""诚"为人性和人的存在之实现，"明"则为知、智、明觉或智慧。[1]这个"诚、明"的统一，亦即孟子所谓"良心"与"良知"的统一（《新探》270页）。

自然物皆天然地、真实地拥有其"所是"。人因其自我意识的知、智作用，在现实上有分化。因此，人必须经由"诚之"的道德实践的工夫历程，才能重新拥有其"性"即其"所是"。而这个"诚之"的工夫历程，亦是诚所本具之"明"实现其为人的"智慧"的历程。从这个意义上，人的理论理性虽然具有相对独立的作用，但脱离开实践理性的"智"，只能达到某种真理的片面性（《新探》365页）。《新探》指出，实践理性内在所具有的这种"智"或"明"的规定，是人的思维或理性之"超验性"[2]的根据。但它只有在人性或人的存在实现的前提下，才能转成和实现为人心把握天道之作为客观真理的真智慧。

同时，《新探》认为，理性和真理内在地要求着一种"展现其自身、表现其自身"的一个"条件总和"（《新探》第289~290页）。而这个"条件总和"在现实中只能有相对的达成，在这个意义上，"天道"对人的最终展现，只能被理解为一个永在途中的"极限"概念（《新探》第252~253页）。就人类而言，这个达到真理的"不同高度"的"条件总和"，要由实践理性所规定的、每一时

[1]参阅《新探》第259-268页对《中庸》"诚明"与"合外内之道"的讨论。
[2]理性的"超验性"，在《新探》中，指人的意识和理性超越于经验，达到客观真理的作用，亦称作"意识的超验本性"。（见《新探》第560页）

代处在人人关系中的人物关系的总体来提供；就个体而言，这一"条件总和"则必须由每一时代"不同高度"的"至诚之圣"的人格来担当。因此，《新探》强调："人在非逻辑的任何非性之恶中，都不能达到这个真理性，而只有在反身于心之为思的人性之诚的实在性中，让实践理性逻辑上居先而统辖理论理性的思维规律，在良心的基础上通畅无阻的起作用，才能达到这个真理性。"（《新探》第374页）

这样看来，经由人的存在实现以达成人道与天道的合一，在此前提下，才能真正建立起一个真与善、实在与价值内在统一的形上学和真理的体系。这是儒学建构其形上学的基本进路。

《新探》在基于"总体性"哲学概念所提出的"人道即天道"的诠释原则，深刻地揭示了儒家哲学之异于西方哲学之独特的哲学精神。这一原则，对于儒家思想学术在现代哲学视域中的重构，证成儒家之作为一种哲学形上学的思想意义，有着很强的理论解释力。

三、儒家人性论新解

这个"人道即天道"的原理，落实到人的存在的实现这一问题上，可以归结为"人性即天道"这样一个命题。这便涉及人性论的问题。

如前所述，《新探》是在人的"理性"的意义上理解人的本性的。所谓"人性就是人的思维作为理性的本性"（第18页），就表明了这一点。不过，《新探》对"理性"又有新的界定。确切地说，《新探》是在"实践理性逻辑上居先而统辖理论理性"，实践理性与理论理性本原一体性的意义上规定"理性"这一概念的内涵的。由此出发，《新探》对儒家的人性论，提出了自己全新的理解。

康德强调，道德的出发点应是作为实践理性之自律原则的道德法则，而不应是以个人功利性感性情欲满足为指向的幸福原则。在这一点上，邹先生很赞赏康德；同时，他又对康德割裂形式与内容，把道德原则仅仅理解为一种形式性的原则提出了批评。《新探》指出："康德高谈实践理性的道德法则，实际上并没有提出一条具有普遍意义的道德法则，而只规定了道德法则所应有的形式特点。"（《新探》第217页）"康德没有实现理性与自然本性的感性情欲的内在统一。康德所谓的道德法则，只是一个普遍的形式原则，既缺乏普遍的内容，又缺乏这普遍内容在历史和现实中呈现的不同环节的具体内容。"（《新探》第65页）因此，康德论人性的方式，是在设定理性立法之意志和道德法则的前提下，从人作为一种理性存在的角度，探讨善恶在理性中（而非时间中——如基督教原罪说）的起源，由此分析出人性中所可能有的向善、向恶之趋向或性癖。西方哲学的人性论，要在通过分析的方法，从诸要素和可能性的角度来规定人性。其论人性，是一种形式的讲法，而非一种内容的讲法。康德对人性的理解，就集中体现了这一思理。

《新探》论儒家的人性论，亦是从人作为"理性"的存在这一前提出发，但其言人性，却非仅从抽象的要素分析的角度来谈，而是转从"心性"或"性情"这一论域来具体展现儒家人性论的思想内涵。

《新探》首先从逻辑上肯定了儒家的性善论。从逻辑上讲，"一切对象只能是其所是，不能是其所非是"（《新探》第284页）。在统括人、物的意义上，我们可以把"性"理解为"一切对象只能是其所是"，"使它们成其为它们的规定系统"，它以此"是之所以为是"的"质的规定性为基础"；与之相对，"非性"或"性"的对立面则是一切对象之"非其所是"或"非是的规定系统"，"它也以非是之所以为非是的质的规定性为基础"（《新探》第280页）。这个意义上的"性"，"亦即孔子、子思所谓真实无妄的诚"（《新探》第281页）。如前所说，这个"诚"，即是一个"真"与"善"、实在与应当的本原一体性。从逻辑的意义上讲，"性"只能是"善"，不能是"恶"，亦不能是一种"无善无恶"的绝对空虚。由此推而言之，则人性便"是人之所以为人的质或规定性，是以此为基础的一个人之所以为人的规律系统"（《新探》第283页）。这样，人性亦只能是善，不能是"恶"，不能是一种"无善无恶"的绝对空虚。

人是一种理性的存在。从这个意义上讲，"人性"作为"人之所以为人的规律系统"，其内容便表现在一个"理性对自然本性的固有关系"的系统中（《新探》第332页）。

这里所说的"自然本性"，就是以人的"食色之性"为内容的种种情感和情欲表现。《新探》强调，人具有先天的情感和欲望要求，但我们却不能直接把人性等同于人的自然本性。《新探》指出，在儒家的人性论系统中，"人性不是一个食色之性的自然本性，而是心之为思即理性在其对自然本性所指向的人人关系、人物关系及在此种关系里的一切事物的关系中的规律系统，是规定自然本性而使其作为性的潜在本质进入意识的一个同然之道。"（《新探》第315页）"食色之性"作为人的"自然本性"，当然属于人性的内容。但是，"自然本性""之为性的合理内容和意义"，只有在"理性"规定中才能得以实现（参阅《新探》第301页）。"食色之性的自然本性，在其直接的情欲形态上，还只是一个有待理性来表现、来规定的思维对象，它还不成其为人的人性。它只有在其作为这种对理性的被表现、被规定的固有关系中，它才是人的人性。"（新探337页）孟子讲"形色，天性也；唯圣人然后可以践形"。是言"形色"作为人之"天性"的意义，只有修养达于圣人的人格和境界，才能得到其本真性的实现。就表明了这一点。因此，在其与"理性"的"固有关系"之外，"自然本性"并不具有其作为"人性"的现成的、独立的意义。

《新探》这里所谓的"固有关系"，强调的是理性对自然本性之关系的先天性和必然性。人性作为一个整体，是人之作为人的"类性"。在这个意义上，其"自然本性"，亦本有与其他存在物在"类"性意义上的本质区别。学界讨论儒家的人性论，往往习于从孤立的、现成的意义上理解人的所谓"生物性"，认为人与动物有着相同的"生物本性"，而人的本质却在于其道德性。这样理解的所谓"生物性"和"道德性"，就成了现成的两种要素。如果说人有一个与动物相同的现成的生物本性，那人的道德性对人的实存而言，就成了一种"外铄"的作用，人性实质上亦由此被理解为一块无任何先天道德规定的"白板"。这与儒家的性善论的观念是正相反对的。《新探》在人性论上强调人的"自然本性"对于"理性"的"固有"的、先天必然的关系，对于准确理解儒家人性本善的观念，是有重要理论意义的。

这里要再次提请注意，《新探》所谓的儒家的"理性"概念，是"实践理性逻辑上居先而统辖理论理性"意义上的"理性"。从这个角度看，所谓"理性对自然本性的固有关系"，就是一种存在实现意义上的关系，而非一种单纯认知的关系（当然也包括认知的规定在内）。这样，《新探》所谓"理性"，亦即是儒家所说的以主宰为根本义的"心"。因此，在这个"理性对自然本性的固有关系"中的人性，就表现为相互关联的两个方面的统一：就人心的自觉一方面说，它表现为"心"之作为"思"的一个"同然之道"，此即孟子所谓的"良知"，可以称作人之作为一个"类"的存在的"类意识"；就人的实存方面说，它则表现为一种与气性相关的情感状态，此即孟子所谓的"良心"，可以称作人之作为一个"类"的"类感情"。人性就是这两个方面的统一。

《新探》特别强调，在"理性对自然本性的固有关系"中，人性的内容的先天性，乃表现为一种作为"规律"意义的必然性，而非某种固定和现成的要素。因此，我们必须把儒家"仁义之心"、"不忍人之心"、"四端"这类概念看作"人性之为其同然之道的规律系统起作用的必然表现或产物"，而决不能像西方哲学那样，把它理解为一种"原样地那么存在于人心之中"的"现成的天赋观念、天赋感情"（《新探》第316页）。这是《新探》分析儒家人性论思想的一个特别值得关注的一个诠释角度。

就理论理性而言，思维在其对感性的固有关系中，会依照相应的范畴起而把握感性所提供的内容，从而形成经验的知识[1]。就实践理性而言，人心以其"好、恶"[2]迎拒事物的情感情欲活动，必然要在实践理性作为意志（心）的规定和决断中，表现为"理与情的统一"的"类感情"和"类意识"（参阅《新探》第372页）。如前所述，这里所谓的"类感情"，指孟子所说的以"恻隐之心"为代表的"四端"之情，而此"四端"作为"情"，其本身即内在具有"智"或自觉的规定于其中，并非西方哲学意义上的"非理性"。这样，在与理性的"固有关系"中，人的"自然本性作为类本性的类感情（恻隐之心等）必然是意义觉知的意识"。因而，作为良心的"类感情"，同时即表现为一种具有自觉义的"类意识"（"良知"），可以把它称作是一种"类感情的类意识"。（参阅《新探》第333~334页）可见，这种人性作为"类感情"与"类意识"的统一，是一种本原意义上的一体性，并非两个现成的要素的结合。

据此，《新探》提出了一个特别有解释力的概念："理性本能"，来说明儒家的人性观念。儒家所理解的人性之内容，是在人的"类感情"内涵"智"的自觉规定而呈现为"类意识"的一种"理与情的统一"，因此，人的理性的表现，并非是"三思后行"的知、行分离，而必然表现一种具有存在力量和当下直接实践能力的理性决断，《新探》借用莱布尼兹的说法，称之为一种"理性本能"。"莱布尼兹说，人的理性作为实践理性，首先是一种理性本能，因为实践理性的作用，是立即要制约人进入行动的，它不容人在其根本前提的问题上进行推论。"（《新探》第216页）这个"理性本能"，在现实中乃表现为一种作为理性的"本能的直觉"（《新探》第367页）。《新探》提出的这个"理性本能"或"本能的直觉"的概念，强调的是人的理性和道德意识所具有的存在性"能力或力量"（第180页）和当下实践性的意义。《新探》认为，西方哲学秉持形式与实质分立的哲学立场，使其未能够真正了解道德法则的具体性。儒家有关道德原则和人性本善的理论，才真正揭示出了这一"理性本能"观念的真实义涵。

《新探》从"理性对自然本性的固有关系"这一角度，揭示了儒家人性论之异于西方哲学人性论的一个重要特点。西方哲学的人性论，是从知性分析出发的一种形式的讲法，儒家的人性论则是一种内容的讲法。我研究儒家的人性论，提出必须把儒家的人性论放在"心性论"这一论域中来考察，才能理解其本真的内涵。[3]从这个角度看，儒家的性本善论，不仅具有先天的逻辑必然性，而且具有

---

[1]如思维对前后相继的感性形象，会按照因果的范畴，把它把握为一种因果关系，由此形成一种经验的知识。

[2]人的自然本性之情感欲望表现，可以归结为一种以好、恶迎拒事物的作用。

[3]参阅李景林《人性的论域暨价值取向》，见《性朴还是性善——中国人性论通史修撰学术研讨会纪要》，载《光明日报》2016年5月30日16版。

先天的存在内容。《新探》在理论上对所以如此的缘由，作了严密的、深刻的理论阐述。

过去，学界批评儒家的所谓"先验道德论"，往往是用西方哲学的"天赋观念"、"天赋道德"论来比附其"恻隐"、"不忍"之心的观念。《新探》从"理性对自然本性的固有关系"的角度，对儒家哲学的道德意识与西方哲学的"天赋观念"、"天赋情感"亦做出了明确的区分。

《新探》指出，"天赋观念"、"天赋情感"一类概念，是一种"现成"设定的抽象要素，其根源于西方哲学认知分析的立场。而儒家在"理性对自然本性的固有关系"中所揭示的人性的内容的先天性，却是一种作为"规律"意义的必然性。正像理论理性规定感性以形成经验知识的过程是一个无意识的过程一样，实践理性规定好、恶以迎拒事物的活动，亦是一种自发的无意识活动。人见孺子入井而生恻隐之情，见鸟兽之觳觫而生不忍之心，是"心之为思"亦即理性规定人的自然情感的结果。吾人知此结果，但这一结果之发生的内在过程，对人而言，却属于无意识的领域，须经反思，才能知道。（《新探》318~319页）《新探》把这种基于力量和情感的道德意识称作一种"理性本能"或"本能的直觉"，道理正在于此。

不过，反思却是一把双刃剑。一方面，反思可能在人的道德抉择中羼入私意计较而使人"陷溺其心"，从而陷入"非性之恶"（《新探》329页）。另一方面，这表现为"理性本能"或理性"本能的直觉"的善性内容，乃是"理性对自然本性的固有关系"中的当下表现，而非"现成性"的道德内容，必经存心养性，尽心知性的反思、修养工夫，达于天人合一之境，才能最终实现其固有的价值和存在意义。

《新探》对儒家人性论的新诠，高屋建瓴，理论分析鞭辟入里，细入毫芒，对于澄清长期以来现成套用西方哲学观念对于儒家人性论的误解，切实把握其本真的理论内涵，仍具有重要的思想和方法论意义。

四、中国哲学传统与儒家的天道观念

《新探》依据其超越中西哲学的"总体性"哲学观念，证成了儒家思想作为一种哲学形上学的合法性。《新探》认为，儒家哲学始终以"天人关系"为出发点和核心问题，这使儒家哲学的形上学亦即本体论具有了与西方哲学明显不同的特色。

天道观是儒家哲学本体观念的核心内容，下面，我们主要就儒家的天道观来谈一谈《新探》对儒家形上学观念的新诠和独到的理解。

《新探》指出，中国哲学传统与基于中国古代社会伦理制度所形成的道德传统密不可分。（《新探》第47页）邹先生认为，中国三代的社会形态，是一种封建领主制，而非古希腊罗马的奴隶制。而"人格在不同等级的阶梯上依家长制相互依存和从属"，则是中国古代这种封建领主制社会形态在社会伦理关系方面的表现（《新探》第61页）。规定这种社会伦理关系的社会生活样式，便凸现为一套完备的礼仪礼俗系统或礼乐文明。这决定了中国古代的道德传统，必是一个"突出社会伦理规范、原则，亦即突出伦理形式，以伦理形式去统辖个人行为动机、统辖伦理内容的礼义道德传统"[1]（《新探》第62页）。中国古代这个道德传统的性质，可以理解为是一种"最能体现人的道德理想的非功利主义的道德传统。"（《新探》第62页）相比较而言，古希腊罗马文明则是一种"强调和突出人的伦理内容、强调和突出人的功利、以伦理内容及其功利统辖伦理形式的功利主义道德传统。"（《新探》第62页）。

　　中国古代这种以礼乐文明为标志的"礼义道德传统"，决定了中国上古时代的天道观念的内涵。这个"天道"的观念，有以下两个方面的显著特点：

　　第一，它所关注的重心，并非脱离人伦关系的一个单纯自然的天道，人对物和周围世界的关系，是在"人对人的关系"中展现出来的人对物的关系。因此，"中国人的天道，从来都不是一个单纯自然的概念，不是一个以某一或某些自然物乃至一般自然物为最后据点的自然规律的概念"（《新探》第68页）。天道作为一个"超越自然又能主宰自然，超越物又能归于物的最高统一性概念"（68页），本身就具有关乎人伦世界之至善价值本原的规定，古人有关"民彝物则"本原于天，人伦政务皆"取法于天"的观念，就表明了这一点。（参阅《新探》第70~72页）

　　第二，中国上古时代的"神道"观念[2]，强调和凸显的是"神"主宰世界的人伦秩序与自然运行的过程性一面，而非其神格作为主体的一面。这一点，对儒家哲学的本体论形态，有重大的影响。

　　《新探》从中西比较的角度概括商周时代"神道"观念的特点说："在回教、犹太教、基督教的神道观念中，强调和突出的与其说是它的道，毋宁说是它的至高、至上的人格和意志本身，而它的道却是非常抽象的。与此相反，中国人在殷周之际的神道观念，强调和突出的与其说是它的那个主体——至高至上的人

---

[1]"伦理形式"、"伦理内容"（或称"伦理实质"），是邹化政先生研究伦理道德问题所使用的两个概念。"伦理形式"，指表现社会伦理规范体系及其伦理意识的形式原则或道德法则；"伦理内容"，则指人的自然本性及其实现的种种社会需要，属于人的伦理意识的内容方面。（参阅《新探》第14页以下）

[2]《新探》把商周时期的"神道"观念，看作是中国古代"天道"观念表现于上古时代的一种历史形态。

格或意志，毋宁说是它的道，是它主宰人伦与自然统一体的规律系统，并且把这规律系统具体化为各种特定的礼义形式。中西方的这种差别，决定了中国人一元化的宗教意识，难以得到充分的、独立的发展，它必为有关这个天道观念的哲学意识所代替，特别是为儒家哲学意识所代替。"（《新探》第73页）

《新探》对商周时代神道观念的这一论述，有两点值得注意。一是西方宗教神道观念的特点，所凸显的是其"至高至上的主体"，亦即其神格方面的意义，其神之"道"这一方面，却非常抽象。而商周宗教的神道观念却与此相反，其关注的重点在神之"道"而不在其神格的主体方面。三代宗教的核心概念是"天命"和"上帝"，人必须法则天、帝，亦是当时人所流行的观念。但这上天之则或神道的内涵，则是统合自然与人伦之道为一体的礼义道德原则。在这里，神与人乃统合为一，并未抽离为两个独立的世界。二是商周时期的天道观念凸显神之"道"，天、帝的内容乃通体表现于现实世界的法则和规则，神格主体性的方面则较弱，这一特点，决定了中国古代难以形成独立的一神教的宗教体系，却易于转变为一种形上性的哲学系统。

近年西方华人学者研究中国古代文明的起源和古代宗教宇宙观的特征，颇强调"连续性"这一概念的意义。如张光直先生把中国古代文明起源的特征概括为一种"连续性"的形态，而把西方文明的起源，概括为一种"破裂性"的形态。这里的连续性，是讲中国古代的文明创制，与其所从出的自然之间，存在着一种内在的联系。[1]杜维明先生则用"连续性"这一概念，来说明中国古代宗教的宇宙论的特征。这种宇宙论把宇宙理解为一个有机的、连续的生命过程，在其中，它的所有部分都内在地相互关联，并整合构成为一个有机的整体。而这样一种具有"连续性"特征的整体性的宇宙概念，不能允诺一个在这个宇宙整体之外的"造物主"的观念[2]。这一连续性的概念，与先生对中国古代神道观念特征的论述，颇能相互印证。

上帝天道内在于实存的宇宙过程和社会伦理系统，而不能独立为一种在世界之外的神界，其实质，可以概括为一种神性内在的观念。[3]《新探》强调，这一神道观念，既难以进一步发展为一种独立的一神教的宗教体系，同时亦规定了以后中国哲学尤其是儒家哲学形上学的精神方向和理论特质。

---

[1]参阅张光直《连续与破裂：一个文明起源新说的草稿》、《从商周青铜器谈文明与国家的起源》两文，见氏着《中国青铜时代》，北京三联书店1999年版。

[2]参阅杜维明《存有的连续性：中国人的自然观》一文，收入《杜维明文集》第三卷，武汉出版社2002年版。

[3]参阅李景林《义理的体系与信仰的系统——考察儒家宗教性问题的一个必要视点》，载《北京师范大学学校学报》2016年第3期。

《新探》指出，与上古时代宗教的"神道"观念相一致，儒学的天道本体观念所突出的并非其形式化主体或实体性一面，而是它"化生万物的规律一面"（《新探》第104页）。儒学凡言天道，强调的都是道体之"流行"的意义，同时"道体"又构成了万事万物之流行、创生过程本身的能动性原则。而"天道"之流行和内在于宇宙过程之流行和创生的意义，则根源于上古宗教之神道的神性内在的观念。所谓神性内在，落实下来，就是"神性"内在于包括人在内的天地万物的实存性。这样，天道流行于天地万物，既具有其存在性方面的规定，同时亦具有其精神方面的规定，《新探》称之为"天道"的"物质属性"和"精神属性"。

不过，天道的这种"物质属性"和"精神属性"，并非相互分离的两种特性。天道即自然和社会之创生流行的过程而显，并非在此流行过程之外的一个形式本体。这样，天道于其存在之一端，就表现为一个物质"实体"。在儒家哲学的天道或本体论中，与西方哲学之物质实体和或构成物之实存的质料概念相当的是"气"这一概念。但是，二者之间却存在着一种根本的差别。在西方哲学中，占主导地位的是一种机械的物质观，质料被看作一种被动的、惰性的与料，能动的原则是它之外的形式和精神性原则。与此相反，"中国哲学所谓气的实体，不是一种死物，而是一种能伸缩自如的活动体。"儒家哲学把宇宙看作一个生生的"气化"过程。但是，"气化"概念，并非被理解为机械的物质作用，"气化"本身即是内涵精神生命的创造活动。由此，"天道"之"精神属性"并非其作为本体的一个独立的性质，而是表征其存在的"气"作为"实体"所本具的一种内在的精神性规定。"气"作为实体，就是"这两种属性的统一体"。这个统一体的本质内涵，"实际上是一个气作为实体的精神属性调整、节制其物质作用的物质机能系统"。（《新探》第111页）宋儒谓鬼神为"气之良能"，以鬼为"阴之灵"，神为"阳之灵"，皆是以精神为"气"之固有的本质。因而，儒家"所谓'人物'、'物物'的'交感作用'，决不能单纯理解为一种机械的物质作用，而应理解为一个物质实体（气）的精神作用调整、节制其物质作用形成的统一性"。（《新探》第111~112页）

由此言之，包括人在内的宇宙实存，无不有"心"，无不内涵精神生命。宋儒所谓宇宙大心的观念，就表现了这一点。"在纯粹天道中的物质本体在万物中作为实体——气而存在，普遍地具有等级不一的精神属性，所以它表现出来的万物，也有不同等级的心灵：人有人心，物有物心，人物的交互作用，都要受其心的调整和节制"。（《新探》第112页）朱子说："天地以此心普及万物，人得之遂为人心，物得之遂为物之心，草木禽兽得之遂为草木禽兽之心，只是一个天地之心尔。""若果无心，则须牛生出马，桃树上发李花，他又却自定。"[1]朱子之说，亦印证了这一点。

所以，《新探》结论说，儒家哲学，无论是唯物论，还是唯心论，其"所谓气，就其性能而言，一向都是物质性与精神性的统一。""气化"表现着精神生命创造的能动性，而此创造活动的统一性、整体性和能动性，就是所谓"天道"、"天理"的规律系统。儒家讲"即用即体"、"由体达用"、"体用一源"，根据即在于此。

"天道"在表征其存在性的实体（气）上表现出物质属性与精神属性的统一。因而，儒家的"天道"作为的形上本体，便是将"气化"的现实存在过程扬弃包含其中的一个整体性或具体概念。儒家哲学历来强调"时中"、"物来顺应"、"上下与天地同流"，在一种动态的整体性中直观和亲证道体，皆与上述对本体的理解有关。《新探》对儒学天道观念的新阐释，对于我们准确地理解儒家形上学之异于西方哲学的特征及其精神实质，是有重大的理论意义的。

先生哲思宏深，高屋建瓴，在思想理论上尤富原创力。该书参酌中西，纵览今古，其对儒家思想的诠释，悉出先生造道之自得，不仅在儒学义理和中国文化精神的重构方面为我们展示了一个全新的思想世界；同时，其有关儒家与道家及其他诸流派的关系、三教合流对宋明儒学的影响、中国哲学的发展规律、儒家在世界哲学中的定位、马克思主义哲学中国化诸问题的探讨，亦识见高卓，奥义迭出，率多孤明先发之论。书中持论及对相关哲学理论问题的辨析，对于澄清现代以来社会、学界加诸儒学的种种误解，仍具有重要的启示和方法意义。二十多年后再读邹师《新探》一书，更感"思想之树常青"，几十年岁月的拷问，更凸显出了此书所提出的一些核心的诠释理念和思想观点之恒久的学术和理论价值。

（作者系北京师范大学哲学学院教授）

---

[1]见《朱子语类》卷一《理气上·太极天地上》。

弟子的追忆

范学德

一、先生成了我心中的偶像

人这一生，哪怕是遇到一位恩师，也不枉学生二字。古人说，老师是再生父母，对于好的老师。这话大致是不错的，如果这位好老师又是大学者，且人品正直、善良、单纯，那就是学生三生有幸了。我1978年考入吉林大学哲学系，就遇到了这样一位恩师，他的名字叫邹化政，他成了我心中的偶像：一个追求真理的斗士，真正配得上"哲学家"这项桂冠。

1991年我到了美国，时而想念老师，为老师祈祷，盼望老师心情宁静，把他这一生思考地付诸文字，出版成书。1998年10月下旬，我还专门为老师写了一篇长文，名字叫"弟子的直言"，1999年10月发表于台北的《宇宙光》杂志，两年后，2001年，收入我在台北出版的《心的呼唤》一书中。

多年来，我一直为自己有这样一位恩师和明师而感谢上苍。我曾经对许多朋友说过，我在大学时代要是没有遇到几位这样的好老师，邹化政，高清海，这大学的门就算白进了。而一个大学的哲学系，若是没有一两个这样的导师，这个系也就干脆别叫哲学系了。那些年间，每当与自己的本行——学哲学的人谈起国内哲学界的状况，哪怕他们是北京大学或者中国人民大学毕业的，我都敢于诚恳地告诉他们，像邹老师那样的真正哲学家，我平生只见过两三位，在中国绝对是凤毛麟角，他们一生渴慕探索真理、以思想为自己的生命，自由地思想，哪怕带着锁链。也许，我这么说，多少有点我们吉林大学哲学系绝对不比你们差的意思，但我说的的确是心里话。就像一位同行说的，别看这么多教哲学的，别说是哲学家，许多人就连个哲学工作者的资格都不够。

老师教会了我思想，用自己的脑袋。

1982年大学毕业后我离开了母校所在的长春，先是在沈阳—北京之间教书，读研究生，再教书，1991年后又出了国。但每次见到老同学时，我总是忘不了打听邹老师的消息，我最关心的就是一件大事：邹老师计划中的几部大作，写到哪里了，写没写完，哪里会给他出版？记得1982年听到邹老师亲口谈到他的写作计划，很宏大的计划，有点康德式的，但我一直没有听到好消息。每次回国探亲，我总是要到新华书店买书，一到卖哲学书的书架前，我总是先找我熟悉的几位老师的名字，盼望能看到邹化政老师的新作。但我终未能看到。

二、邹老师是一个传奇

有一天在网上看到学长孙立天的一句话，大意是哲学不仅是一套观念，也是一些故事。现在回想起来，当年邹老师教的那些观念，真的无法如数家珍了，但那故事，传奇般的故事，在眼前发生的故事，依然历历在目。

故事之一：有一天，邹老师来给我们讲西方哲学史，他先讲概论，讲着讲着他突然愤怒了，嘴唇紧张地颤动，脸气得发白，在讲台上走来走去似乎谁也看不见。突然间他站住了，挥起了拳头大声地喊："什么阶级分析方法，完全是胡说八道！"

我们一下子都愣住了，为老师捏了一把冷汗。天哪，这是1979年哪，中国的政治风云还变幻莫测，乍暖还寒。那些高举着红旗的斗士，还在兜售"阶级斗争，一抓就灵"的灵丹妙药。我们作学生的不能不担心，老师的话，又可以授人以把柄了。

后来我们听说，二十多年前老师他之所以被打成了右派，其中的一个重要原因就是因为他反对并且批评在哲学史研究中使用阶级分析方法，并且还拒绝认这个罪。

邹老师全不在意我们的惊讶。他在讲台上一边走来走去，一边细细地解析为什么阶级分析方法用在哲学史研究上纯粹是胡说八道。他越讲越起劲，我们越听越开窍。原来那方法还真的是胡说八道。

课后我们几个同学凑到一起议论，有的赞同老师的观点，有的反对，还有的则开玩笑说：你说，党支部领导抓右派时，能不抓他吗？要是不抓他，还抓谁？

在这一点上，我们倒都达到了一致意见。

玩笑过后，那玩笑后的苦涩和痛苦却折磨了我好长时间，为什么人追求真理竟要付出如此的代价，不仅要把真理说成是谎言，而且要承认自己错了；不只要检讨自己的思想，更要践踏自己的人格，要顺服地接受自己的心灵被领导、被同事、被自己的学生同时践踏，反复蹂躏，并且要高声赞美说：批得对，批得好，我不是人！

那以后，我似乎渐渐地明白了一点我的老师。理解他为什么那么地爱他家中的那只小猫。在讲西方人性论时，邹老师曾不止一次突然停下来讲一小段那只小猫的故事，讲得很动情。大概是那只小猫不会思想，不会告密吧？小猫也不会大义地灭亲、灭长、灭师、灭友！

故事之二：听说邹老师被打成右派从事劳动改造时，他竟啃下来了西方哲学的三大经典——亚里士多德的《形而上学》、康德的《纯粹理性批判》和黑格尔的《小逻辑》。并且那读法也大概是哲学史中少见的黑色幽默：由于右派没有读书的权利，更不必说所谓的反动的西方资产阶级的哲学著作，所以，我的老师只能偷偷地读书。他每天从书上撕下一页藏在口袋里，趁人看不见的时候就读几行，硬着把这一页的内容记在心里。然后在厕所中再抓紧读一遍，再然后就把它用作手纸，以尽物用。亚里士多德啊、康德啊、黑格尔啊，你们能理解吗？

从别的老师那里，又听到了老师的一些逸事：

"文化大革命"武斗激烈的时候，长春挺乱的，深夜里还有人偶尔打黑枪，看谁家有灯光，就随手一枪。邹老师不敢像以前那样在灯火下读书了。于是他就用厚棉被把所有的窗户都堵得严严实实的，不让灯光露出去，然后，又坐在书桌前继续读他的哲学书了。

有时师母叫老师看着点锅里煮的饭，并一再嘱咐他，你可千万别叫饭糊了，但这个读书人不是做饭的人，他总能集中精力把书读下去，并也总能叫饭做糊了，且不是有意为之。有一次师母想，算了，让老师煮饭太难了，就用铲子帮翻一翻菜吧。邹老师遵命了，一手拿着书，一手拿起了铲子，不错，他翻动的的确是菜，但手中的铲子却不是炒菜的铲子，而是铲煤的铲子。

这些逸事我从没当面找老师核实过，但我相信它们是真的。20世纪80年代初期，老师写的论黑格尔的专著出版了，许多搞哲学的人都看不懂，但是国内翻译黑格尔的代表著《大逻辑》的专家姜丕之说，这是国内四十年来黑格尔研究的第一本。

这样的学问不是你说弄就能弄出来的，更何况是在那个"革文化之命"的"革命"岁月。

故事之三：有一次还是讲西方哲学史，讲到什么我记不清了，邹老师也进入化境了，他手舞足蹈，声音变尖，语速加快，眼睛瞪得滚圆，绝对是目中无人，但也目中无物了。"扑腾"一声，他从脚底的讲台上掉下来了，还好，讲台很矮，他也就是打两个晃，愣了一下，又讲了起来。不过，站了一会儿没动。过了十来分钟，又走到了讲台上，又挥起了手，但这一回注意到了脚下。没再掉下去。

多少年后，我在美国成为一个基督徒，反思自己走过的路，我不能不感谢邹老师，虽然他当年并没有特意点化我，但却对我进行了真实的启蒙。一个观点就是邹老师说，哲学、宗教、道德、美学这些都是人类把握的不同方式，它植根于人性之中；邹老师的另外一个观点就是，只要有人类存在，宗教是不会灭亡的。这些观点在1979年来说是绝对的大逆不道，对我来讲，则是石破天惊，一下子惊醒梦中人。也就是那年的圣诞节，我和几个同学一起，平生第一次走进了长春的一个教堂。那天晚上听到了一首歌：《圣诞夜，平安夜》。直到16年后，我从心里唱出了这首歌，泪流满面，深深地感谢师恩。

一年后，1996年，又是圣诞季节，我在美国出版了一本书，名叫《我为什么不愿成为基督徒》，在该书的第一章，我写下了老师当年的教诲，是邹老师，在我愚昧的心灵中撬开了一个缝，使我认识到了一个道理，就像我在书中写的那样："宗教在人类精神生活中有其独特的崇高价值。"从那以后又走了20年，我更深地感到，邹老师对我的教诲，恩重如山。

三、遗憾事与开心事

1988年是吉林大学哲学系成立三十周年，我回到母校，参加了系庆。那次印象蛮深的就是，邹老师参加系庆时穿戴得挺整齐的，那一头争取自由发展的头发也得到了有效的控制。就在那次会上，我斗胆上去讲了几句话，要旨就一句话，希望哲学系的双雄、两大台柱子——高清海老师与邹化政老师能够相互扶持，精诚合作，把哲学系办得更好。

其实作为弟子也就是一个愿望，希望高老师利用他的影响，使邹老师不仅成为硕士导师，更成为博士导师，在哲学系撑起另外一个博士点——西方哲学史博士点。那时，邹老师的大作《〈人类理解论〉研究》已经出版了，连研究中国哲学史的泰斗张岱年先生都说，这本书"得到学术界的高度评价。"张先生不是说客套话，且不说他与国内研究西方哲学的一流学者交往颇深，他自己也精通西方哲学，五十年代之前，他读英文哲学原著比读中文的典籍还多，这是老先生亲口告诉我的。

梦成真，还是梦碎，我后来竟怕知道了。

还是在1988年，我知道邹老师写了一部大作——《先秦儒家哲学新探》，但迟迟无法出版。于是，作为张岱年先生的私塾弟子，我找到了张先生，希望张先生给写个序，张先生当时是中国哲学史学会会长，真的是德高望重。记得我是请老同学李景林帮助把这部书稿邮寄到了北京，请张先生看看。张先生没有读完全书，但读了几章，似乎还读了前言，张先生对我说，成一家之言，见解很深。于是，张先生欣然动笔为邹先生写序。序中写道：

"邹化政同志兼通中西哲学，著有《〈人类理解论〉研究》，得到学术界的高度评价。近又撰写《先秦儒家哲学新论》一书，对于儒家学说的幽深渊奥的观点进行了分析诠释，特别对于儒家的天道观、人性论、天人合一思想等等提出了自己的新见解，与一般的解释颇有不同。在哲学理论的探讨中，应鼓励百家争鸣、各抒己见；对于哲学史的研究，亦应允许不同意见的争论。邹化政同志此书，对于儒家思想，探赜索隐，辨微钩玄，确有独到之处，这是一本发人深思的著作。作者勇于提出自己的新见，这是值得敬佩的。

邹化政同志将书稿寄来征求我的意见，爰写所感，作为弁言。"

落款，1988年12月于北京大学。

由于张岱年先生写序，审稿的编辑立即有了底气，《先秦儒家哲学新探》很快就在1990年由黑龙江人民出版社出版。

邹先生看到张先生的序很高兴，他一再说，张先生是大家。张先生是大家。没想到老先生会为我写序。我也忘记告诉他了，你们两人有两点相同，都是学贯中西，都在1957年被打成右派。

能为邹老师做这一件事，这是学生最欣慰的。

四、真理是什么？

"真理是什么呢？"将近两千年前，罗马有一位名字叫彼拉多的长官，他在审讯耶稣时提出的就是这个问题。培根评得好：善戏谑的彼拉多说出了人心中的困惑，但他问了之后却不肯等待回答。

真理是什么呢？这也是我多少年的困惑！

那是1980年吧，中国改革开放，充满了希望。我坐在吉林大学的教室里聆听邹老师的教诲。后来，我们吉林大学毕业的一个最著名的刘姓校友对我说，他当时也到我们教室听过课。我说是吗？他说是听邹化政老师的课。我说邹老师太有思想了，所以遭遇不好。他说，有思想就有罪啊。这次见面是在2006年3月中旬，我把这个故事写进了又一本书中，是在美国出版的。

1980年那一次听邹老师讲课，他说，真理不是观念同实际相符合，而是实际同观念相符合。我和其他同学们听后都大吃一惊，因为这与别的老师以及教科书讲的唯物主义的真理观完全相反。但后来想了又想，老师讲的还真有道理，平时我们经常讲谁是好人、坏人，不都是我们这些实际的人是否符合那个好人的观念吗？再后来我才明白了，人若要去符合真理，首先必须听从真理。真理必须有权威，它才能向人发出命令。但真理若仅仅是一些概念，它怎么能向人说话呢？

1997年我从美国回国探亲，虽然时间挺紧的，但我还是坐了七八个小时的火车赶到了长春，拜访了邹老师。

我看望老师的那一天，我没有告诉老师一句话：当年我跟随着老师追问休谟的疑问，批判康德的批判，辩证黑格尔的辩证法时，虽然我的脑海翻腾了，但心仍如千年枯井，布满了朽枝败叶。但是，我告诉了老师另外一件事，我之所以能走到今天，成为一个基督徒，是与老师当年的一个教诲分不开的。在教西方哲学的某一课时，我的老师讲了一句非常深刻的话，他说，宗教生活是人类的基本生活领域之一，只要有人类存在，宗教是绝对不会消亡的。当时，我虽然不明白这些话的意思，但它却强烈地震撼了我心灵，使我从此能从正面的眼光去看待宗教现象。从一开始仅仅从道理上去理解，到从实际去经历，去体验。因为人的思，打不动人的心。

邹老师离开这个世界的消息，我是在美国知道的，一时木然，脑海中翻腾着过去的一幕幕，心中却只有一个问题：老师，你心中可有永远的平安？

2016.6.14于芝加哥
（作者系旅美文化学者）

论逻辑先在性

——学习邹化政先生《黑格尔哲学统观》的体会

宫玉宽

邹化政先生是我国最有创见的哲学家之一。上大学的时候，笔者系统听过先生讲授过"德国古典哲学"、"康德《纯粹理性批判》讲解"、"黑格尔《小逻辑》讲解"等课程；读研究生的时候听先生讲授过"黑格尔《精神现象学》讲解"。后来也读过先生的《〈人类理解论〉研究》和《黑格尔哲学统观》等著作以及一些相关论文。先生关于哲学理解的逻辑先在性的理论，是迄今为止关于这个问题的最经典的阐述。先生已经离开我们10年，今写此文，以示缅怀。

一、西方哲学史上解释世界原则的历史演进

马克思说，哲学家们只是解释世界，问题在于改变世界。据此，我们可以把马克思主义哲学之前的西方哲学发展史，理解为解释世界的哲学。解释世界就是说明世界。"所谓说明世界，也就是说明各种各样事物同作为事物的统一性。要说明这种统一性，首先便要确定世界多样性的基础——世界的本源或本体是什么。"[1]哲学解释世界与科学不同，哲学对世界的解释具有终极性，这主要体现在哲学的本体论上。在西方哲学史上，哲学家们在解释世界的过程中，哲学家们都贯彻着自己解释世界的原则，并根据其解释原则，形成了哲学家们的本体论。

---

[1]邹化政：《黑格尔哲学统观》，吉林人民出版社，1991年，第9页。

只有到黑格尔哲学，才真正实现了以逻辑先在性作为解释世界的原则。为了理解这个解释世界的原则，有必要简单回顾一下西方哲学史上哲学家们解释世界的历史演进过程。

前苏格拉底时期的自然哲学，形成了三种解释世界的原则。第一种解释原则，我们可以称之为转化说。这种解释原则体现在伊奥尼亚哲学当中。这些哲学家们提问的方式是：世界上的万事万物是从什么东西转化而来的。他们把水、火等作为万事万物的本原物，认为万事万物是从这种本原物转化而来的。本原物既具有自身存在的现实性，同时能够转化为其他事物。这种本原物具有时间上的先在性。这种解释原则后来发展为各种类型的经验论的解释原则。第二种解释原则，我们可以称之为显现说。这种解释原则体现在南意大利哲学中。这些哲学家们提问的方式是：世界上的万事万物是什么东西的显现。毕达哥拉斯把数作为本原物，认为万事万物是数量关系的表现。埃利亚学派把存在作为万事万物的本原物，是真实的存在，而万事万物不是真正的存在。南意大利哲学的解释原则，认为本原物既是一个自身存在的现实性，同时又是逻辑的先在性，且本原物与万事万物相脱节。这种解释原则后来发展为各种类型的唯理论的解释原则。第三种解释原则，我们可以称之为构成说。这种解释原则体现在所谓多元论哲学中，包括四根说、种子论和原子论。他们提问的方式是：万事万物是由什么构成的。在这种解释原则中，本原物既自身存在，又构成其他事物。这种解释原则在近代以后，体现在各种自然科学当中。

西方哲学发展到智者学派，提出了"认识你自己"的命题，认为宇宙的奥秘在人自身，以人作为万物的尺度，人是存在物存在的尺度，是非存在物非存在的尺度。之后的苏格拉底哲学，在"知识就是美德"基础上，提出了人所追求的最高价值是至善。在他看来，至善是宇宙的最高价值，也是人生所追求的最高价值。这两种哲学把存在的本质是什么的问题，转化为人的认识问题。其解释世界的原则变成了认识的真理性问题。

柏拉图的理念论在划分可见世界和可知世界的基础上，认为理念世界是真实的存在，而现实世界是流变的、不真实的。他还认为，现实世界是对理念世界的模仿，理念世界是现实世界的模本。理念世界的各种理念是不同等级的，最高的理念就是至善。在柏拉图那里，理念作为现实世界的原型。这种解释，把理念作为逻辑上的先在性，但"柏拉图的晚期理念论，虽然已从不同理念的结合上，实现了理念与事物的同一，但这个统一性作为事物的实在性，仍不能与事物的存在相统一，为了达到事物的存在，仍需要一种物质的基质，还是自身存在的理念界。"[1]亚里士多德用形式和质料的关系解释世界，其形式相当于柏拉图的理念，形式与质料之间仍然是外在的结合。

亚里士多德之后的西方古代哲学最初转向伦理问题的探讨，之后又转向宗教问题的研究，并逐渐与宗教合流。在解释世界的原则上，没有超出柏拉图和亚里士多德。

进入中世纪后，基督教在整个社会的意识形态中居于核心地位，而哲学，包括教父学和经院哲学，都成为论证基督教信仰的工具。这个时期虽然在时间上经历了上千年，但就本体论而言却是很简单的。本体，作为终极存在，就是上帝。上帝是自有永有者，是现实世界的创造者，是宇宙秩序的制定者，是人的生命的意义的赋予者。上帝作为宇宙的本体，在时间上先于现实世界；上帝是绝对的，全能的，上帝是从虚无中创造了整个世界，上帝也有能力打断自然规律；上帝是全智的，上帝是无所不知的；上帝是全善的，上帝为了爱人类创造了自然界和人，为了爱人类、拯救人类牺牲了自己的独生子——耶稣，所以人应当爱上帝，人的最高价值是死后灵魂与上帝同在。上帝是终极的存在，对上帝的论证是对世界的终极解释，与上帝同在是人生的最高价值。中世纪的唯实论主张共相是真实的存在，而个别事物不是真实的存在；与此相反，唯名论主张个别事物是真实的存在，而共相不是真实的存在。唯实论与唯名论各有温和和极端的形式。然而，不论两者的分歧有多大，都是以承认上帝作为最高本体为基础的。

文艺复兴时期，社会生产得到发展，近代科学进入了萌芽时期，期间出现了宗教改革运动和人文主义运动。上帝是宇宙的本体这一点没有被否定，在哲学上出现了上帝自然化的形式——泛神论和自然神论。在这个过程中，人的地位、人的价值得到了凸显。

到了近代哲学，本体概念有以下几点需要说明。首先，近代哲学明确意识到，从前哲学所谓的本体概念，作为终极存在是人的认识。而近代哲学意识到，对对象本身的规定性的描述，本身是人的认识，是人所下的判断。对象的规定性与人的认识是一致的。这种转向不仅对本体概念是适用的，对其他事物的解释也是适用的。其次，近代哲学的本体概念是以基督教的上帝观念为基础和背景的。西方历史发展到了近代，基督教虽然在政治生活和社会生活中的作用不能与中世纪相比，但基督教仍然是人们生活的精神支柱，支配着人们从事物质生产活动和精神创造活动。生活在这种背景下的哲学家在从事哲学创造活动的时候也不能离开这个背景。因此，离开上帝的概念，哲学家无法想象出一个作为宇宙基础的本体概念。但是，各个哲学家从自己的理论需要出发来规定上帝概念的含义。因此

---

[1]邹化政：《黑格尔哲学统观》，吉林人民出版社，1991年，第10页。

就出现了自然神论和泛神论，甚至在一些哲学家那里，上帝成为物质本体的代名词。从这个角度来看近代哲学，就像费尔巴哈所言，近代哲学的实质就是上帝人本化的过程。这就是哲学家们逐渐把上帝的本质归结为人的本质，直至在费尔巴哈那里，把上帝归结为人的本质的异化。这样，上帝作为宇宙的本体从外在于人的客观存在转移到人的内心世界，并意识到上帝实际上是人的自我异化。第三，近代哲学直到德国古典哲学之前，是在英国经验论和大陆唯理论的对立中提出和解说本体概念的。这个时期的哲学的中心问题是认识论问题，哲学家们从不同的角度探讨认识论来源、认识可能的范围、知识形成的条件、认识的真理性等问题。不论是在经验论那里还是在唯理论那里，上帝作为本体似乎是不成问题的，问题在于对上帝的不同解释上。在经验论哲学家那里，本体是一个存在于一定的时空中的现实的事物，如霍布斯的物体等。在唯理论那里本体是一个超越时空的存在。第四，在德国古典哲学之前，对本体概念的研究的最高成就是斯宾诺莎的实体概念。斯宾诺莎认为，实体就是上帝，也就是自然。显然，在他那里，上帝已经成为物质性的存在，也就是在这个意义上说，他是一个泛神论者。为了说明世界的多样性，也为了说明人的精神现象，斯宾诺莎提出，实体有两种属性：广延性和思维。实体通过这两种属性表现为各种各样的样式。所谓广延性就是实体把自己表现为空间上的多样性，所谓思维就是人的精神属性。斯宾诺莎在本体概念上的主要成就有两个方面：一是他对本体概念的理解是唯物主义的。实体本身是客观存在的，而且是世界的终极存在，终极原因，虽然可以称之为上帝，但它是物质性的上帝。上帝无非是物质的代名词。二是他对本体概念的理解是唯理论的。在他那里，实体作为宇宙万物的最后根据，不是具体的物质形态，而是一种超越时空的存在。但是，他的这样的实体概念还是有缺陷的。在实体与属性的关系上，他提出肯定就是否定，而没有提出否定也是肯定，没有真正实现实体与属性之间的对立统一。进一步，他更没有能够说明实体的两种属性之间的内在关系。第五，在讨论西方哲学史上的本体概念的演进这个问题的时候，休谟是必须要提到的。在休谟那里，经验主义得到了彻头彻尾的贯彻，已经达到了无以复加的地步，因而取消了本体概念。他认为，人的一切认识来源于经验，如果我们断言外部世界先于我们的认识而独立存在，就等于承认有一种先于认识的认识，也就是陷入了先验主义的独断论；如果我们满足于"通过认识才知道外部世界的存在"，那么又等于我们陷入了贝克莱的"存在就是被感知"的主观唯心主义。因此，本体不论是物质本体还是精神本体，是人无法经验到的，无法断定其存在或不存在。另一方面，逻辑也无法证明哲学家们所断定的本体的存在，不论这种本体是物质本体还是精神本体。所谓因果关系等等事物的规律，不过是人的经验造成的习惯联想。

西方哲学发展到德国古典哲学，对本体概念的理解和规定有了新的形式。在康德那里，对本体概念的理解有两种。一种是他关于理论理性的观点。他认为，人的认识仅仅停留在现象界，在现象界背后存在着物自体。当物自体刺激人的感官时使人产生感觉，而感觉与物自体自身的属性是不同的，感觉不反映物自体的属性，物自体的属性是不可知的，感觉与物自体之间的关系也是不可知的。进一步当感觉出现后，人以自身的时空直观形式把握感觉，形成感性认识，并在感性认识的基础上，人的知性的逻辑范畴把握感性认识，形成知识。在这个过程中，物自体的属性始终不能为人所知晓。因此，物自体存在于彼岸世界，是不可知的。如果说物自体是本体，那么其规定性也是不能为人所知的。一种是他关于实践理性的观点。他认为，在现象界，人不是作为一个自由因而存在。人在本体界，有一个最高因，这也就是道德实践所必然要求的。这是因为：第一，人在道德实践中与自然界发生关系，自然法则制约人的行动，是自然因，人要与自然界相协调，形成两者的协调关系。第二，必须按照人的德行大小，得到相应的幸福，使两者达到统一。这两点的根据只能设想上帝存在，以上帝为根据，才能实现两者的统一。在认识论中，上帝不存在，在道德哲学中，证明上帝存在。在人类的发展中，德行与幸福的统一只能设想上帝存在，才能设想两者的统一的实现。康德在道德哲学中，从道德上证明了本体界的自由因、灵魂不死、上帝。显然，他又把上帝作为本体。德国古典哲学从康德开始，中经费希特、谢林，到黑格尔那里，本体概念达到了最完备的形态。黑格尔认为，绝对理念是世界上的一切事物的本体，这个本体的本性是一个精神活动性。绝对理念由于自身的矛盾性，从存在开始，经过一系列的逻辑发展，达到自身完满的程度，最后外化为自然界，并在自然界中经过一系列的逻辑发展，通过人的意识反观其自身，在这个过程中经历了主观精神、客观精神，最后达到绝对精神，实现了自己对自己的认识。把自己表现为天地万物，并通过对天地万物反思回归到自身。这就是黑格尔的逻辑学、自然哲学、精神哲学所描述的内容。在黑格尔那里，绝对理念作为宇宙万物的本体具有以下规定性。第一，绝对理念的本性是一个精神活动性。绝对理念作为本体，作为宇宙万事万物的根据和基础，其本质规定性是一个精神活动性。这也就是黑格尔的唯心主义。第二，绝对理念的存在是一个逻辑先在性。所谓逻辑先在性这个概念是区别于时间先在性的概念。绝对理念作为本体是宇宙万事万物的内在原理，而不是在时间上先于宇宙万事万物存在的精神。绝对理念是一种超越时空的存在，或者说，绝对理念与宇宙万事万物同一个时间、同一个空间存在的。第三，就绝对理念与宇宙万事万物的关系而言，绝对理念是宇宙万事万物存在的根据和基础，宇宙万事万物是绝对理念的表现。但两者在区别性中又是统一的。绝对理念的存在就是宇宙万事万物的存在，宇宙万事万物的存在也就是绝对理念的存在。这就是本体在否定性中又是肯定性。本体的否定性环节就是宇宙万事万物，而宇宙万事万物作为本体的否定性环节也是肯定性环节——本体。这也就是黑格尔所说的"上帝是最现实的"含义。

二、黑格尔对传统西方哲学解释原则的批判

要理解传统西方哲学解释原则，就必须首先理解什么是解释世界的原则。传统西方哲学的解释原则可以分为经验论和唯理论两种。经验论的解释原则是，把本原或本体看成是世界因果过程之中的存在物。唯理论的解释原则虽然不是把本原或本体看成是世界因果过程中的存在物，是超越时空的存在物，但仍然是在时间上先于现实世界存在。这两种解释原则，都是把本原或本体当作自身存在的现实性。在西方早期自然哲学中，转化说和构成说开创了经验论解释原则的先河，而显现说则开创了唯理论的解释原则。柏拉图的理念论把唯理论的解释原则推向了古代的最高峰。亚里士多德的质料与形式学说试图把两种解释原则结合起来，但只是外在的结合。中世纪的唯名论属于经验论解释原则的传统，而唯实论则属于唯理论解释原则。到了近代，以认识论的方式，出现了英国经验论与大陆唯理论两种解释原则的对立。康德哲学以不可知论为代价，使两种解释原则实现了外在结合。

但是，无论是经验论的解释原则还是唯理论的解释原则，本体只要是自身存在的现实性，都必须有其可能的原理或规律性，而本体是不能有进一步说明其所以如此的原理或规律性的，也就是说，本体概念与自身存在的现实性是相互矛盾的。

传统西方哲学的解释原则都是设想本体是自身存在的现实性。因此，哲学的世界观分为三个独立的部分：第一，解释各种各样具体事物以及最高本体的普遍规定的理论，即本体论；第二，解释人心作为一个有限的本体的理论；第三，在两者基础上，解释整个世界过程的理论，即宇宙论。这种对哲学世界观的分类，是不可能实现逻辑学、认识论、世界观的统一的。

黑格尔在批判传统西方哲学的基础上提出："本体不是一个自身存在的现实性，它只是一个贯通在宇宙体系或创造过程中的一个共相，一个在表现包括人的精神现象在内的统一基础——它创造，但它的存在不是别的，整个宇宙的存在过程，便是它的自身存在的现实性。"[1]本体与本体存在的现实性是对立统一关系，因此，对本体自身存在的现实性的认识，必须以对立统一的范畴去把握。

---

[1]邹化政：《黑格尔哲学统观》，吉林人民出版社，1991年，第12—13页。

黑格尔的这样一个本体概念意味着，本体作为宇宙万物的共相，作为万物的本原，必须具有表现万物多样性的根据于自身。这个根据就是同一性与多样性的统一，就是传统本体论的范畴所揭示的规定性，即规律体系。由此，黑格尔实现了本体与规律体系的统一。在这里，我们可以物理学的狭义相对论作类比。公式：$E=MC^2$，其中，E、M、C分别代表能量、质量、光速三个质料，而$=$则是逻辑关系。质料与逻辑关系不能独立存在，它们是统一整体，就规律，相当于本体。$E=MC^2$自身不具有现实性，$E=MC^2$的现实性就是$10E=2M×5C^2$、$8E=2M×4C^2 E=MC^2$……等等无限的多样性。

黑格尔认为，本体作为规律体系，也是主观性与客观性的统一。本体自身存在的现实性就是宇宙万物。在无机自然中，本体没有自觉的表现。在生命现象中，本体进入了初步自觉状态，表现为生命现象的选择作用。在人类中，本体达到了完全自觉状态，表现为思维对感性对象的认识，包括真的认识和善的认识。在黑格尔那里，绝对理念是万事万物的本体，而人的认识就是绝对理念的自我意识。由此，黑格尔实现了本体论、宇宙论、人的精神的学说统一，并在此基础上，实现了逻辑学、认识论、世界观的统一，实现了思维与存在的统一。

黑格尔之所以能够实现这种统一，是以他的新的解释世界的原则为基础的。这个原则就是逻辑先在性的原则。正是在这个原则基础上，黑格尔提出："凡是现实的，都是合理的；凡是合理的，都是现实的。"这个命题有两个含义。第一，所谓"现实的"，是指时空世界中多样性的事物；所谓"合理的"，是指合乎理性的，即本体作为规律体系，它是一种超越时空的实在性。这就是说，现实世界的任何事物，都是以本体作为规律体系为基础的，都是它的现实存在。本体作为规律体系相当于现实世界的多样性存在具体逻辑先在性。反过来，本体作为规律体系，相当于现实世界的多样性存在来说，具有逻辑先在性，它必然表现在现实世界中，现实世界的多样性就是它存在的现实性。第二，在现实世界中，既有真善美的事情，也有假丑恶的事情。那么，在作为现实世界的基础的本体中，有没有假丑恶的事情的根据呢？黑格尔认为，绝对理念作为本体，既有真善美的实在性，也有假丑恶的实在性。绝对理念是真善美与假丑恶的统一。但是，两者并不是并行存在的，而是真善美克服假丑恶的过程。真善美是应当的，而假丑恶是不应当的。现实世界的存在过程是真善美克服假丑恶的过程，是应当克服不应当的过程。因此，也是合乎理性的。这也体现了黑格尔的辩证法。

在现代西方哲学中，兴起了一种反本质主义的解释世界的原则，主要体现在科学主义思潮当中。他们高举拒斥"形而上学"的大旗，"虽然也承认共相是世界的基础，但它所谓的共相，是各种事物同属事物自身。"[1]宇宙的存在过程，从深度和广度上，就是事物与事物之间（包括真空）相互作用的总和，并不存在一个超越时空世界的本体的存在。本体是人的想象的产物。但是，现实世界的事物及其相互作用，是存在于时空当中的，它的存在必须有之所以存在的道理、规律作为基础的。没有内在规律的事物是不可能存在的。因此，这种解释世界的原则是不能成立的。按照这样的解释原则，科学理论是不能成立的。

三、逻辑先在性的含义

人类解释世界的方式有几种，其中，科学是一种典型的解释世界的方式。人类所面对的现实解释具有两重性：一方面，是我们所直接面对的时空世界，可以称为现象界；另一方面，是我们不能直接面对的超越时空的世界，可以称为本体界。本体界是一个规律的世界。两者是现实世界的两个方面。两者的关系是对立统一关系。一方面，现象界与本体界是有区别的，一个存在于时空世界中，一个存在于超越时空世界中。另一方面，两者是统一的。现象界以本体界为基础，显现本体界；另一方面，本体界必然通过现象界表现自身，本体界的现实存在就是现象界。两者的区别性使科学研究成为必要，两者的统一性使科学研究成为可能。本体界是逻辑的世界，与现象界相比，具有优先地位。科学研究就是透过现象界，揭示本体界的规律。所以，科学研究是以逻辑先在性作为其解释世界的原则的。

科学研究，包括自然科学和社会科学，甚至也包括哲学，都是要透过现象看本质，透过经验事实揭示事物发展的规律。科学研究之所以有必要，是因为现实世界中，逻辑的东西与经验事实的东西是不同的。科学研究之所以可能，是因为逻辑的东西与经验事实的东西又是统一的。其统一性在于，事物发展的规律，超越时空的实在性是不变的、永恒的，而这种超越时空的规律性却能够显现为现实世界的多样性和变化性。例如，物理学中欧姆定律：$I=U/R$，意思是电流等于电压与电阻之比。这个关系式所表现的内容是永恒不变的，但同时，它又有无限的变化的可能性，如：$2I=4U/2R$，$3I=15U/5R$，$6I=12U/2R$……等等。$I=U/R$自身不具有现实性，它的现实性，就是有了数量的规定性。这就是规律与现象之间的对立统一关系，即现象的永恒变化与规律的永恒不变的统一。需要说明的是，$I=U/R$与$1I=1U/1R$的含义是不同的，前者表示的是规律，后者表示的是现象。

然而，西方哲学发展却并没有以逻辑先在性为解释世界的原则的，而是把本体界作为时间上的先在性去解释世界。直到黑格尔哲学，才真正把逻辑先在性的

---

[1]邹化政：《黑格尔哲学统观》，吉林人民出版社，1991年，第28页。

原则作为解释世界的根本原则。那么，什么是逻辑先在性呢？"所谓逻辑的先在性，就是逻辑的东西的先在性，什么是逻辑的东西呢？就认识说，逻辑的东西就是理论化、概念化了的经验事实、历史事实；就这种认识所反映的客观内容说，逻辑的东西就是本质化、规律化了的事物的直接存在过程。就二者在内容上的同一性说，什么是逻辑的先在性呢？所谓逻辑的先在性就是说，不仅逻辑的东西是为事物存在过程内在所固有的内在本质或基础，而且它必须要在认识上先行被确定，然后才能由此导出对事物的科学说明。"[1]

在这里，邹化政先生明确阐明了逻辑先在性的统一不可分的三个含义。第一，在认识论意义上，人的认识分为两个层次：一个是人们所直接面对的经验事实、历史事实，一个是关于这些事实的概念、理论。所谓逻辑的东西是指后者。其次，在本体论意义上，即认识所反映的内容来说，事物本身分为两个层次：一个是时空世界的直接性的事物自身，一个是超越时空的事物的本质和规律。所谓逻辑的东西是指后者。最后，所谓逻辑先在性，就是指逻辑的东西，即超越时空的事物的本质和规律，是时空世界的事物存在和发展变化的基础和根据，而且必须在认识过程之前，确定逻辑的东西的存在。认识过程结束，就是揭示时空世界事物的本质和规律的具体内容，形成关于这些事物的概念和理论。

在这里，我们又必要区分实在性和现实性两个概念。现实世界的事物和整个现实世界，都是可以区分为两个方面。一方面，是超越时空的逻辑的东西，即事物的本质和规律。逻辑的东西，是具有实在性的东西，但其自身不具有现实性。另一方面，是时空中的经验事实或历史事实，其自身如果没有逻辑的东西为根据，它也不能存在，也不具有现实性。逻辑的东西的现实性，就是具有事实或历史事实，而具有事实或历史事实，也一定以逻辑的东西为根据。

不论我们主张逻辑服从历史，历史从哪里开始，逻辑也得从哪里开始，还是相反主张历史服从逻辑，逻辑从哪里开始，历史也得从哪里开始，历史与逻辑之间都不是时间关系。因为逻辑的东西，是超越时空的实在性。没有时空性，就不可能有时间的先后关系。

当我们说到"逻辑"这个概念时，人们往往把逻辑与逻辑学混为一谈。这可能与我们的一些逻辑学教材，书名就是"逻辑"。逻辑是客观的东西，而逻辑学是对这种客观的东西的认识。

邹化政先生用"事物存在着"这样一个简单的命题，阐述了逻辑先在性的内容。

"事物存在着。"这意味着，事物与存在两者之间，既相互区别，又相互联系。单纯就事物来说，脱离了它的存在，就是一个纯粹的本体作为规律性。它

---

[1]邹化政：《黑格尔哲学统观》，吉林人民出版社，1991年，第41—42页。

是以下三个环节的统一："1. 本体作为事物本质的自身同一性；2. 本体作为事物本质所以能表现事物多样性的内在区别性；3. 在这本体作为本质的自身区别性中，事物作为一个实在性，是有限的，超过界限它便转化为它物。"[1]首先，单纯就事物自身来说，是一个同一性，是一个规律性，是一个逻辑的东西，作为事物的本质是自身同一的。其次，作为本体，自身具有表现时空世界的具体事物的能力，这就是它自身包含着与自身相区别的时空中的事物，是时空中存在的现实事物的根据，但它自身不具有时空性。最后，本体自身与自身的区别性的统一，就事物的实在性，就是事物存在的尺度。尺度规定该事物是这个事物，超出了尺度，该事物就转化为别的事物。

存在总是事物的存在，这就是"事物存在着"的直接现实性。事物的存在，首先要进入时空中，显现在时空中；其次，在时空中的事物是人的感性认识的对象。存在是事物的规定性之一。事物的本体，作为规律性，本身就包含着它要表现为时空世界的多样性的规定性在内。不显现为多样性的本体是与本体概念相矛盾的。

"事物存在着"表现的是事物存在的世界现实性，它是本质与现象的对立统一。就本质自身来说，是现实一切从中产生的抽象的可能性，抽象的可能性就其直接现实性来说，又是一个偶然性。但从事物显现本质来说，又是一个必然性。"从而事物存在的本质便作为具体有各种物性的实体，表现为实体与物性的关系、因果关系、交互作用。"[2]黑格尔正是从这里进入到概念论。

"事物存在着"这个命题又包括："4. 事物实在性自身之为道或理的实在性，过渡为事物存在的道或理；5. 存在之为存在的一般规律或道理；6. 事物的存在过程，即为本体作为实体的道或理的存在过程。"[3]首先，事物实在性是规律的实在性，它本身并不意味着它的存在。事物的实在性本身包含着它的存在的规定性，由此过渡到它的存在。其次，存在与事物本身不同，事物本身有两个基本的规定性，即质和量。显然，事物的存在不在于它的质的规定性中，而在量的规定性中。事物的本体，作为规律性，它的量的规定性为"零"时，它并不是现实的存在，当量的规定性为"一"时，它就是转化为它的存在，即为时空中的现实存在。最后，事物作为本体与其存在的统一，就是本体作为实体的存在过程。也就是说，时空世界的现实存在的事物，是规律与存在的统一的表现。

[1]邹化政：《黑格尔哲学统观》，吉林人民出版社，1991年，第42页。
[2]邹化政：《黑格尔哲学统观》，吉林人民出版社，1991年，第45—46页。
[3]邹化政：《黑格尔哲学统观》，吉林人民出版社，1991年，第48页。

四、逻辑与历史的统一

逻辑的东西，是超越时空的实在性，是永恒不变的东西，但它具有表现为现实时空世界多样性和发展变化的道理在内。所谓逻辑先在性，是指现实时空世界多样性和发展变化的逻辑结构，而这种逻辑结构是现实时空世界多样性和发展变化的根据，是逻辑的东西处于优先地位，现实的东西、历史的东西，必须服从逻辑的东西。逻辑与历史的统一包括三个方面的含义。

首先，"逻辑的东西以什么为本源、为基础，现实的东西、历史的东西也便以什么为本源、为基础，这就是说，逻辑的东西从哪里开始，历史的东西也便从哪里开始。"[1]

这个问题可以用自然人与社会人的关系阐明。

什么是自然人，所谓自然人就是在其一切服从自然规律的属性、活动中的人。自然人不同于天然人，天然人只是自然人的一种生理上的先天条件。自然人是社会人的逻辑先在基础。自然人作为实在性，自身不具有现实性。自然人的现实性就是社会人。就人的劳动过程来说，是自然人以自然力与自然界进行物质变换的过程，都是服从自然规律的。这是人作为社会人的逻辑先在基础。而社会人无非是这种自然人与自然界进行物质变换的现实表现。人作为自然人，内在地包含着人与人的分工合作关系实现其劳动过程。

在逻辑的东西里，人首先作为自然人为本源为基础，并在此基础上，从事社会生存活动。那么，在现实中，在历史中，人作为血肉之躯的自然人，与自然力相互作用，成为作为社会人的本源和基础。在逻辑上，人作为自然人，是人之为人的起点，那么，在现实中，人作为自然人也是人从事社会活动的起点。

其次，"在这个以本体为基础的逻辑的东西里，它作为一个逻辑整体是各个逻辑环节的关系怎样，这种关系在现实的东西、历史的东西里的体现也便是怎样的。"[2]

逻辑的东西，就是以本体为基础的规律性。规律性作为逻辑的东西的实在性，其自身不具有时空性质，但逻辑的东西里，各个逻辑环节关系却要体现时空性质。例如，人类社会历史发展的规律是从原始社会开始，中经奴隶社会、封建社会、资本主义社会、社会主义社会，最后达到共产主义社会。这样一个历史发展规律自身不具有时空性质，是超越社会课的实在性。但它却体现了时空性质。因此，作为社会历史现实发展过程，人类社会历史形态也必然是这样一个顺序。不能设想，在逻辑的东西里，在先的逻辑环节，在历史上却相反。反过来也是如此。

[1]邹化政：《黑格尔哲学统观》，吉林人民出版社，1991年，第49页。
[2]邹化政：《黑格尔哲学统观》，吉林人民出版社，1991年，第61页。

马克思的《资本论》是体现逻辑与历史的统一的经典著作。《资本论》不是描述资本主义发展的历史过程，而是揭示了资本主义发展的规律。商品是资本主义发展的逻辑起点，也是资本主义发展的历史起点。从逻辑上看，资本主义经济发展的逻辑结构是：资本的生产过程、资本的流通过程、资本主义生产的总过程。这样一个逻辑结构在资本主义发展的历史中，转化为具有时空性质的现实的资本主义发展过程。

最后，"认识在本体作为认识的道或理的实在性中有其内在根据，这根据便表现为认识的道或理或认识规律。"[1]

人的认识过程是本体作为规律性在主观性环节中的体现。简单地说，现实的认识活动，必须服从认识发展的规律。

在逻辑的东西里，自然是人的认识对象，人的思维是认识的主观条件，两者统一是人的认识。相对于人的社会存在来说，自然和人具有逻辑的先在性。在现实或历史中，也一定是如此。没有自然，没有人的认识，人的社会存在是不可能的。

在逻辑的东西里，人的认识首先是对认识对象的真的认识，然后，才有对认识对象对于人的关系中善的认识，最后是两者的统一，对美的认识。在现实的认识过程中，也一定如此。认识的现实历史顺序，必须服从认识的逻辑顺序，即认识的发展规律。

在逻辑的东西里，人的认识必须有现实的认识对象，认识对象是认识的出发点。这同样是认识发展的规律。在现实中，人的认识活动也一定如此。没有认识对象的认识，是无法成立的。

逻辑先在性的解释原则，一直普遍存在于近代西方自然科学发展中，但西方哲学发展到黑格尔哲学，才把这一原则应用到哲学研究中。黑格尔庞大的哲学体系，始终贯彻了这一解释原则。但黑格尔哲学体系中，并没有独立阐述这一解释原则的内容。就国内来说，邹化政先生的《黑格尔哲学统观》，第一次最为明确而全面系统地阐述了这一解释原则。学习和掌握这一解释原则，对于深入理解西方哲学，特别是理解黑格尔哲学，对于批判现代西方哲学，对于发展马克思主义哲学，都具有重要意义。

（作者系中央民族大学哲学与宗教学学院教授）

---

[1]邹化政：《黑格尔哲学统观》，吉林人民出版社，1991年，第65页。

往事记忆与思想印象

——走近邹化政先生

张　蓬

邹化政先生离开我们快十年了，他的音容举止和思想都深刻地留在了我们的记忆中。尤其是他的哲学思想和对哲学的体悟、思辨，还一直影响着我们对哲学理论的探索，仍影响着我们的哲学思维方式，并代代相传。在这个意义上，邹化政老师是一位思想家，更是一位哲学家和哲学史家。邹化政先生特别看重思想的辩证法，他的哲学思辨通达中西哲学的精要，并试图将中西方哲学思想和精华凝聚在他所提出的意识统一原理当中，用这样一个统一的意识原理建立起一个具有充分解释力的以人为中心的哲学思想体系，这个体系可以概括为人学原理。这样说来，我认为从他的思想观点、见解、方法和思想体系，以及他在生活中为人处世的经历来看，更为恰当地说，邹化政先生是一位具有思想深度和广度、汇通中西哲学的伦理哲学家。

我们如何才能走进邹先生的生活和思想世界呢？这需要我们从与先生结缘接触的一些往事的回忆中回到他的生活场景去看他的人格，感受他的精神境界，并通过他的人格、精神境界、生活场景和一些往事，特别是他的已出版和未出版的著述中走进他的思想世界。从他的思想世界体会和了知邹化政先生对于我们当代与历史存在的哲学反思和创造，感受他的思想对当下的我们仍然具有的温暖。

一、与邹化政先生结缘

第一次接触邹化政先生是在他讲授黑格尔《小逻辑》的课堂上。当年我们在学校时虽然开了一些哲学专业课程，也与很多老师熟悉了，但并不知道邹化政先生。有一次我听到76级的一位学员说邹老师在给他们讲黑格尔的《小逻辑》，我就去听邹化政先生的这门课，这一听不要紧，就被邹化政先生的思想所慑服了。这样，就把邹化政先生给76级哲学系讲授的黑格尔《小逻辑》的课程完整地听了一遍。应该说，对于黑格尔《小逻辑》中的内容当时还听不太懂，大有"听天书"之感。后来又听了很多邹化政先生讲康德、黑格尔哲学的课，逐渐地体会到了邹化政先生所讲的康德、黑格尔哲学思想的深刻内涵。我完整地听了三遍邹老师讲《小逻辑》。但听得最细致最完整的还是邹化政先生给76级学员讲的那一次。那次课时较长，邹老师准备得也很充分。更特别的是，这次是邹化政先生在被打成右派之后，刚恢复讲授资格，是恢复教职后的第一次讲课，所以邹化政先生非常用心地讲这门课。邹老师讲课时有一个黑色的笔记本，但是这个笔记本他基本不看。他的记忆力非常好、思维严谨，对《小逻辑》每一章的把握都既精准又细密。后来听邹化政先生的老伴郝老师说，邹化政先生被打成右派后，好像是在理化楼打扫卫生间，每次去打扫之前，都从家里把黑格尔的整本书撕开，每次带几张书页。打扫完厕所，就坐在那阅读、思考、体会。他是以这样的方式来思考哲学问题的，他也是以这样的方式把黑格尔的哲学思想思考、悟解透了。如此就与邹化政先生结缘了。

从邹化政先生在给76级学员讲黑格尔《小逻辑》过程中，可以感受到黑格尔的逻辑与整个哲学思想体系博大精深。在讲课的过程中，邹化政先生特别重视黑格尔《逻辑学》和《精神现象学》之间的紧密联系，所以，他特别强调要学懂黑格尔的《小逻辑》，就一定要从黑格尔的《精神现象学》讲起。但是在给76级学员讲《小逻辑》的过程中，邹老师没有特别讲《精神现象学》。那是什么时间比较详细地讲《精神现象学》的呢？是在给我们77级讲《西方哲学史》课程中较为详细地讲的。邹化政先生在给我们77级讲《西方哲学史》"德国古典哲学""黑格尔哲学思想体系"的时候，特别讲了《精神现象学》和《逻辑学》这两部书。这样就把黑格尔的两部书结合起来了。在邹化政先生的引导下，逐渐走进了黑格尔的哲学。从听邹化政先生的课到逐步了解了他的思想，从这以后，慢慢就结识了邹化政先生，并经常向邹老师请教，与邹化政老师结下了终生难以忘怀的师生关系。

我们77级开设的《西方哲学史》课程包括四部分：古希腊罗马哲学是由高

清海先生讲的，中世纪哲学和近代经验论与唯理论哲学是由皇维章先生讲的，德国古典哲学部分由邹化政先生讲，当代西方哲学部分是由邹铁军先生讲的。邹化政先生的讲法，是从他自己对哲学的总体理解出发来看待西方古代哲学、西方近代哲学与德国古典哲学。他从近代经验论、唯理论和中世纪出发，特别强调近代哲学中上帝的自然化、人本化的过程。在这里他从对于人的理解出发来解释近代哲学到德国古典哲学的逻辑过程。他特别讲到人的问题。对于人，他强调人具有趋利避害的本能，从这种本能去讲人性，从人的本性出发来建立"人学原理"。虽然当时他还没有讲到"人学原理"这个词，但是他从人的角度去把握从中世纪和文艺复兴以后近代的经验论和唯理论到德国古典哲学的逻辑进程。他重点抓住了两个人的哲学：一个是康德哲学，一个是黑格尔哲学。在讲康德哲学时，他基本带我们过了一遍三大批判，比较概略、精要地讲解了康德思想的基本要义。而在讲黑格尔哲学时，他特别强调黑格尔的《哲学全书》中比较主要的《精神现象学》和《逻辑学》。《精神哲学》部分则是按《哲学全书》的逻辑圆圈和基本框架大概说了一下。在这里，我印象比较深的是邹化政先生在讲《精神现象学》时，特别强调了黑格尔哲学当中的几个要点：一是从实体到主体的过程。因为黑格尔特别强调了实体是怎样完成到主体的转变的；第二个是讲到黑格尔《精神现象学》当中的自我意识论，邹化政先生对其特别看重；第三个是讲黑格尔《精神现象学》中的伦理、道德和社会生活的关系，即意识形态部分，突出了从这部分是如何演化到《逻辑学》的过程。我对这些内容都有比较深刻的印象和记忆。

另外就是邹化政先生在讲"西方哲学史"这门课程中给我们发了一本《康德哲学讲义》。这本讲义是邹老师写的，当时用蜡纸刻印，由教材科发给我们。这本讲义我后来再没有见到过。现在想起来，我觉得这本讲义真应该重印一下。如果可能能够出版就更好了。作为教材，这部"讲义"对康德哲学的总体把握是非常准确和深刻的。

下面说一下我对邹老师的家庭生活的几个印象。

先讲讲对邹化政先生这个人的印象。我和同班同学郝其睿经常到邹老师家请教一些哲学问题。由于经常去，就对邹化政先生有一些印象。邹老师的家人有一个儿子和老伴郝老师。邹化政先生家的房子非常小，书架比较陈旧。他书架上的书不算多，大都是哲学的经典著作，可以看到先生的知识情趣偏重于哲学的思考。还有一点，就是邹老师的生活自理能力是比较弱的，可能大家对此都有所耳闻，但我却是亲眼见到。他每次出去讲课，都是由郝老师为他把讲义、书等讲课用品装好，尤其是冬天的时候，老伴都要帮他把围脖围好再把他送出门，然后他自己去教室。但邹化政先生每次上课后回来却不一样了，从家里出去的时候穿戴得整整齐齐，回来时衣服上、围脖上却满是粉笔末，他的形象就是这样。还有一个景象是，邹化政先生家里养两只大猫。平时在家，两只猫都和他非常亲昵。他在家的时候总是抱着一只猫。他对于猫的感情从一件事可以看出来。大概是在我读研时，有一次他在讲课的时候，偶然讲到他的猫——可能是猫生病了吧，大概出现了一些问题——他说着说着就流眼泪了。

邹化政先生在家基本就是读书写作。他写作时有个特点，桌子上什么书都没有，除了一摞稿纸。所以他写东西基本是一气呵成，基本无需作修改。这可能于在思维成熟之后，从目录开始写起就是一遍成文。通过学习他的这种思考问题的方法和写作方式，使我深深受益。我后来分析认为，由于他的这种思考和写作习惯，使他形成了一种严密的逻辑思维。依照这种逻辑思维，在写作中付诸一种自己的语言表述。可以说，他建立了一整套表述他的哲学思想的哲学范畴、概念和叙述语言系统。邹化政先生的文章、著作的表达方式和别人都不一样，他有自己的一套独特语言。我们在当时曾讨论过，他的这样一套思想，如果换一套表达方式可能是表达不了的。我们从他的手稿就能看出他整个的语言表达方式。由此可以看到邹化政先生思考方式和写作方式的特点。

另外，我和邹化政先生还有一些特别的接触。

邹化政先生原来用一个黑色的硬皮本写作，一本一本地写自己的书。曾有两个寒暑假期，让我手抄他积累的笔记，把黑皮笔记本的内容誊写到稿纸上。我手抄过两本笔记，一个是关于黑格尔的认识论方面的手稿。另一个是还不太成形、当时完成了一部分的《人学原理》，这本书在我的印象当中，只抄写了一部分。当时，邹化政先生是想抄写完之后，交给出版社出版。在给他抄写书稿的过程中，我有两个印象：一个是他在思想叙述上惯用逻辑上的三段论式的理论框架非常严格，较类似于黑格尔的论证方式。第二个比较深刻的印象是邹化政先生的语言表达方式。邹化政先生在叙述自己的思想的过程中创立了他独特的语言表达，其语言表达有自己的范畴系统和依这种范畴系统而形成的语言叙述方式。比如，他经常讲到亚里士多德的概念"作为存在的存在"、"作为×××"，这类表达方式是比较多的。不过从出版的几部著作来看，他的这种个性化的语言表达特点有些淡化了，这可能是从读者阅读方便的角度考虑的改变吧。但是还保留有邹化政先生独有的那种表达方式的痕迹。我个人觉得，如有可能，将来应该出一本保持他原来的思维方式和表达方式的一部书。比较保持原貌地让大家了解邹化政先生到底是怎样思考的。

还有记忆深刻的一件事。在吉林大学读书期间，我几乎每天都在吉林大学老图书馆的三楼阅览室读书。那个时候我们经常翻阅学报旧刊，一是了解思想学术的历史，二是从学术前辈的文章中感受思想的力量。有一次我们看到了《吉林大学学报》1958年第2期有一篇文章，题目是《论邹化政与修正主义》。当时看到这个题目感觉非常震惊，因为作者是时任吉林大学校长的匡亚明先生。在我的印象当中，这篇文章共34页。一篇文章在学报当中占34个版面，大概有好几万字吧。后来，这篇文章又出了一个单行本，大概是在上海人民出版社出版的。从这篇文章的题目、篇幅、作者的分量，可以从一个侧面看到邹化政先生哲学思想的影响力了。据邹化政先生的老伴郝老师说，匡亚明校长经常去找邹化政先生讨论哲学问题，特别是讨论中国传统哲学问题。那么，匡亚明校长对邹老师的思想、观点、见解肯定是十分了解的，并且他也推崇、看重邹化政先生的思想。甚至他对于儒家思想和一些经典的看法都和邹化政先生有过较深入的探讨。我猜想，在匡亚明先生到南京大学当校长之后写了《孔子评传》。在这本书中，是不是有些内容和观点来自匡亚明校长与邹化政先生的一些学术讨论呢？在《孔子评传》的"后记"当中，匡亚明校长特别提到了邹老师的名字，也提到了受到邹老师的一些影响。《孔子评传》这部著作在当时的学术界影响是比较大的。

从以上我与邹化政先生的一些交往以及生活经历中，可以感受到邹化政先生的人格魅力和思想的影响力，可以感受到他的为人和学术思想的特点。

二、我与邹化政先生的学术交往

这里涉及一个问题和两篇论文故事。

先说一个问题。这是听邹化政先生给76级学员讲授《小逻辑》的课时探讨的一个问题。这个问题是关于黑格尔逻辑学的存在论中从纯有如何到限有的逻辑演绎过渡。因为邹化政先生在讲存在论时，讲到从"纯有"作为"没有任何规定性的纯有"的范畴，如何逻辑地过渡有了规定性的"限有"的问题。这就是"纯有"作为无规定性的自身同一，如何成为一种具有量的规定的有。而这种具有量的规定性的有如何成为"限有"的，也就是这个无有任何规定性的自身同一如何能对自身有一个质的规定而作为"限有"出现呢？也就是说，在黑格尔看来，只有从量和质的统一才能说明"限有"。这里的问题是，从"纯有"怎样通过量的规定而形成质的规定？在这里，黑格尔的"存在论"存在一个逻辑的跳跃。这个逻辑的跳跃说明黑格尔逻辑学本身存在逻辑上的不完整性。我将这个疑问提出来请教邹化政先生。我提出黑格尔在这里没有形成一个完整的演绎而存在逻辑的独断。黑格尔本来是反对独断论，但在这里他却陷入一种自身的独断。实际上，这个问题包含着黑格尔哲学内部的矛盾问题。如果说这是一个真问题，那么怎样解决这个问题呢？邹化政先生认为，黑格尔哲学在这里确实存在着逻辑的跳跃。解决这个问题，单纯靠黑格尔的方法不行。邹化政先生后来建立了一个"人学原理"的体系，他认为要从人学、人性上才能解决这个问题。我对这个问题没有深入思考，并不知道他是怎样去解决这个问题的。但至少从问题本身来看，在关于黑格尔哲学的矛盾上，邹化政先生已经看到了这个问题，并作为自己哲学思想中需要解决的一个问题了。

下面讲两篇论文的故事。

一篇论文是我上大三时写的学年论文，我根据邹化政先生讲康德哲学中提到的休谟问题写了一篇关于休谟哲学问题的学年论文。我在这篇论文里梳理了休谟哲学问题的思路和实质，这就是休谟根据经验论立场和归纳逻辑的困难最后走向怀疑论的过程，指出休谟问题的实质是——知识论当中的知识的普遍必然性到底怎样确立的问题，怎样安立知识的普遍必然性？我认为从经验论立场本身来讲，这个问题实际最终是安立不了的。那么，哲学史是怎样从休谟进入康德的？康德有没有彻底解决休谟的问题？在这篇论文中，我认为康德并没有直接针对休谟的问题。因为休谟讲的普遍必然性是在实然的意义上讲的，而康德是在先天自我统觉原理的平台上把休谟问题转变了，其论证表面上是实然的，但内含却是应然的。因此，它是一种天赋原理，康德承认这个问题，但与休谟的思维是反向的，对休谟问题做了康德式的改变。也就是说，康德首先肯定了知识的普遍必然性，然后用一种方法来论证知识的普遍性和必然性怎样确证。但休谟正好相反，不说知识有没有普遍必然性，而说知识是经验的、我们怎样从经验中得到这些知识？从得到知识的过程中把知识归结为只具有或然性而不具有普遍必然性的特点。我这篇论文当时得到了邹化政先生的优和两个A+的评价，这个评价在当时是比较高的。

但是，在这个问题上反映出我和邹化政先生关于德国古典哲学的认识上有一些差异了。我比较倾向于从休谟讲起，邹化政先生认为是从康德讲起。这个差别实质上是关于近现代哲学从康德讲起，还是从休谟讲起的分歧。从康德讲起，就走向了现代西方大陆哲学；从休谟讲起，就走向了二十世纪英美分析哲学。从这篇论文和邹化政先生的接触中，我感觉邹化政先生的整个的哲学立场是理性主义的，他强调一般性、总体性，是一种德国式的思维，对于经验论的东西，只是作为问题的缘起来看的。总之，从这篇学年论文已经可以看出我和邹老师思想的一些差异了。

另一篇是我毕业前写的毕业论文。大学本科毕业论文我写的是海德格尔的本体论问题。当时刚接触现代西方哲学的时候，参考资料还非常少，海德格尔的哲学远没有现在这样热。对于海德格尔的哲学思想我当时只是看了一些中文翻译过来的资料。因为海德格尔的很多著作当时都没有翻译过来，熊伟先生编了一本《存在主义资料选辑》，其中翻译了一部分海德格尔的文章。我当时对海德格尔的哲学思想产生兴趣，是因为看到一本手抄本的高宣扬先生著的《存在主义》讲义。这样就对海德格尔的存在主义有了一些了解。我当时就是从存在主义角度来看海德格尔的本体论哲学的。写毕业论文时，也是邹化政先生与邹铁军先生作为我的指导老师。这篇毕业论文也是从休谟问题讲起，讲到现代西方哲学的。我认为海德格尔的哲学问题不是要解决康德的问题，而是要解决休谟的问题，只是中间经过康德，才走到了海德格尔。当时我的认识是比较简单的、学理化的。我当时认为海德格尔的本体论在一定意义上能够解决休谟的问题，至少提出了可以解决哲学困境的一条路径。海德格尔哲学本体论，从存在与存在者的区分回到存在本身，却不同于知识论的道路，即用存在论来涵括传统的知识论哲学。这篇文章写完后，受到了邹化政先生的严厉批评。记得那天邹化政先生约我到他家，把我劈头盖脸的臭骂一顿。可以看出，他对海德格尔哲学看不上，认为哲学的出路不应该走到这里面，还是应该回到德国古典哲学。邹化政先生对我的文章进行了全面的评析，为我提出了修改意见。最终给我的文章评价还是优秀。从这件事可以看出，邹化政先生的思想倾向不仅是德国的、并且是古典式的。他正是依靠德国古典哲学的哲学精神、思想、思路和方法，逐渐形成了他自己的哲学思想，并逐步地建立了他的"人学原理"哲学体系。可以说，他对现代西方哲学的脱离德国古典哲学的问题而另寻他途的做法和路，他基本是持否定态度的。

三、邹化政先生哲学思想印象

通过一些邹化政先生日常经历，了解了他的生活世界。能够看出来，他的日常生活就是一个纯粹的哲学家的生活。从他的生活世界来看他的思想世界，也能看出他的哲学思想与他的生活世界的这种联系。我们说邹化政老师是一个比较纯粹的、生活与思想比较一致的哲学家，从他的生活中所显现出来的对纯粹哲学的把握和在生活中体现出来的内容都根源于他对哲学的理解，而这种理解离不开对人的问题的把握。我手头上有邹老师的三本已经出版的著作，即：《〈人类理解论〉研究》、《黑格尔哲学统观》、《先秦儒家哲学新探》。从这几部著作看有这么几个方面构成了他的哲学中比较重要的观点：一是他的哲学思想是从"人"出发的，"人"是他的哲学思想各个方面的轴心，这三本书都离不开"人"的问题。二是从"人"出发，建立了一个"人学原理"。我记得在邹化政先生的笔记中经常用的一个词是原理、一个是统观、一个是总体性。如果说从他已经出版的几部著作来看，概括地说应该包括两方面的内容：一个是他从西方哲学把握到的哲学基本问题——思维与存在的关系来看"人学原理";另一方面是从中国先秦儒家哲学提出"人道即天道"这样的一种观念。可以说,如果说邹化政先生有一个哲学逻辑和思想体系的话,那么就是从对于哲学的独特理解出发,将人的问题作为出发点来建立思维与存在的关系、天道与人道的关系,从而建立一种具有普遍意义的"人学原理"。在他的三部著作中基本能够看出这种思想逻辑的端倪,可以说,他的"人学原理"就是从这两个方面来讲的,并且贯彻于哲学基本问题即关于存在与思维统一的基本原理始终。

下面就一些印象比较深的问题来叙述一下邹老师的一些哲学思想观点:

从人的问题出发来看。邹化政先生在《〈人类理解论〉研究》第一章"近代哲学统观"中有这么一段话,"费尔巴哈曾在《未来哲学原理》开宗明义写道,'近代哲学的任务,是将上帝现实化和人化,就是说:将神学转变为人本学,将哲学溶解为人本学。'"[1]邹化政先生认为,费尔巴哈的这段话讲出了西方近代哲学发展的本质。神学的人本化过程可以分为两步,第一步是神学的自然化,第二步是神学的人本化,就是将以合理现实的形式去占有和说明在上帝的精神内容中有关人的意识或自我意识的原理。上帝的自然化把人看作是自然的一部分,人的整个社会生活和伦理道德生活是以人与自然的统一性为最后根据的。上帝的人本化是将自然化的人还原为为人本身,这个人本身就是确立人在世界中的主体优先地位的主体性的意义。邹化政先生所著的《〈人类理解论〉研究》一书,把整个西方近代哲学,通过神学的自然化到神学的人本化这样两个阶段,描述了西方近代哲学到德国古典哲学确立人在世界中的主体地位的哲学体系的这样一个过程。

邹化政先生的哲学思想从人出发来看问题,来源于他对于哲学的看法。他认为哲学实际上就是以人的主客观关系为对象的一种科学。人的主客观关系作为对象来讲有三种不同的关系,一个是抽象意义的主客观性;一个是人类社会关系中的主客观性;再一个是人的主客观关系的主体性,通过主客观关系来确立从人出发思考哲学问题的出发点。在邹化政先生看来,主客观的关系不是一种抽象的主观与客观或主体与客体的关系,实际上是不能脱离人的本性去设想一种孤零零的、抽象的独立的主客关系,也就是说,只有在人的意义上去思考主观与客观的关系才能建立主客观的辩证法,才能够说明古希腊哲学所讲的哲学就是爱智慧。由于这样的看法从主客观关系突出了人的位置,哲学就是要从人出发去思考问题、就是要研究人的问题。这样,他就构造了一个从人出发来思考人的问题的人学体系。这个体系包括两方面的内容:一个是从西方哲学来讲,强调近代西方哲

[1]邹化政著:《〈人类理解论〉研究》,人民出版社1987年版,第1页。

学基本问题，即思维与存在的同一性问题，以这个为基础来建立主客统一，也就是以思维与存在的同一性建立起一个意识原理；另一方面就是从中国哲学出发，将先秦儒家中的天道与人道的关系凸显出来，建立一种关于人的把握的哲学观念。

可以说，邹化政老师所著的《〈人类理解论〉研究》和《黑格尔哲学统观》，通过洛克与黑格尔两种不同的哲学的考察，试图为建立作为人学原理当中的意识机能原理的哲学思考提供一些资料。从《〈人类理解论〉研究》来看，这本著作实际上就是建立了一个意识原理。在书的"序"中有这么一段话："我们之所以说人类理智或人类的认识问题，是在思维对存在的关系问题的基础上涉及全部哲学广度和深度的重大课题，这是因为，在我们之外的客观存在，并不能自己直接溜进我们的心灵，它只能首先作为心灵以及人的精神属性的感官印象而对人显现着，因此，我们只有通过认识才能知道它们。而我们的全部观念，包括所谓'在我们之外的客观存在'这个观念在内，实质上都是我们的思维机能把握感官印象的一些规定性，这二者的关系怎样？它们在这关系中作为人类的理智，是否有其在我们之外的客观基础？如果有，它和在我们之外客观存在的关系是什么？这种关系怎样得到确证？这一系列人类理智问题，都不能不是涉及全部哲学广度和深度的最高课题。这个课题不是别的，它正是包括哲学基本问题两个方面在内的思维对存在的关系问题。"[1]也就是说，《〈人类理解论〉研究》是通过人类思维机能的关系来把握人的思维和存在的关系，从这个角度来把握人的理智，从而来说明人的问题。

同样，邹化政先生认为，黑格尔哲学是在规律和本质的基点上揭示人类思维运动的原理，实际是通过一种主客统一的精神活动性，来看待思维的规律和认识的规律，通过思维规定辩证统一的逻辑过程也就是范畴体系，通过这个建立本体论、认识论、逻辑学三者统一的哲学体系来说明人类作为一种意识存在或者说是一种精神存在的逻辑规定，黑格尔通过这个来建立一种人类的意识原理，人类的思维的运动过程也就是人类的意识原理。

把洛克和黑格尔的哲学结合起来看，邹化政先生所提出的西方哲学的意识原理，就是意识原理作为一种方法、一种理论，实际上是认识论与人性论。人性论与世界观本身不仅仅应该是统一的，而且就是一个东西。在意识原理中，认识论和人性论、人性论与世界观是统一的。也就是说，思维有一个肯定意识是在反映一个外在的独立存在和意识是物质的属性的规定性，近代以来的西方哲学就是研究这样的问题。那么，这个意识原理，也就是关于主客观的关系即从思维与存在

[1]邹化政著：《〈人类理解论〉研究》，人民出版社1987年版，第1—2页。

的同一性来看"人"的一种理论，这样，就在西方哲学和中国哲学之间建立起了一个有效沟通的桥梁。所以，邹化政先生所讲的意识原理和中国哲学中的中庸之道作为意识原理是相通的，是一致的。也就是说，"子思或《中庸》所谓'合外内'为一道，孟子所谓'尽心则知性、知性而知天'，程颐所谓'有知于物则有知于性'等等，这些我国哲学中的原则，所说的都是有关意识原理之为一个思维与存在的同一性、主客统一性的深刻哲理。"[1]在这样一个哲学体系中，万物或者自然实际上也要归结为人的意识问题，由此再进一步探讨观念和真理的问题。这样也就把中国哲学天人合一的最高精神境界与西方哲学中人与自然相统一的原理作为人学原理统一起来，从意识原理的内蕴深广处，找到了中西哲学天道与人道、天人合一、自然与人相统一的思想逻辑和契合点。

从听邹化政先生的课，读他的书，以及从与他日常生活的接触中，对他的哲学思想形成了这么几个印象：一个是他整个的哲学思想是从人出发来思考哲学问题的，人的问题在他思想中有一个比较核心的地位。第二个是他一直强调要建立一个哲学体系，在他看来叫作人学原理；第三个也是比较重要的问题，是从德国古典哲学中提升出来的特别强调西方古典哲学当中的存在与思维的统一性原理。在他的表述中，表述为主客观统一的原理，也就是主观与客观的关系问题，这个问题最后落实在人的问题上；第四个就是他在《先秦儒家哲学新探》中表达的一个很重要的观念，这个观念在北师大李景林老师的文章《人道即天道——重温邹化政先生的儒家哲学研究》一文中表述比较明确，就是将天道与人道作为一个统一原理。这个统一原理就是存在与思维的统一原理和人道与天道的统一原理，其实质是将中西哲学作为统一原理，而存在与思维的统一原理和人道与天道的统一原理，则是"人学原理"中的两个很重要的组成部分。他认为，哲学是研究以人的主客观关系为对象的科学。这样，就把哲学思考落实在了以主客观关系为对象、内容的人的问题上，所以他的哲学是要从人的问题上出发来进行观察和思考的。

邹化政先生之所以从人出发，和他所强调的对哲学的看法有直接的关系，他的哲学观应该参考他的《先秦儒家哲学新探》的导论中对哲学的看法，在这里他讲到在西方哲学中强调哲学是一种智慧，是人的各种特殊智慧的一种概括，表达了智慧本身或智慧的共相，从研究智慧共相的角度强调人的智慧，也就是人类的理智，这个也就是主观对客观的关系。所以，邹化政先生对哲学的这种看法实际上强调的是哲学不能脱离人，不能脱离人的本性，不能脱离人去思考的那种孤零零的主观与客观的关系。只有从人的角度去观察主观与客观的关系时，才能建立

[1]邹化政著：《〈人类理解论〉研究》，人民出版社1987年版，第4页。

二者的辩证统一，才能构成作为人的主客观关系的智慧，才能构成具有总体性理智的整体，才能建立一个属于人的哲学体系。所以，他对于哲学的看法是从三个不可分割的环节来讲的。这三个不可分割的环节，第一个是最普遍、最抽象意义的主客观关系，这个主客观关系就包括物的规律和心的规律，在物的规律和心的规律基础上建立一种统一原理，也就是思维规律的科学，通过这种思维规律的科学也就能准确地把握黑格尔哲学以及从西方近代哲学最后到达黑格尔哲学高峰所展示出的一种哲学成果，这种思维规律的科学也就体现了一个最普遍意义上的哲学总体环节，是最高最深层次的一种。也就是从思维规律起作用的结果所具有的一种普遍性，这个普遍性也就是人的一般的表达对象在其不同逻辑层次规律上的世界观，这也是邹化政先生对黑格尔逻辑学思想的基本概括，他从这个角度写的一部著作，就是《黑格尔哲学统观》。

第二个是体现于人类社会中的主客观关系，也就是后者以前者为前提，并作为前者的内在核心，这主要是讲有关人自身的哲学。在邹化政先生看来，黑格尔的整个逻辑学是把哲学作为一种思维规律的科学来建立的，主要是揭示了作为思维机能的双向系统，这个思维机能包括思维机能的普遍性和思维机能的特殊性[1]，在邹化政先生看来，哲学作为人的哲学，实际上是有关人自身的哲学，作为人自身的哲学强调的就是社会历史观。社会历史观当中包括历史观、伦理道德观以及他自己强调的人学原理。这里所说的人学原理，不是广义的他所建立的整个人学原理体系，这个是在狭义上讲的一种人学原理，这个人学原理的意义就是人自己的思维科学，是人的哲学原理。在这个意义上表达的思维，表现人的身心需要的一种自然本性为中介、对人的社会存在规律的固有关系这样一种思维规律的理论体系。

第三个内容是哲学的总体性。哲学的总体性是将前面两个内容统一起来构成了人的主客观关系的总体性，总体性概念在邹化政先生的哲学思想叙述中经常使用，是他的哲学思想体系中的重要范畴。李景林先生在《人道即天道》这篇文章中特别强调它是一个非常重要的提法和方法。邹化政先生所说的哲学的总体性，是从主客观统一的思维规律上揭示人的本性的一种理论，他也把这个理论叫作人性论，这个人性论不同于西方哲学的人性论，可以把这个人性论理解成他所说的人学原理。从哲学观的角度来看，邹化政老师把哲学的总体性概括为两个方面：一个是人类理性面向人和物，同为物的普遍性而言，它是理论理性，就理论理性必然复归为人自身的一种实践原则，也就是人的伦理道德意识来说，它是一个实践理性，理论理性与实践理性的统一也就是人所实现的社会存在。人能够实现其

---

[1]参见邹化政著：《先秦儒家哲学新探》第8页。

社会存在的自由精神便是人性的总体性。在这个意义上，哲学作为思维的总体性就是以理论理性与实践理性的统一、人性的总体性为对象的。从这个角度讲，把人性的总体性看作是思维以感性为中介、对存在的关系的总体性。从这个意义上讲，这个总体性又是思维规律的总体性。这个观点在邹化政先生的思想当中是一个非常重要的观点。我认为他的人学原理就是建立在这样的观点基础上所构成的一个理论体系。这样构成的人学原理，就是从人出发去思考问题，将人作为主客观关系以及思维与存在的统一性的角度来考察人，并由此来看待儒家天道与人道的统一。

对于人本身的观点，我印象比较深的是邹化政先生特别强调人的本性要从整个人的本能或机能来讲，人所具有的本能和机能就是避苦趋乐。他认为，要从趋乐避苦去理解人，从而建立起作为人的一种原理。对于这个观点，从《〈人类理解论〉研究》中可以看到。他也是这样的人本身的观点出发来找到近代西方哲学的本质，找到它的精神实质到底是什么。他在书中讲到，洛克没有达到把一切哲学问题都结晶为意识原理的高度自觉，只有爱尔维修的精神论才算是唯一的例外。

对于西方近代哲学，邹老师是这样认识的：基督教的上帝作为神学的天道，本来是人的意识原理的外在化或异化，所以，近代哲学把上帝自然化、物质化，还完成不了使上帝能够现实化这一个哲学任务。也就是说，还不能把上帝现实化、人本化。要想把上帝现实化、人本化，就要突破上帝的自然化和物质化的这样一个羁绊，就是要把上帝作为人类的精神化，使上帝之为神学的天道转变为人的意识原理的思维与存在的同一性或主客统一性，这样才能完成上帝的现实化和人本化的哲学思想任务。

这里所说的作为思维与存在的同一性或主客统一性，是通过意识原理提出来的。在邹化政先生看来，人的问题就要落实到人的意识原理上，也就是说要落实在人的精神化上。这个内容是包括思维与存在的同一性或主客统一性，在他看来这是一种真理性。在这样一个真理性当中就实现了人与自然相统一或天人合一这样一种精神境界。这样来看，邹化政先生通过对西方哲学对于上帝的否定过程的考察，把上帝作为一种神学的天道最后复归于人的意识原理来看待。只有从这样的意识原理，才能实现天道与人道的统一。这里，他使用了天道、天人合一这样的词汇。作为这样一种主客统一的意识原理，在邹化政先生看来，实际上是从康德到黑格尔整个德国古典哲学完成的一个重要任务。德国古典哲学从康德开始建立了作为人的理性表现的理论理性与实践理性的统一，在黑格尔这里，这两个理性在辩证法这样一种绝对精神的理论体系当中就达到了顶点。所以，邹化政先生在《黑格尔哲学统观》中一开始在序言中就强调，黑格尔哲学的独到之处在于在规律和本质的基础上揭示了人类思维运动的原理。黑格尔揭示的这样一种人类思维运动原理实际上就是邹化政先生所强调的人的意识原理。在他看来，黑格尔揭示了人的思维以及自然界和社会普遍规律的统一。黑格尔之所以能够达到这样的高度，就是因为他继承了哲学史上的各种优秀成果，形成了辩证法思维，实际是本体论、逻辑学、认识论的三者一致，或者叫理论理性和实践理性统一的辩证法体系。从这个角度来看，黑格尔的哲学体系不是世界的现象的描述，而是对世界的本质和规律的揭示。在黑格尔看来，世界的本质是一个主客统一的精神活动性，有时候叫主观和客观，有时候叫主体和客体、或是主客统一的精神活动性。这种精神活动性是一种思维的规律和认识的规律，邹化政先生把它归为一种思维的规律，但是这种思维规律不是我们一般所讲的认识论，它实际包含了实践理性在内的思维规律和认识规律。那么，这种思维规律的体系恰恰就是一种各种思维规定辩证统一的逻辑过程，这个逻辑过程在黑格尔的哲学体系中表现为逻辑学的范畴体系，也就是他的存在论、本质论和概念论所构成的意识原理体系。邹化政先生认为，黑格尔的绝对精神哲学体系，他将绝对作为一种人的精神活动，看作是主客统一的精神活动，是思维规律和认识规律，这种思维规律是各种思维规定的辩证统一的逻辑过程，具体表现为逻辑学的存在论、本质论以及概念论所构成的思维的范畴体系。黑格尔的哲学体系实际上批判了以往的经验论、唯理论，在康德哲学的基础上依靠辩证法建立起来的这样一种围绕绝对精神所构成的一种范畴体系。黑格尔的《逻辑学》中的范畴体系体现了邹化政先生特别强调的本体论、认识论和逻辑学"三统一"的特点，是"三统一"的哲学体系。

邹化政先生的《黑格尔哲学统观》与《〈人类理解论〉研究》，对于西方哲学的把握，实际上落实在了一个是人的存在原理，另一个是作为人的存在原理表现的人的意识原理，也就是人的精神活动到底是怎么构成的以及在这个基础上形成的这种本体论、认识论和逻辑相统一的方法，即辩证法。这些观点和见解构成了邹化政先生的人学原理的思想来源和思想原则基础。从这样的人学原理出发来观察中国儒家哲学的时候，他就形成了"人道即天道"这样一个对儒家哲学的总体思想概括。

如何看待儒家的哲学思想？邹化政先生在《先秦儒家哲学新探》的"导论"中做了全面的阐述。"导论"大概有120页的内容，非常长。"导论"的内容是他对于哲学（包括对西方哲学）的看法，以及通过以西方哲学的思想资源与方法来观察中国哲学所形成的对中国哲学的看法。实际上，这里表达了他力图通过从他的哲学观来将中国哲学和西方哲学统一起来的趋向。从"导论"中能看到他对于中国哲学作为"天道即人道"的观点。我同意李景林对邹化政先生关于中国哲学作为"人道即天道"这样的概括。在导论中，邹化政先生讲了中国儒家的天道观，强调了天人合一是整个中国哲学的出发点。邹化政先生认为，在对人的关系中，我们中国哲学所究研的实，直接表现为人所显现的感官对象，人的思维把握这些对象，感官对象就形成了一个观念系统，这个观念系统就作为一种主客统一性，人是在这样的一种观念系统的主客统一性中来指向其客观内容的，这个客观内容实际上就是人心之外的客观物质世界，哲学就是以这种指向为反思对象。所以在他看来，哲学是在自己的哲学观念系统中指向一个更高的客观内容，就是人心之外以天道为基础的物质世界，这样就形成了二者的统一，就体现了思维与感性的统一，这样的思维与感性的统一就是我们中国哲学史所说的道，这样作为人的人道的主客统一性，也就是在思维与存在的同一性当中的天道。既然天道是一个伦理规律、是统辖在人和物关系中的各种事物规律中的统一系统——这样一个两种最高统一性的对立统一，人道便必须是这样一个统一的规律系统，在这样的天人关系观念之中建立一个最高统一性。所以在邹化政先生看来，人道在这个意义上就是实践理性统辖理论理性。他把这个称为"人道即天道"的哲学原理，这样的一个哲学原理实际上就是儒家的哲学系统。他认为这样的哲学系统是自觉到天人关系的总体，作为人道的思维与存在关系的同一性问题体现了哲学的基本问题，就是思维以感性为中介对存在的关系问题，也体现了这个问题以人为中心的逻辑结构中的理论理性与实践理性的内在统一。

从"人道即天道"的哲学原理出发，邹化政先生把先秦儒家哲学归结为三个原理，包括：天道原理，心物关系原理，天人合一原理。邹化政先生把儒家哲学概括为天人合一的原理，这是中国哲学的最高原理、最高观念，其他原理都可以作为是这个最高原理的不同的环节，中国哲学的辩证法最终也归结为天人合一的辩证法。从哲学反思的角度看，如果"人道即天道"的客观性相当于黑格尔的绝对理念，而天人合一原理就相当于黑格尔的绝对精神，前者是后者的根据，后者是前者的自我意识。这样的原理在西方开始于德国古典哲学，中国几千年前就形成了这样的传统和特点，这就体现了中国哲学传统和哲学特点。邹化政先生的这种观点，实际上是把德国古典哲学通过"人道即天道"、主客统一以及存在与思维的同一性具有共同的逻辑构成来看的。这样，中西方哲学在人这个聚焦点上就可以达到一种天人合一的最高精神境界。

通过从这些邹化政先生哲学思想的印象来看，邹化政先生经过多年的哲学思考，建立起了一种生活与思想能够统一起来的哲学生活方式。实际上，他是为哲学而生的，他的整个存在也是哲学的。从他的思想特点来看，他离不开人的视域，尤其是特别关注人在哲学中的核心地位，所以他从人性、人道和人本身的角度来考察和建立关于人的哲学体系。从这个意义上来讲，我们不仅要把邹化政先生看作是一个哲学家，而且是一个比较有特点的伦理哲学家，是具有将西方哲学思想和中国哲学思想能够融会贯通的伦理哲学家。

上述对邹老师生活小事的回忆和思想记忆的梳理未必能到位，未必能精确地把握它的思想意义和实质，但我们还是能感觉到他的思想在现代哲学研究中是很有启发意义的，他的思想很现代，具有很强的现实感，具有从思想的历史观照现实的一种力量。我们现在回忆邹化政先生的生活，重温他的思想，对于后人能够把哲学作为一种生活方式而言，具有深刻的启迪和示范意义。所以，今天我们应该以恭敬的心情纪念邹化政先生，将邹化政老师的人格、生活、思想作为我们学习的榜样，在我们的思想、人格、生活中保留下来。我们要把邹老师作为我们生活和思想的榜样，将他的思想传承下去，发扬光大。我想这也是邹化政先生所希望的。

（作者系西安电子科技大学人文学院教授）

邹化政与吉林大学的哲学性格

吴跃平

一、吉林大学哲学系独立的哲学性格

1988年，舒炜光老师第一个离开人世，时年56岁。2004年高清海先生辞世，享年74岁。四年后的2008年，邹化政老师走过了83个春秋，最后离去。说到这三位哲学家，都是对我个人思想产生巨大影响的哲学家。他们共同开创了吉林大学哲学系的黄金时期，他们的谢幕标志着刘丹岩老先生缔造的哲学学科作为一个时代的学术结束了。

刘丹岩老先生的学术特色就是把哲学作为终极信仰和严格科学来对待。以后的哲学家如果能够在吉林大学哲学系还留下一点影响，就必须具有这样的哲学性格。如果哲学学科丢掉了这种东西，那它还能显现自己独立性格的东西就不复存在了。严格说，这种学术的独立性格属于中国马克思主义体系内的事情，有着其历史条件和时代内涵。

在古希腊，哲学不是信仰，是为信仰开路的。在希腊哲学家的思想中，神是超越世间一切的至高无上的至善的力量，哲思是在对神的赞美、崇敬和理解中进行的。近代从笛卡尔到康德哲学的发展，理性成了立法者，但是康德哲学清楚地表达了这样的信念：理性作为立法者仅仅具有方法论的意义，而最终的实在论意义，就连理性本身也是有条件的，其实在性的保障仍然不能排除信仰的对象。自康德之后，欧洲哲学对于终极信仰大多采取存而不论的态度。作为方法论态度，信仰不是知识，不能随意谈论。而作为实在论态度，信仰又是百姓实践的事务，是不能完全用理论理性来理解和规范的。

把哲学上升为信仰，马克思主义是欧洲自古至今唯一影响巨大的思潮。因为其他的思想从来没有像共产主义那样，把这个思想体系转化成一种社会运动和社会制度。这个体系把神作为对人类的骗局而无情地摧毁，转而号召人类建立人间天堂！吉林大学哲学学科是马克思主义思想体系范围内的事情。在这个范围内，真诚地、自觉地把革命目标和科学标准灌注到马克思主义体系内就是吉林大学哲学系独立的哲学性格。

二、文明类型的转型与其中理性的角色

说到信仰，儒释道都是关于个人修养的。这些学说基本上不去管政治目标和国家民族命运之类的事情。按照传统的理解，只要是好人构成的社会总会比坏人和糊涂人构成的社会更好。人的人品如何是衡量人的一般价值标准；人的功业无论多大，并不比他的人品更重要。我们把这样的文化叫作道德文明。

道德文明中最大的人生追求总是会参照三种人的思想、行为和事迹。这三种人就是觉者、圣者和贤者。我们用觉者称谓那些神道设教的开创者，比如中国的道、印度的佛、基督教的神，佛道神的宗教的开创者是谓觉者。觉者们一般不去著书立说，通过言传身教传达上天和神的意志，用以教化众生；而且告诉了人们得道成神的方法。圣者是指那些人类道德学说和道德实践的开创者，比如孔子，告诉我们并亲身实践了如何做人的道理。圣者所言告诉众生，做人要有个人样，有做人的准则和做法。而贤者是指认真实践觉者和圣者的主张的人，贤者代表着常俗中的大众可以仿效的道德样板。

除了道德文明还有一种智者文明，一些哲学家登上人类文化核心位置的文明。开启智者文明的现代形式是欧洲启蒙哲学。启蒙哲学带有某种想要超越神学，升入文化核心的那种趋向。笛卡尔，一个想要用严格的理论形式来完成神学真理的知识体系的哲学家，这个知识体系的建构到了休谟画上了休止符。这个休止符代表着形而上学这种超越的知识的追求与神学脱节。德国古典哲学想要恢复形而上学的权威，但是形而上学已经无法企及神学的目标，而采用了一种哲学形而上学的形式。过了这个时期，智者们划清了神学与哲学、觉者与智者之间的界限。就像基督教时期耶稣的格言：上帝的归上帝，恺撒的归恺撒一样，神和宗教归形而上学，世俗和政治归科学掌管。

逐渐地随着科学的普及，技术代替了科学成了掌控时代的新权威。智者文明

被技术统治代替了。现代社会由一些有着聪敏头脑和专业技能的各种权威的人士来掌控着。他们再也无法进入人的内心世界，却掌控着人类生活的实际方式，这些权威人士成了现代精英活跃在人类生活的各个领域。培养精英的场所是现代大学，大学其实有着某种宗教的功能。按照技术部门和技术档次来决定一个人在人群中的地位，超越的东西很难对整个社会发生实质的影响。而笛卡尔前后，超越的东西对每个人日常生活的影响都是非常紧要的。

道德文明、智者文明和技术文明这是西方文明体系走过的过程。其中理性的作用是不同的。在道德文明中，理性从属于神圣；在智者文明中，理性成了新权威；而在技术文明中，理性成了技术的奴仆！今天的文明都在崇尚技术而不是神圣。这种崇尚之风表现为人生目标重在掌握和驾驭技术，而不是心向圣贤。话虽如此说，哲学在文明转型中的角色不断变换，但宗教不是，宗教从来没有在文明转型中从百姓那里消失，宗教一直是凝聚民心的最大的力量。但这种影响力的大小会受到智者和技术的影响。事实上，哲学永远超越不了宗教。

在西方文明体系内，马克思是独树一帜的。因为他按照人间天堂的新标准重新定义道德、智慧和人类一切事务，西方历史上自然而然的一切都必须通过革命加以无情地摧毁。当然，道德文明、智者文明或技术文明都不是其最高的价值，其最高的价值其实是用暴力去消灭传统的价值，建立人间天国。因为这种愿景不符合西方文化的自然进程，没有办法自然而然地实现，因而也就没有在西方文化体系内成为现实。

三、中国信仰体系的转型

传统的中国是另一套文化体系，只是这个体系开始显现出老态，在西方的文明面前变得只有招架之功，没有了还手之力。现代化最主要的问题是解决民族存亡的问题，进入现代的中国，个人信仰经常是和国家民族的命运结合在一起的。决定个人生命归属的宗教意义被彻底遗弃了，这是五四运动以来国家民族思想运动的主基调。即使到了今天，这个主基调也没有发生本质的变化，社会主义也好，资本主义也罢，都不是我们民族自己的东西。

在中国传统知识分子的语境中，知识分子定位自己于"天下"，这是中国文化具有博大胸襟的真髓所在。正是因为对天下的担当，中国文化才成为世界的中央之国，才有资格成为世界文明的卓越代表。文化的境界和个人的操守是两码事，可就是匹夫有时候也会有天下的担当的。这是一种超越国家民族、超越利害的文明境界和水准，失去了它我们就不可能再是中华民族，就没有可能自立于世界民族之林。外族文化的入侵造成的结果是，只是躯体还是黄种人的，但思想情感已经没有了黄种人的内涵。黄种人的人形虽然在，但灵魂已经无家可归了，人不为人，国不是国了。

在传统上，知识分子具有修身、齐家、治国、平天下的那种人格理想。可是到了五四时期，这样的人虽然大量存在，但逐渐地从革命主流中退场，新的知识分子想要拯救民族危亡，但却抛弃了自己的文明价值，觉者和圣贤都成了被攻击、被蔑视的目标。中央之国失去了自己的性格，开始了以洋务和洋人思想改造自己民族的风潮。新的知识分子以天下为己任的境界逐渐被国家民族这个主题词所代替，中国人的心胸开始变得狭小。作为个人，如果没有天下观，那他的胸怀陷入了越来越萎缩的可怜境地了。最后变得只有个人了，别说担当天下，就是拯救国家民族的目标也都远在天边了！

当然这是一个缓慢的进程。在五四时期，很多人有着对国家民族的担当，其修养中担当"天下"的那种抱负还是可以感受得到的。刘丹岩老先生其实就是这样的新型知识分子。一方面具有某种传统修养，有着圣贤追求的特质；另一方面又有现代开拓精神，想要给民族带来复兴的希望；这是五四运动以来中国特有的一群人。五四以来的群星灿烂就是由这样的知识分子的参与造成的。在中华人民共和国成立以后，加速了对知识分子的改造，他们的意志必须和中国马克思主义信仰的实践结合在一起，这就造成了传统修养的知识分子迅速地消亡，马列主义知识分子的迅速壮大。

在革命高于一切的年代里，"革命"不仅是"真理"的载体，还是最高的价值。时代的风潮一浪高过一浪，那个时候思想和政治正确的最高准则其实是受到革命目标引导的。不懂马列的人在掌握着对马列主义的诠释权，而真正研究马列主义的经常会成为右派和所谓修正主义分子，马列主义基本上不是学术问题，而是思想政治问题。能够在革命之外思考革命的哲学，有刘丹岩老先生这样的人在做。他带领这一群年轻人开拓共产主义理想的新边疆，从严谨的科学探索中去建构人类共同的理想国。就这个目标既有马列主义的美丽愿景，又有传统知识分子天下为公的那种胸襟。谁领会了老先生的这种胸襟就注定会在吉林大学哲学学科的发展中展现其风采。在他身边也真有这样的学生追随他的目标，其中就有邹化政老师这样执着的哲学思想家。

四、刘丹岩老先生的遗产

刘丹岩老先生认准了马列主义是挽救国家民族危亡的唯一正道。之所以这样，是因为刘丹岩老先生有他的天下观，那就是国际共运应该是整个人类未来的选择。这就是为什么刘丹岩老先生的思想有他的内在力量！没有这种内在力量的理解我们就不可能理解邹化政老师、舒炜光老师这样的人的学术主张。

刘丹岩老先生从抗大到吉林大学一路走来，路途中也当过官，从政的经历中，他主动选择了做一个马列主义的研究者和理论家。当时的政治动荡年代，他不与"革命者"论是非，不参加"大批判"，而是始终不渝地坚持把马列当作救国救民的终极信仰和科学真理来研究。虽然刘老先生在历次政治运动中也多次受到冲击，就包括他被定位为"修正主义在吉林省的总代表"，但是他并没有受到政治运动的迫害性的对待。那个时候，人们对他的革命资历和人格魅力还都是认可的。就是在接受批判当中，其他人在办事的时候还是要请教他，因为哲学系就是他创办的，不管怎么革命，办学的事除了老先生没有谁知道怎么做好。当然，在"文革"风暴到来之前是这样，"文革"之后这种资历和人格魅力的东西也保护不了他。刘丹岩老先生在"文革"之前就故去了，否则说不定也在劫难逃。对于政治的冲击他看得很淡，面对批判斗争，他不去争辩，也不去反抗。因为他知道，革命理论的重要性已经成为他生命的组成部分。但凡不把哲学当作生命和使命的人，都不会理解刘老先生的境界。都看不清吉林大学哲学学科发展的指向！

舒炜光老师是刘丹岩老先生为数不多的十几个亲授弟子之一。他有二十年的时间受到了政治迫害。在最落魄的时候，老先生对舒老师说：眼光要放远一点，要看到自己的价值，不要被暂时的挫折所压倒，中国的未来不可能离开知识和真理。而知识和真理的追求需要的是科学态度和坚持的意志。当国家民族需要你的时候，不要因为没有专注知识和真理而后悔。这是舒老师亲口讲过的他的一个故事。舒老师都觉得谁要说他是马克思主义者那都是他的知己才能了解的，但是舒老师身边的人，没有谁说他是马克思主义者，都说他是搞自然辩证法的。他也无心证明自己是马克思主义者，但他觉得，马克思主义是他的信仰。

舒老师继承了刘丹岩老先生的天下观。在我做舒老师的硕士研究生的时候，舒老师对我们师门三兄弟（路宁、李建华和我）说：你们要为人类做贡献呐！那个时候，我听不懂这话，觉得这话很陌生，口耳中充斥的那些"阶级斗争"、"无产阶级专政"等口号的政治现实中，似乎和这话扯不上关系，但内心中还是觉得这样的语言有一种伟大崇高的感觉。今天我知道，那就是孔子"即凡而圣"的那种理性人格在现代的知识分子中的反映。

舒老师的思想和事业和刘丹岩老先生的思想和事业是相通的。就是要把人类的理想（他已经有意地去掉了刘丹岩老先生那里具有的革命的色彩）和科学标准灌注到马克思主义的理论体系中去。就这个目标而言，舒老师人格中和刘丹岩老先生的继承性关系还是清晰可见的。从做法上来说，舒老师把马克思主义的精髓叫作唯物辩证法，而不是通常意义上的辩证唯物主义、历史唯物主义或者是辩证唯物主义和历史唯物主义。舒老师关于唯物辩证法的整个思想我在舒老师纪念文集中有一篇纪念文章（《思想的追思、命运的壮歌•舒炜光教授逝世二十周年纪念文集》），文章用了四万字的篇幅，主要就是要阐述舒老师一生信仰中最核心的哲学理念，就是舒老师对唯物辩证法的系统的思考。

邹老师直接就把哲学叫作理性的宗教。把人类的理想和科学精神结合在了一起。不过，邹老师的哲学更强调从德国古代哲学而来的思辨理性和内涵逻辑。邹老师和舒老师的哲学存在巨大的分歧。舒老师在对真理的理解中抓住了真理和知识的关系，知识是发展的，真理也是发展着的。而对邹老师来说，真理一定有其先验的基础，舒老师更加偏向英国哲学的经验主义立场，而邹老师的先验主义明显是偏向德国古典哲学的立场。但是无论如何，邹老师和舒老师都是继承刘丹岩老先生的哲学性格的哲学家，对人类的命运和人类的信仰有着始终不渝的追求。他们对学术的坚持都和刘丹岩老先生一脉相承。

人们一般都比较喜欢吉林大学哲学系的纯学术的气氛。我想主要原因是，无论是对待信仰，还是坚持科学精神，是吉林大学哲学学科的重要特色，这个特色使得哲学系在全国马克思主义哲学学科的比较中始终名列前茅。如果没有坚定的学术立场和科学精神，在这里很难发挥更大的作用。不少与此气氛不相适应的教师，不能依靠纯学术的力量，而只习惯于教科书的经典话语，这种路数在学生中找不到听众，他们不得不离开吉大，各奔前程去了。

邹老师他们那一代人，不仅仅能够以优异的学术成果跻身全国学术前列，而且他们每个人人格中所散发着的那种信心满满、才华横溢、感人至深而又有专业的气息的表现征服了每个真诚学子的心灵。吉林大学哲学学科是整个中国哲学发展中最靓丽的一道风景。这个时期有点特别，感觉上不知什么时候，"右派"、"牛鬼蛇神"突然神气起来了！借着老先生们共同营造的这种气势，年轻学子得到了迅速成长。在吉林大学能够强烈感受到双重的激励：一方面对成见的那种有力的反叛打开了思想闭锁的闸门，另一方面，新思想、新方法的孕育给了学子们广阔的思想前景。

吉林大学哲学系的这些先生们，每个人都在从马克思主义的意识形态的土壤中种下了全面理解人类文化和理性真理的种子，在思想解放的基础上开创了吉林大学重新理解马克思主义科学性和现实性的新方向。也许在马克思主义与人和人类文化的各种因素的相互碰撞当中，我们才能客观地理解马克思主义。直到今天，这种纯粹哲学的遗产还在以某种形式存在着，顽强地表现着，散发着智慧的不朽的光芒。如今还在世的老先生们，他们虽然在学生中并没有那么多耀眼的光芒，但是其忠于学术真道的那种孜孜以求、老老实实的学术风范更加弥足珍贵。

年轻的学子们还继承了多少这样的东西决定着吉林大学哲学学科未来的发展。

五、邹化政老师哲学的道德基点

吉林大学哲学系对哲学的认识潜移默化地受到了刘丹岩老先生的影响。就是把信仰和科学精神灌注到马克思主义理论当中。在邹化政老师那里，哲学是什么呢？他认为哲学是理性的思考与信仰。邹老师的工作有三个方面体现了他坚持的这个哲学主张。

首先是对理论的认识。邹老师认为，基督教是整个欧洲的道德基础；儒教是中国人的道德基础。这样把宗教的意义和道德联系起来的观念在当初是非常罕见、非常大胆的。当然，这不是说在整个学术界，在马克思主义哲学的范围内尤其如此。因为马克思主义认为宗教是一场骗局，是剥削阶级利用封建迷信欺骗人民的东西，是麻醉人民的鸦片烟。邹老师极其正面地看待宗教在马克思主义哲学范围内的地位，这一点的确非常罕见。因为流行的理论对宗教的看法完全是负面的，很多学生并不理解邹老师的讲课，就是因为这种想法都是大家想也不敢想的，更别说研究。

第二，邹老师把近现代欧洲哲学史的发展概括为上帝概念的人本化过程。在人本化的过程中，哲学作为理性宗教的真正意义就是哲学的真正意义所在。也可以理解为道德问题的解决从宗教转向了理性。在后来西方的少部分哲学家也开始了把上帝概念物质化的过程。特别是在中国经历了一种神圣的东西彻底物质化的过程。我们这个具有伟大文明和悠久历史传统的文化体系竟然走得如此极端，真是令人唏嘘不已！

第三，在实践上，邹老师反对有那么多革命导师，认为革命导师多了，对于马克思主义信仰是破坏性的。社会主义、共产主义只能神化一个人，神化的人多了是不正常的，不合乎道理的。邹老师反对神化领袖及其思想，认为革命领袖并不一定代表真理，革命的理论才代表真理。这都是从维护信仰的角度出发的。即使他为此付出了那么大被迫害的代价，但他从来没有屈服过。想一想刘丹岩老先生不去当官，选择了学者的道路不是和邹老师的性格相吻合吗！只是刘老先生更懂得现实和理论特别是信仰是两码事，而在邹老师那里就不同了，非道德的现实令他难以忍受，对于唯物主义树立权威的时代，他的反感经常表现为这样一句话："都是物质"，他表现出的心态除了反感，还有深深的忧虑，这些反感和忧虑直接指向了没有精神关怀、缺乏道德引导的社会现实。另外邹老师对自己过去的经历，在道德立场上所产生的偏差，也能加以深刻地反思。在现代中国的社会里，人们在革命中做错了事，一般是怕触痛这个伤口，而把懊悔和耻辱隐藏下来，甚至加以推诿，更过分地还要加以粉饰。在中国哲学界，像邹老师那样认真检点自己的道德情操的哲学家并不多，尤其他的思想大体上还是属于革命理想体系内的事情。

邹老师非常喜爱京剧，讨厌二人转。京剧中演员的一颦一笑、一举手、一投足都让邹老师赞叹："美呀！"这个美是道德的美感。其中的美丑都是经过了道德的透镜的，其中的丑也都美，因为符合了丑的理念而变得真实，富有感染力。丑是美的另一面，是与美相反相成的美学的一部分，相反相成的双方都是美的对象。邹老师认为二人转中有许多低俗的元素，有轻浮放浪之感，他打电话给广播局领导，跟人家发脾气，建议多播京剧，别播二人转。人家都觉得这个老头思维不很正常，不能像"正常人"那样说话办事。孔子有言："郑声淫"，讨厌"放郑声"。照此来看，是孔子更正常呢，还是放郑声的郑人更正常呢？邹老师的那种感受能力是纯道德的，而不是娱乐性的。世俗的感受正好和邹老师的感受是完全相反的。今天人们感官娱乐性的体验已经压倒了道德体验很多倍，所以邹老师这样的人被社会淘汰是没有什么难以理解的。因为没有人愿意像邹老师那样活着，而这或许是时代的某种荒谬，反衬着邹老师的纯正。

对道德的重视构成了邹老师哲学思考最根本的特征。邹老师对于哲学和道德、道德和人类社会存在的真实基础的体认在当初凤毛麟角，不仅在吉林大学哲学系所仅见，就是在全国马克思主义哲学工作者中也是非常罕见的特例。无论当时人们争论唯物论与唯心论、辩证法与形而上学都不能成为邹老师工作的主题。邹老师哲学工作的主题是道德。

对于道德来说是宗教更重要，还是哲学更重要？这就要看邹老师的马克思主义研究有什么特殊做法。邹老师认为近现代哲学是上帝概念的人本化过程，这个概念来源于费尔巴哈，费尔巴哈又是对黑格尔哲学进行的唯物主义的反叛。邹老师却反过来追寻到德国古典哲学，特别是黑格尔哲学。邹老师更多地是考量了从康德到黑格尔对这个问题的解决。从这个解决中他看到了理性是哲学唯一能够掌握的领域，理性什么样，我们的道德和知识就会是什么样。

那么是不是说哲学作为理性的宗教意味着有神论的宗教就是非理性的呢？正如黑格尔所说，宗教不会是感性的或非理性的，因为如果宗教是感性的或非理性的，那么动物也应该有宗教！其实审美体验和道德判断是先验理性能力存在的直接见证。如果审美和道德是理性才能有的能力，那么对于审美和道德，甚至宗教的知识也必定来自人类的理性。人的精神生命不同于肉体生命，其规律也不可能从肉体生命那里得到真正的理解。从广义上来说，没有任何人类的领域可以不符合理性，宗教也不例外。说宗教非理性那是误解，不是邹老师的主张。但是宗教和理性的关系如果单就理论理性而言是一回事，就生命来说就是另一回事了，生命本身的理性表现才是理性更为深刻的内涵。

六、道德哲学的知识

说到邹老师的思想，我觉得没有人把这样一句话当作其一生工作的终极目标，这句话就是"公道自在人心"。这句话在中国文化中是老生常谈，可是就是这个人心包含着从知识到信仰，从个人生活到民族生存的全部真理。邹老师的思想中要求把这句话中包罗万象的全部真理完整地呈现出来。

什么叫公道自在人心？说简单一点，就是道德伦理学说的基础就是公道自在人心，换句话说，哲学的首要目标就是要从人心发现或者寻找到道德原则和伦理规条的根源。从笛卡尔那里我们可以看到，道德基本上可以理解为我们分了上帝的良知，上帝把他的智慧给了我们每人一份。康德觉得道德律令这样的东西不可能是经验的，而应该是先验的。至于这个先验来源于哪里我们可能说不清，但是这个先验的能力却是实实在在的。到了黑格尔那里就成了这样：泛神论的真理是，一切物质生命都有神性，都是以绝对作为其绝对本质的。宗教不是这样看问题，宗教直接告诉人们，道家告诉人，人有德性；释迦牟尼告诉人，人有佛性；而耶稣告诉人，人有神性！

觉者和圣者们对人的告诫有更加特别的意义。比方说耶稣告诉人，人有神性，意味着人可以凭着自己对神性的坚守从而去天国世界，没有神性就去不了神待的地方。佛教认为人有佛性也是因为佛性的发扬光大可以去天国世界，道教告诉人们，人是可以成仙得道的，没有道德和德性哪能成仙得道呢？佛性、德性和神性都是人性的重要组成部分，这样的意义在宗教中是自然而然的，无须研究，无须证明的东西。道德官能是人与生俱来的，无须证明的。凡是无须证明就先天具备的东西我们叫作先天或者先验。人并不是因为具有了道德的知识才会道德行为，人的道德行为是因为人对道德有一种不学而能的先天能力，所以道德对人来说是自然的，不道德应该是违背自然的才对。

哲学的难度在于，只是知道我们有这样的能力是不够的，我们应该拥有关于道德的知识或者真理。如何得到这样的知识，如何证明这样的真理，如何给予这样的知识体系才是哲学问题。不是有知识吗？不是哲学认识真理吗？现代的中国人不理解这一点，因为已经先入为主地把科学和经验当作是知识的代名词了。

欧洲历史上看待知识历来有哲学和科学的两分法。所谓哲学知识就是从苏格拉底、柏拉图、亚里士多德开启的形而上学的知识概念，这是西方历史上主流的知识概念，主流的知识概念是形而上学（metaphysis）并不是经验科学

（experimental science）概念。所谓认识论（epistemology）所针对的知识是形而上学，形而上学才是真理的一种追求，认识论是为了使形而上学能够成为必然真理，为其提供辩护和证明的方法论学说。而形而上学的真正目标是神与真理相统一的终极学说。我们口中念念有词的所谓认识论其实是theory of knowledge，或者干脆就是theory of scientific knowledge，邹老师追求的知识和真理是形而上学（metaphysis）真理。

在吉林大学，大家口口声声说出的一个共同语词中实际上有两种。第一种就是邹老师追求的形而上学真理和形而上学如何可能的认识论学说，第二种就是舒老师追求的科学知识如何能够成为真理的科学认识论。这两种学说虽说都为马克思主义哲学原理教科书所容纳，但是教科书中却没有厘清这两种不同的知识和真理观念在体系中的地位和作用，很多参与的作者对这两者的关系别说有所研究、有所思考，就让他们对真正的形而上学真理不拒斥、不反感都是不可能的。形而上学在当时的环境中其实是不可理喻的东西，拿愚蠢当作聪明的东西。可是真理经常在少数人手中，尤其对于圣贤来说更是如此。传统的知识分子都是心向圣贤的，而不只是经世致用。

七、道德真理的探究

要想理解道德就要理解灵魂、精神、意识这些概念和人的生命的关系。古人有强烈的宗教观念就是因为他们相信灵魂存在，相信灵魂永生，相信精神的客观实在性。现代知识分子只相信意识的客观实在性。这有什么区别呢？区别在于对人心和人的生命的理解。说到人心这是精神和物质的交接点，是活生生的人的生命表现。在传统的认识中，心是灵魂的居所，笛卡尔甚至指出了灵魂定位在大脑的松果体，中国道家把这里叫作泥丸宫。这一点得到了现代解剖学的支持，解剖学发现，松果体的前端有着和眼睛相似的生理结构，我们的知觉，特别是视觉信号的处理就在这里。我们说的"心想"也发生在这个部位。

灵魂、心和肉体的关系其实是人自身最重要的关系。感觉主义者重点放在心灵和肉体的关系上，不愿面对灵魂的课题，认为活得快乐舒适就好。而理性主义者重点放在灵魂和心灵的关系问题上，厌恶肉体的低级和低能的行为，甚至觉得生死事小，失节事大！但是人完整的生命是灵魂、心和肉体同在的个体。

在一个宗教氛围环绕的世界中，灵魂的实在性是没有疑问的。说一个人没有灵魂那是句骂人的话，等于侮辱人为行尸走肉、衣冠禽兽！所以灵魂的存在和永恒的信仰是宗教现象的关键。既然灵魂是宗教现象的关键，那么灵魂的实体的存在就是一个客观真理。因为灵魂是精神活动的根据，是进入永恒的保障，不可能不是实体。只是今天的人迷信物质实体，一说精神实体就自觉不自觉地运用到物质实体的观念去排斥精神实体的存在，于是怀疑精神是实体是现代哲学的一般特征。宗教告诉人们可以去天国，可是这个人身去不了，只有人的获得救赎的灵魂才能去的了。在正常的人类生活中，灵魂才是不朽的个体生命的根本。就包括中国的宗法制度、亲属关系，在很大程度上是灵魂的关系。我们和自己的亲人在灵性上是相通的，人死了灵魂还在，长辈死了，宗谱中记载的关系会在灵魂要去的另外的世界存在。这种灵魂不朽、灵性为本的文化是世界上主流的文化。从生命表现出来的先天趋向而言，邹老师是一个天生的理性主义者。

康德哲学非常清楚地表达了这样的观念：肉体的、感性的并不代表思维的本质。感性只是达于知性和理性的某种经验条件，而人的心灵能力是先于感官经验存在的能力。其中知性能力是思维可以把握感性的一种内在的先验能力；理性是能够理解和执行绝对道德律令的先验能力。这种理性主义关系到邹老师那种对于道德的审美体验。如果没有理性，那么欣赏京剧、鄙视二人转的那种审美标准是无法理解的。同时，也关系到人类对道德和宗教生活能够合理存在的基础。

邹老师作为道德哲学的提倡者，并不仅仅是一个哲学部门或哲学学科的事情，哲学整体上和根本上就是道德性的，关于道德的知识和宗教的问题应该是哲学的基本问题。邹老师和其他国内哲学家对哲学的理解就有着极大的差别。这些差别包括：国内哲学一般是简单的唯物主义，而邹老师的理解不是简单的唯物或唯心的问题，而是存在先天的理性规律的问题。无论我们怎么理解，先天的理性规律才是哲学关心的根本问题。

像黑格尔逻辑学表达的绝对精神自在自为的逻辑，在邹老师那里表达为认识论、逻辑学和世界观的三统一，这个三统一的内容是有内容的形式真理。也就是说理论理性的本质是泛逻辑主义的。理性对于万物的认识都体现为理性认识世界的逻辑规律。不过这个逻辑是形式上的，即使黑格尔把这个逻辑叫作有内容的，但是这仅仅是和形式逻辑相区别的意义上讲，辩证法是内涵逻辑，内涵逻辑其实也是思维形式的形式规律。

道德哲学从形式上来说，比如我们可以推论出平等原则，人人生而平等，权利是一样的，没有谁特殊；再比如可以推论出等价原则，同样的得到对等同样的付出。公平原则，如果违背了上述原则那么就侵害了公平原则。人的交互关系中等质等量的交互作用是公平的。这些原则在儒家的体现就是忠恕之道，人都有能力推己及人，能够自然地做到己所不欲，勿施于人。邹老师想要非常系统地理解这些原则，并从这些原则出发构建理性的人类社会。这不就完成了人间最合理的存在状态、最合理的制度形式了吗？由此可见，邹老师寻求的知识就是作为理性宗教存在的知识。这种做法脱离了中国哲学的主流，就是西方哲学主流也不这样做了。因为邹老师坚持的是传统的形而上学的知识和真理的立场。真正的形而上学在宗教中是必不可少的，像邹老师这样如此执着地追求形而上学真理，需要怎样的独立个性真是令人叹为观止！

我们知道，黑格尔的逻辑学展开的是思维形式的形式规律。当然这种规律是精神领域的事情。为了达到对善恶和公正的合理理解，也为了达到对理性要处理的理性内容的理解，邹老师晚年非常重视现象学的方法。我们知道雅斯贝尔斯，舍勒这些现象学的哲学家都想尽办法要接近我们最真实的宗教经验，理解我们的宗教生活，揭示宗教生活背后必然的真正内涵。邹老师在结合黑格尔逻辑学和胡塞尔现象学方面也有不少有益的尝试。他的智慧的全部秘密就潜藏在他最后的著作中。

八、做真理的守护者

邹老师身上那种不可剥夺的倔强而真诚的书生气在其身后也许很难再看到了！邹化政老师是在这个真理的道路上一个固执、坚定的特立独行的人，他没有动真念去改变这种生活，在人生面临选择的时刻，他都放弃了世俗中应得的东西，而选择了真理的呼唤，选择了生命的道德责任。就这一点而言邹老师的哲学成就是独特而孤独的，他一直和自己的道德责任终生厮守，他可说是现代中国哲学界当之无愧的巨人。不是他成就了什么真理体系，而是成就了自己的人格。

邹老师是战胜了政治风云的人，邹老师的学术道路从来没有被社会政治气候所动摇。他潜心学术的真理是因为他相信，作为学者真正掌握真理是最重要的。邹老师有一种极其彻底地面向真理的态度，一个最突出的表现就是情不自禁地远离现实。当然要有人陪伴他，有人替他操劳生活问题，替他打理日常生活。这就是与他结发的师母郝振亚做的事情。

邹老师是一个战胜了家长理短，蜚短流长的人。在人际关系上他的观察力的简单幼稚并不是他的才具不足，而是他无心这些婆婆妈妈的事情。对于物欲横流的现实，他往往咬牙切齿："都是物质！"人生总要面对这些，但是这些东西并不能真正进入他的内心世界。但这不是他对生活没有态度，他对京剧和武侠小说的喜爱表现了他精神世界的丰富性，这是低俗生活所不能给予他的。对于人生的道德的、审美的真理的体验让他成为了一个真正的人，一个真人！

邹老师是一个战胜了职业利益和职业荣耀的人，他也想要应该属于他的东西，但是他并不是为了这些东西而工作。他的学术水平和学术的操守都是一流的，我们到图书馆里看到的外文哲学书的借阅单上，差不多都有邹老师的签字，他不会说英语德语，但是他能够读，而且读得懂。他读书是为了明理，而不是专业资格。他并不重视外语基本功，只在意语言背后的思想和真理。而这些功夫都是在那二十年不断变换形式的政治斗争氛围中坚持下来，不断学习的结果。

职业荣耀要有在职业共同体中大家认同的某些东西，可是邹老师也不为这些东西活着。《哲学研究》跟邹老师约稿，邹老师说，你们那个研究我不看，研究得更好！大家都知道《哲学研究》、《新华文摘》上的文章有什么分量，可是邹老师就是这样一个人，这些东西离真理有多近才是他应该选择的。邹老师也没有什么严守的专业概念，专业也没有真理这么一个门类！只要是真理就要打破专业学科的概念，真实地面对问题才是正确的。你说他是搞欧洲哲学的，可他也研究孔子。你说他是搞古典哲学的，可是他也熟知胡塞尔。你说他是搞历史的，可是他却能构造体系。其实这些学科规范都规范不了真理，邹老师只看重真理，不看重形式。

在当时的体制中，唯物论和唯心论、辩证法与形而上学套路犹如紧箍咒一般禁锢着人们的思想。邹老师的讲课有力地粉碎了这些枷锁，为了学生理解康德，关于《纯粹理性批判》的一个导言他就讲了一个学期！哲学史上不同的，但非常重要的那些概念在邹老师的学术中都具有了鲜活的生命，可是至今并没有在人们的思想中借助学术研究真正地活起来！即使到了今天，这也就是似乎有点学问而已。从这样的现实看待所谓的认识论学说真有点匪夷所思，我们可以看到，先入为主的知识和权威的力量比什么认识论原则都强大。我们认为的心灵是一块纯洁的白板，能够客观反映自然界的真理的想法是多么的幼稚而自欺欺人。就是人都尊重理性的信念也都有点难以维持，真正的东西永远在少数人手里才是赤裸裸的事实。我们看到的是直到今天的哲学界很少有人把形而上学当盘菜。

邹老师的清醒之处在于，他认为基督教才是欧洲各种思想的真正灵魂。人们的实际生活是基督教的，这就要求我们为基督教的存在在理性上奠定基础。不仅如此，邹老师想得更远，中国的儒教和基督教也应该有共同的基础，这个基础就是"公道自在人心"。虽然东西方表现在道德生活和伦理原则在有着这样那样的差异，但是本质上应该是"一"，现实上应该是"通"。在他看来，西方整个现代文明可以概括为上帝概念的理性化，而儒家其实也是伦理学和礼乐概念理性化的人文形态。这一切文化的部门和文化的形态应该在理性的本质中得到统一与和解。

尽管现实的宗教与文化选择存在千差万别，但是万变不离其宗，哲学的对象应该是这个保持不变的这个宗。哲学不是要成为他们的裁判员和实际选择的标准，但是哲学能够使得这一切达到完整而统一的理解。邹老师认为，马克思列宁主义这个说法都有点多余，仅马克思主义就够了，然后大家都来完善这个理想，而不是今天一个主义，明天一个思想，就这个样子永远无法与耶稣与孔子摆在一个神坛上，这就叫没有信仰。就邹老师来说，信仰都有人类普遍性的理由，彼此并没有那么大的矛盾和冲突，但是给予现实人类的选择都应该是实现人性的美好方式之一。哲学不是要革命家或理论家当教主，而是通过对真理的确信和通达而让人活得更像人。在这个意义上，哲学不是有用的知识，而是人之为人的至理。这个至理是人如此这般生存的必然性的体系。

邹老师的生活完整经历了吉林大学哲学学科的动乱时期，在动乱时期他是被革命的对象。他也经历了吉林大学哲学学科的黄金时期，他是学术讲坛上最光辉荣耀的一位，他是整个吉林大学哲学学科中学术思想的灵魂。在随后哲学学科大发展的经历中，他默默孤独地徜徉在主流学术思潮之外，那个时候他醉心于把自己的学术思想通过课堂和学生传播开来，邹老师上课的时期应该是学生们最为受益的时期。

在生命的最后几年中，他潜心于表述他的第一哲学的完整体系。邹老师被排斥在主流学术思潮之外的主要原因在于他是一个研究学术的学者，而不是一个经营学科的教授。在吉林大学哲学学科的黄金时期之前，他被革命了。而在黄金时期之后，他被冷落了。这就是邹化政老师在吉林大学哲学学科的发展过程中经历的主要背景。他写了分量很重的三部著作：《黑格尔哲学统观》、《〈人类理解论〉研究》、《先秦儒家哲学新探》。这些著作在任何一个哲学系都应该给邹老师与其相称的学术地位。除了这些成文的东西，不成文的人格力量——把人类的信仰和科学的态度灌注到马克思主义哲学中的这种态度，邹老师最彻底，也最精彩。我们也知道，最后他对真理的坚持也不可能让马克思主义的框架束缚住，只要是为了真理，什么教条都可以打破它。

在高清海先生主编的马克思主义哲学原理教科书中，邹老师积极参与了编撰工作。但是邹老师婉拒了担任教科书的副主编，是因为他不愿意违心地承认其中的主要思想和他自己的追求基本一致，他在讲坛上拥有听众，而听众却只闻其声，不解其意，只感到朦朦胧胧的精彩，不知精彩为何物，在后辈学子中，他是一个有点传奇色彩的，朦朦胧胧中还有点神秘感的人物。

邹老师对于形而上学真理的坚持与舒老师对于科学认识真理的提倡之间是当时中国哲学届两种非常不同的极端。因为这两位导师位于两个极端，学术上说着共同的语词但内涵却差之千里。我们之所以发自内心地感佩这两位导师，是因为他们都非常清楚其间的区别，而不仅仅是情感上的立场不同。邹老师知道科学真理的的确确也是真理，但是作为科学奴仆的哲学仅仅是权宜之计，解决不了宇宙人生的根本问题。舒老师明确地认识到，形而上学毫无确定性可言，历史上形而上学的内涵变化之巨大，往往风马牛不相及。要了解现实和历史的确定性一定要知道，知识和真理的历史总是要积累与统合真知灼见的。就此而言，被历史淘汰的东西就不用那么太过执拗。可是在高清海先生主持的马克思主义哲学原理的教科书的编写中，两位导师都出人出力，极力玉成此哲学学科的盛事，结果竟然能够黏合了这两种思想的巨大差异，这也算一种实际历史的统合吧。

在这种统合中，不是学术立场让他们走到了一起，是他们对哲学的热爱，对哲思的尊重，大家都在为奔向真理的地方去努力。开辟人类理想的未来，需要的是大家齐心协力，而不是固执私见。活得像个人就得那样做，顶天立地，既充满理想，又脚踏实地！说到底不管这些哲学家口中说的是什么，能让他们走过了革命风潮而没有沉沦，并缔造了吉林大学哲学系的辉煌的，是中国圣贤的遗风——"即凡而圣"的那种生存样式——这种有文化的人的生存样式是由孔子开创的。如此珍贵的东西，在过去中国人中都是平常的东西，到了五四之后，这种东西在沸腾，在燃烧，到了邹老师他们那一辈，这种东西就只剩灰烬中的点点火星，但愿这火星能成为火种，让它重新燃烧，再归于平常！离开了邹老师这种宗教般的虔诚，我们可能看不到未来学术的真正希望。

（作者系吉林大学哲学社会学院教授）

高山仰止，追忆恩师

刘源沥

一

1978年末，长春，东北的冬天，冷风无情地刮着。吉林大学图书馆人满为患，一年两批（77、78级）恢复高考后的大学生们，怀着对知识的渴望，都涌入到四楼的阅览室中，造成一座难求。人们在学习阅览过程中经常见到一位年逾五十多的老人，穿着蓝色大褂，手中拎着一个水桶，从一楼的水房中把水桶拎到四楼。打扫着因水上不去四楼的各个厕所。这一切做完后，他便走入藏书库抽出一本书，来到玻璃已破无水的水房中，拉过一个方凳子，用衣服袖子擦一把，便旁若无人地看了起来，久而久之，这些新来的大学生们认识了他，此人是邹化政，被错划为右派，现正劳动改造。

过了两年，哲学系的学生们走进教室，准备听西方哲学史德国古典哲学的讲授，铃声响起，走进了一位年过半百，手拿一张纸，操一口山东口音的老者，他就是此前曾经在图书馆打扫厕所的老人。二十多年没有上课了，这是首次上课，开讲时一激动一拳拍在黑板上，玻璃黑板拍出了裂纹，手也被划破，简单包扎了一下，又重上讲台开讲了。随着铿锵有力，逻辑严密的话语，他把学生的注意力都吸引到德国古典哲学的学问中去，课堂听课的学生越来越多。从哲学系一个年级，扩大到四个年级；从哲学系学生到历史、中文、法律、经济，乃至化学、物理、计算机的学生，从本校大学生，扩展到外校；教室从几十人的小教室，到大教室，再到学校最大的阶梯室；讲课的内容也从德国古典哲学到西方哲学，从原理到原著。西方现代哲学、人学、宗教、中国哲学、美学、《人类理解论》、《纯粹理性批判》和《小逻辑》等。学子变成粉丝，粉丝们越来越多，有像追逐明星一样跟随老师听课，有的听了一年不过瘾，二年、三年接着听，毕业走上工作岗位，抽出时间，还要赶过来听。几年时间，邹先生的声名传遍吉林大学，成为吉林大学文科一绝。

后来，当我成为邹先生所带的硕士研究生一员时，曾专门和老先生询问学问怎么这样深，研究为什么这么透时，先生给我们说了几件事：其一是兴趣，邹化政先生早年解放前是学兽医的，但学了几年，没有兴趣，他爱好的是哲学，逐转向哲学。1946年东北行政学院成立后，入校先做学生，毕业后作了一名教授哲学的老师，那时便形成了自己的一套哲学思想，这套思想和苏联的教科书体系不同，便时时和苏联专家的思想发生冲突；1957年，邹先生因说过学习西方哲学的学生要和西方哲学历史发展的思想轨迹相结合的话，被错划为右派，在这一期间，仍在抓紧一切可能的机会学习；打成右派不久，这一些"右派分子"被押着到农村去修河堤，邹先生偷偷带上几本书，明里不让看，便把书撕成单页，放在兜里，像手纸一样，修河堤抬大筐，繁重的体力也没有打消他看书的劲头，利用干活休息时间，把撕开的书翻来覆去一页页看完扔掉。后来，又安排他去喂猪，他就利用煮猪食在灶前把书一页页看完。

"文革"期间邹先生又加上一新罪名——"现行反革命"，又劳动改造了十年，这期间不仅自学掌握了英文，还阅读了大量的中西方哲学的经典原著。"文革"期间长春武斗逐步升级，"文革"两派一度动了枪炮，子弹在城市上空乱飞，为了安全读书，邹先生在房间的窗子上挂上棉被，一看就是一天。

其二是持之以恒的毅力。在这二十年被错划为右派和被打成现行反革命期间，历经坎坷，矢志不渝。每天邹先生荡漾在先哲思想家的海洋中，通过经典典籍和他们心灵相通，循着思想者的足迹，一步步前行，他认为人不能脱离自己的感觉直接同外在世界打交道，从此出发最终在学术上形成了自己特点的学术思想体系，成为学贯中西，文通古今的哲学家。这在新中国成立以后培养的哲学工作者中确实绝无仅有，少之又少。

二

邹先生写文章和一般学者不同：写字台上只有一支笔、一本稿纸，绝无他物，基本上是一气呵成，没有引文，没有参考书。如此这般，很不受那些杂志编辑们的待见，常常打回要求加上引文和注释。讲课也是一样，讲《纯粹理性批判》也只是拿本原著，摆摆样子，从不打开，也无讲稿，一切都在心中，一步步按逻辑推演出来。讲黑格尔《逻辑学》也是如此，讲数的推演讲着便说道，黑格尔这里推演的不对，应该这样推。……也难怪我国哲学大师贺麟见到邹先生《黑格尔哲学统观》的油印讲稿时，回信评价说"国内研究黑格尔哲学达到像这种程度的几乎没有，你的观点我全部赞成"。

邹先生在给本科、研究生讲大课时，经常用粉笔把一些概念名释写在黑板上，几乎每堂课讲下来，一身粉笔灰，为什么这么多，因有时来不及拿黑板擦，直接用手擦，不经意抹到衣服上。后来同学们发现，就主动上台给擦黑板。

对于国内出的西方的刊物，邹先生也基本不看，看的只有一本《国外哲学动态》看也是只看后半部分，前半部分苏联的占得较多。

邹先生的业余爱好，一是京剧，这是年轻时就有的，当还是20多岁小青年，在北京中国人民大学读研究生时，每逢周末都要偷偷溜到北京城内买上一张戏票去看名角演出。京剧的唱念做打等一系列的表现形式给邹先生留下了深刻的印象，终生乐此不疲，后来现场演出少了，无法看到，就通过买录音带，CD、VCD和DVD去看，甚至2002年到上海来，还专门到音乐唱片行买了一批带走。

二是中国武侠小说，从梁羽生、古龙，到金庸，但凡能收集到的全找来阅读。一次我们几个同学护送老师到研究生教室上课，路上偶遇一推车小贩摆摊卖书，我们没有注意到这一摊贩，但邹先生见到，便急步走去，去挑选自己中意的武侠小说。讲课时常讲起其中的情节，说这些武侠书写得有情有义，有道德信念……

三是喜欢养猫。邹先生在全身心投入教学研究之外，也有其闲暇休息，他由于诚实率真，讲话不设防，受了很多苦头，几十年与讲台无缘。彻底平反后，深居不出，绝少交游，就连学术讨论会也很少参加，几十年间很少出省参加学术讨论会，更不用说出国交流，基本就留在长春。在繁忙的教学科研之余便养了一只猫，猫始终伴随其左右。记得上世纪八十年代中期，有一天我们学习古典哲学专业的五个学生在先生家上小课，在讲课中老先生讲着讲着突然中断，我们认为发生了什么，便停下笔，抬起头，向老先生望去，只见老先生三步并做两步，走到家门前，随着门缓缓而开，一只壮大肥硕的花猫从外跑了进来，喵的一声奔向先生的怀中。猫在门外脚步很轻，我们坐在门口的同学都未听到，老先生坐在离门较远处，他却听到了。事后我们问老师为什么爱养猫，老师说了句，猫通人性不会背叛。

老先生平时心思全用在学习思考上，与弟子或同事见面要讨论到学术问题便两眼炯炯有光，话语不绝，表达得一套一套的富有逻辑；然而要说家长里短、寒暄客套，便会一言不发。但老先生待弟子则如家人一样亲，记得上世纪九十年代中期的一天，我从上海回东北探亲，到长春后去拜见老师，老师知道消息后，亲自搬梯子，上院内的水果树上摘水果，这都是后来听说的，老先生平时在家，从不自己去摘水果；2001年暑假，老先生已离休在家，我们夫妇去拜访恩师，老先生执意让我们住在他家，先生把自己的卧室让出，自己住客厅，我百般推却不得，第二天才找了个理由离开；1985年夏天，吉大的研究生调研到北京，顺便把老先生《人类理解论研究》书稿送人民出版社时，老先生让老师母煮鸡蛋给学生在路上吃，还包了一小包盐⋯⋯

三

邹老先生于上世纪九十年代离休之后，有了空余闲暇时间。他从参加工作后大部分时间没有离开东北，只是1986年10月在师弟邹广文的斡旋下到过山东讲学，算是到了黄河以南。我觉得无论如何也要想法让先生过长江，到江南走走看看。想法一定，我便立即行动，一方面和邹老先生联系动员他出来走走。另一方面找我的学生布置任务分时间段负责陪同接待。2002年春末，邹老先生终于南下成行了。

此次是自由行，车到上海，接到家中，先是我教的学生近水楼台先得月，和老先生相谈甚欢，有一位叫商景龙的学生，对黑格尔哲学兴趣颇浓，自己也多有心得，他也是在学硕士生中年岁最大军衔最高的，来自兰州军区空军政治部，第二天他把自己带来的名酒带来专门请了老师。这是邹老先生第一次也是最后一次的南方之行。白天在我和我的学生们陪伴下漫步在大街小巷，外滩、陆家嘴、豫园、南京路和博物馆都留下了老师的足迹，当然也少不了音乐唱片店，选了不少他喜欢的京剧名角的音像资料。下午归来后，在上海工作的吉林大学哲学系能联系到的学生分日期来拜访老先生，向他致以敬意。吉大83级哲学系在上海工作的研究生也全都来空军政治学院拜见恩师，这一周是师生相聚其乐融融的一周，我们聚在春日阳光下，漫步校园中，坐在餐桌旁，谈工作、议哲学、说生活。这是一段难忘的时光。

为了让老师进一步了解江南，便又安排老师到杭州走走看看。我当时课程已排，军事院校的教学安排像战斗任务下派一样不容改动，无法动身陪伴同行，我便联系了曾在浙江大学工作过的胡晧教授，此时他刚调入上海工作，也是吉大哲学系77级毕业生，他欣然同意和邹老先生一道前往杭州。在他的陪伴下邹老先生在杭州度过了难忘的几天，领略了杭州西湖等诸地风光。此次杭州之行唯一感到遗憾的是，在杭州老师只能住宾馆，且不期而遇小偷，丢了些钱财。回到上海后，我一方面安慰老师，另一方面和学校商量，安排老先生在我校为基础系教师和研究生做了有关哲学价值论的专题讲演，此为临时安排的，没有讲稿，一切全在脑中，讲后，师生大呼过瘾，称这才叫哲学。

老先生离开我们已近十年，音容笑貌犹在眼前。哲人已逝，精神永存，敬爱的邹老师，我们永远怀念您！

（作者系上海空军政治学院教授）

追忆邹化政先生

王振林

做人做事一意行：天性从率从真从善。
致学致教两不倦：哲思如泉如醉如痴。

　　最初知道邹老师时，是上世纪七十年代中期上学期间在图书馆自习。他那时已经从"右派分子"升级为"反革命分子"，负责清扫图书馆。或许是心绪不佳，或许是不会清扫，更或许是急于读书，他扫地的方式异于常人，与其说是扫地，不如说是扬灰。他所到之处，尘土飞扬，自习的学生唯恐躲之不及。如果遇到不开眼的，仍坐在那里不动，他就会用扫把杆笃、笃敲其椅背。每每打扫完毕，他都会躲在图书馆的一个角落里，聚精会神地阅读着从书上撕下来的断笺残篇。那时，邹老师给我留下的印象是神情严肃，不苟言笑，就像一位拒人千里之外的孤僻怪人。后来，他右派摘帽，错案平反，回系任教，我们同为一个教研室，这样，我便有机会近距离地接近与了解邹老师了。邹老师生性简单、善良与率真，为人处事不善迂回，喜欢直来直去，怎么想就怎么说，怎么说就怎么干。在那个运动不断的年代，这种个性先为他带上了右派的帽子，之后，又因言获罪，升级为反革命。2005年，我同先生去上海参加中华外国哲学史学会的年会，在列车上，他告诉我，他的反革命罪是因为看报时，说了一句"谁也不能万寿无疆"。在现在看，这不过是一句符合生物生存的实话，但是，如果一句实话在不同政治话语背景中且具有非同寻常的政治意义时，一个右派分子明目张胆地当着人的面说就非同小可了。后来，随着政治气候的变换，邹老师也曾表示想写回忆录来抒发自己的心结，澄清一些事实，然而，遗憾的是这个心愿最终也未能实现。

在与先生慢慢地相处中，也逐渐改变了我先前对他的认知。邹老师外表冷峻、"老矩"实则内心热情、简单，甚或有些"赤嫩"。为人处事，他常常是单刀直入，既不隐瞒自己的观点，也不隐藏自己的情绪。他喜欢同人交流学术问题，也欢迎那些不请自来、登门造访的青年教师与学生，并耐心地讲解与回答他们所提出的哲学问题。八十年代可谓思想解放、学术空前活跃的年代。那时，先生不仅为外国哲学教研室每周的学术活动，开设了题为"论宗教、哲学与科学及其关系"的讲座，而且相继为77级、78级开设了西方哲学史课；为青年教师培训班讲授了康德《纯粹理性批判》、黑格尔《小逻辑》。他的讲授获得了极大的成功，课堂常常是填门塞户，连走廊里也坐着人，讲学之盛叹为罕见。记得那时候，修课的学生如果来晚了常常是无座可坐，因此，系办的老师不得不前来清点学生。据说有的学生从前门被清出去，又会从后门溜进来。由于前来听课的人有增无减，后来不得不把康德的《纯粹理性批判》课，从文科楼能够容纳50人左右的教室转移到外语楼能够容纳百人以上的阶梯小礼堂。这样，不仅解决了哲学系的本科生、研究生、各校前来培训的青年教师的听课问题，也满足了那些慕名而来的外系、外校与外单位的求学者。虽然这种变迁大大地增加了先生的工作负荷量，但他不仅欣然接受，而且每节课堂，都讲得非常认真、卖力。由于那时我是刚留校不久的青年教师，便被委派负责记述、整理先生《纯粹理性批判》这堂课的笔记。可以说，这个经历为我后来的求学、工作打下了扎实的理论基础，不然的话，1994年，我也不敢贸然接受这门为研究生开设的专业课程。

1983年，我有幸成为先生的硕士研究生。我们那届研究生共计五位，是邹老师在岗期间招得最多的一届，也是先生工作量最大、最累的几年。因为我们所有的专业课：诸如洛克的《人类理解论研究》、康德的《纯粹理性批判》、《实践理性批判》与《判断力批判》；黑格尔的《小逻辑》、《大逻辑》上下卷、《精神现象学》上下卷、"马列经典原著研究"、"西方伦理学史"，以及"西方辩证法史"等专业课全都由他一人来上。邹老师上课，我们绝对不敢怠慢，因为他常常是讲着讲着，会突然停下来，让学生依其逻辑思路继续往下推演，如果回答正确，尚可，他偶尔也会报之会心的一笑，反之，那可真就不好过了，他会把恨铁不成钢的情绪立即转化成苛刻的言语毫不留情地扔过来，让人无地自容。所以，我们那时几乎没有星期天，课下都要尽心研读康德、黑格尔的著作，以应对邹老师课堂上猝不及防的提问。我们不仅不敢怠慢先生的课堂，同样也不敢怠慢先生每门课留下的作业。因为每次作业，先生都要给予当面的批评与评议。正是先生的这种严苛，原先是学中文的师弟高全喜，在未完全结业的情况下，以90多分的专业成绩考取了中国社会科学院贺麟先生的博士生。

然而，树欲静而风不止，邹老师的课堂既给他带来了荣耀，同时也招来了麻烦。记得1983年9月的某天下午，邹老师正在给我们上《马列经典原著研究》课时，学校研究生处派人专程来调查邹老师的课是否有资产阶级自由化言论。当时虽然思想观念较之以前活跃、开放，但是，经过十年"文化大革命"的政治熏陶，某些人所形成的惯性思维，以及根深蒂固的观念并不是那么容易改变的。所以，当这门"马列经典原著研究"的课程，从"论认识的无可怀疑的开端"讲起时，便被误解为歪曲了马列主义哲学原理与《资本论》，并被归结为资产阶级自由化而被告到研究生处。实际上，从笛卡尔的哲学公理出发，去演绎以实践为基础的辩证唯物主义，进而阐述《资本论》中的人学原理，以说明历史唯物主义等哲学问题，既反映了先生改造哲学原理体系的意向，也显示了他重构哲学原理体系的理论思路与观点。

邹老师虽然课上严苛，对自己的学生铁面无私，但是，课下则尤如未脱稚气的慈父，逢年过节，会亲自下厨为我们做饭，对前来求教的学生，也总是来者不拒。大概是从八十年代中下旬起直到他退休，先生家便成了我们，诸如孙正聿、孙立天、李景林、吴跃平、王天成、姚大志等青年教师聚集的沙龙。我们边吃边聊，谈天说地，不拘一格，完全没有了课堂上的拘禁与忐忑。所以，那时不定时地到邹老师家聚会，对我来说是一件非常愉快的趣事。直到目前为止，我仍然十分怀念那段师生相聚的快乐时光，怀念先生为我们做的山东式大白菜炖肉丸子。邹老师退休后，应我的请求，曾专门为我的一个跨专业研究生，从头到尾地讲解了一遍西方哲学史。有道是："师者传道、授业，解惑"，邹老师可谓这个行当中的翘楚。

毫无疑问，先生热爱执教，喜欢哲学。他从来不推辞派给他的课程，每门课都讲得非常卖力与认真。他似乎非常享受课堂上的氛围，因而常常是讲着讲着就会进入忘我的状态，声音也会情不自禁地突然高八度，并且会时不时地用粘满粉笔灰的双手去捋自己乱蓬蓬的头发，这样，他经常是黑着头发来，顶着灰白的头发离开。他也非常喜欢沉思，因而当这种习惯成为自然时，他的日常行为有时就会显得"不正常"。这种"不正常"明显地表现为过马路，他过马路如入无人之地，边走边想，不会顾及来往的车辆，也不会放慢脚步，所以，与他结伴同行，就得时不时地提醒他，而当目睹他自己过马路时，就会为他捏一把汗。因此，那时我们曾商议先生有课时，我们排班接送他。由于那时车辆还没有进入家庭，马路上来往的车辆也不多，所以，当我们跟先生提出这个方案时，他是坚决不同意。后来，他家搬到学校北区文科楼附近后，就不存在过马路的问题了。

先生一生都沉浸在哲学的阅读、思考与写作之中，对他来说，这是一种人生的享受与乐趣。然而，按照现下的科研量化标准衡量，先生公开出版的著作与发表的文章并不算多。但是，先生所发表的一系列论文，以及他所出版的专著：《〈人类理解论〉研究》，人民出版社1987年版、《先秦儒家哲学新探》，黑龙江人民出版社1990年版、《黑格尔哲学统观》，吉林人民出版社，1991年版，不仅博大精深，而且独树一帜。《〈人类理解论〉研究》一书，是在近代哲学逻辑发展的宏大背景中，详细地分析与阐述了洛克关于知识和观念的起源问题，以及洛克的自然观和伦理思想。进而在对洛克的思想观念分析批判的基础上，既对洛克哲学的后世演进，也对人类意识的哲学原理给予了独到的论述。如果说《〈人类理解论〉研究》是以洛克为轴心，详尽地梳理与论述了西方近代哲学的逻辑发展的话，那么，《黑格尔哲学统观》，则是以黑格尔哲学，特别是黑格尔的意识原理为主题，为人们展现了从德国古典哲学到马克思主义哲学发展变化的宏大叙事。在本书中，先生认为："黑格尔的哲学，不是对世界现象的描述，而是对世界的本质和规律的揭示。所以不能站在现象的立场上看待黑格尔哲学。在黑格尔看来，世界的本质无疑是一个主客统一的精神活动性，所以它是一个思维的规律和认识的规律。而这种思维规律的体系恰恰就是一个各种思维规定辩证统一的逻辑过程，即范畴的体系。这样一个本体论、认识论和逻辑三统一的哲学体系，是唯心主义的。"[1]但是，在它之中又存在着丰富的辩证法思想，正是这种辩证法的合理性，把黑格尔与马克思主义哲学联系了起来，所以，本书的目的就在于：用马克思主义哲学来分析、批判黑格尔的哲学基本思想，以便更为清楚地看清黑格尔辩证法的合理价值，以及它与马克思主义哲学之间的内在关联。先生不仅在西方哲学，特别是德国古典哲学领域造诣深厚，而且在中国哲学领域也有独到的见解与观点。他的专著《先秦儒家哲学新探》是在中西哲学融合的基础上，以一种与众不同的哲学观与方法论，重新分析研究与阐释了先秦儒家哲学及其发展。在本书中，他不仅指出中国哲学传统的历史背景及其归宿于人道即天道的哲学原理，而且着重揭示与论证了这一哲学原理在儒家哲学的生成，以及在先秦哲学中的发展。在前述分析研究的基础上，先生进一步揭示了这一原理在秦汉以后直至宋明理学的发展，并最终归于超验辩证法的逻辑进路。在这种另辟蹊径的探索与

---

[1]邹化政：《黑格尔哲学统观》，吉林人民出版社，1991年版，第1页。

研究中，先生对儒家的天道观、人性论、天人合一的思想等给予了缜密分析与诠释，提出了非同寻常的新见解。诚如张岱年先生在为本书所作"序"中所说的那样："邹化政同志兼通中西哲学，著有《〈人类理解论〉研究》，得到学术界的高度评价。他对于儒家思想进行了深入的钻研，确有独到的体会。近又撰写《先秦儒家哲学新探》一书，对于儒家学说的幽深渊奥的观点进行了分析诠释，特别对于儒家的天道观、人性论、天人合一思想等等提出了自己的新见解，与一般的解释颇有不同。——邹化政同志此书，对于儒家思想，探赜索隐，辨微钩玄，确有独到之处，这是一本发人深思的著作。作者勇于提出自己的新见，这是值得敬佩的。"[1]总之，先生不仅在西方哲学史、特别是在德国古典哲学方面独具见解、造诣匪浅，而且统观、融合了马克思主义、西方哲学与中国传统哲学，构建起了自己的哲学系统。迄今为止，在中国学界，也无人能出其右。

邹先生平生有两个业余爱好：养猫与听京戏。先生喜欢猫、爱猫，是因为在先生看来，猫通人性，你对它好，它便对你好，不会害人。我猜测这种想法得自于先生的特殊经历，所以，先生待猫如同家人与朋友。记得先生右派摘帽后，由原先窘迫的一室蜗居变成了相互独立的两小居室后，可以有条件接待来访者时，我去先生柳条路的家拜访他，刚刚坐定不久，便有四五只猫从他家的换气窗鱼贯而入，先生一边同我说话，一边任由它们在身上上蹿下跳，在前胸后背嬉戏打闹。那些猫似乎在外疯够了，回来找主人撒娇一样，一会儿有的卧在先生的怀里，一会儿有的蹲在他的肩上，这种老人与猫的谐美情景让我立刻明白了先生的衣服为什么件件都有那么多处划痕、线头外露且粘着猫毛。80年代中期，随着教师的待遇不断提高，先生家的居住条件也得到了进一步改善，从柳条路又搬到了北区文科楼附近，与我住的8舍斜对过，他终于拥有了一套独门独户的二室单元房。那是一个夏季的中午，天空电闪雷鸣，大雨倾盆，我们宿舍的青年教师刚进入午休状态。猛然间，一阵急促的敲门声夹杂着先生的呼喊声令我冲向门口，打开房门，只见先生几乎浑身湿透，手中的黑色布雨伞也沥沥地往下淌着雨水。他一看到我，急促而不安地说："猫丢了"。他的爱猫因搬家而不知去向，问我能否与他同去老宅子找找，看看是否仍在那里，或回那里了。我起初试图劝他等雨小了再去找，但他的焦躁不安与急切心情又让我把话咽了回去。我们师生二人顶风冒雨在柳条路的住宅，前前后后又叫又喊，折腾了好长时间最终也没有看到猫的影子，只能沮丧地无功而返。

先生的另一爱好是听京戏。据说他在中国人民大学上学期间就有这个爱好，偶尔手持一只鸡腿，边吃边听，听着都很惬意。然而，这也只是道听途说，真正

---

[1]邹化政：《〈人类理解论〉研究》，人民出版社1987年版，第1-2页。

见证先生喜欢听京戏，是有次广文师弟从外地回长省亲，我们到他家聚会。当他得知广文师弟正师从某艺术家学戏时，便迫不及待地请广文清唱，他听戏的神态如同一个名副其实的京剧票友。其实用现在的话语说他是一个铁杆的京剧粉丝毫不为过。他退休后，有次去看望他，一进门便感觉气氛不对，后来才知道，他因电视台那天不播放京戏节目而烦恼得不能自己。那个时候不像现在有中央电视台戏曲频道，戏曲节目相对较少，好在那时市面上已出现了戏曲光盘，这样也或多或少地满足了他对戏剧的观赏需求。当然，先生除了这两个爱好外，有一段时间也非常迷恋看武侠小说与电视，有时还会到那种放录像的小店去看武侠片，他不仅能清晰地记住故事情节，还能从中悟出许多哲学的道理。

邹先生一生淡泊名利，生活随性，但对真理与学术却一丝不苟，情有独钟，体现了他的生命之树与知识之树的完美合一。可以说，正是先生独树一帜与高屋建瓴的思想观点，其文、其书、其课才更加具有魅力，发人深省；也正是先生不拘一格、率性自然的为人处事风格，其人、其事才会令人至今难忘。

（作者系吉林大学哲学社会学院教授）

回忆我跟邹化政老师学哲学的时光

高全喜

一晃三十多年过去了，回顾往事，无限感慨。去年恰值母校吉林大学成立70周年纪念，曾有记者问起我在吉林大学的那段求学经历，我不假思索地就回答说，自己1983年从南京师范学院中文系本科毕业，有幸进入吉大哲学系攻读西哲研究生，受益最大的是跟随导师邹化政老师，从他那里学得了德国古典哲学的精髓，由此打下了我的坚实的哲学功底，即便是后来我转入法学、政治学等学科领域，但哲学一直是我的比较优势。抚今追昔，我要感谢邹老师，是他把我带入了哲学之路。

1983年，我考入吉林大学哲学系，跟随邹化政老师攻读西方哲学史专业的研究生，这是我系统学习西方哲学的开始。在到吉林大学哲学系之前，我在南京师范学院中文系学习，上的课都是文艺类的，对哲学多是自学，虽然也听过一些西方哲学史的课程，但主要还是作为一种兴趣和爱好。我记得我还到南京大学哲学系听过一些哲学史的课程，尤其是研究黑格尔比较知名的萧焜焘教授的课程，还有孙伯鍨教授关于马克思早期哲学的课程。但那毕竟是跑到别的院系、学校蹭课，没有在哲学系系统地学习哲学，尤其是学习过中西方哲学史。所以，到了吉林大学跟着邹化政老师，这才算是从个人的自学转换到了一个较为专业的基础性的、经典文本的学习。这一点，现在看来，是非常值得追忆和庆幸的，没有这个过程，我对西方哲学的理解可能会走向另外的道路。

那时候教授还很少，邹老师也还是副教授。但在我跟他学习的这两年半时间里，我感觉他确实是当时在西方哲学史——尤其是黑格尔研究——领域非常有独创性的哲学家，是这方面硕果仅存的有着自己真正思想的哲学家。虽然现在看来他的思想也有一些短板和偏差，但他的确有自己独特的思想性的品质，这在当今的一些哲学家、哲学教授那里是消失殆尽的。这是我所看重的，在吉林大学学习期间最有意义的东西。到目前为止，在我的学术生涯中，我虽然转换了不同的研究领域，涉及文学、哲学、政治学、法学、史学等不同的学科，但是自己那种思想性的、哲学性的基本功的奠定和发轫，是在吉林大学这两三年跟随邹化政老师而确立下来的。后来到社科院跟着贺麟先生读德国哲学，虽然受益匪浅，但那是在原先的基础上有了更加广博、宏阔的境界上的扩展，以及思想的感知和专业知识等方面的更大充实、丰富和完善，但是最基础的那个，可以说是"打桩"吧，是在吉林大学打下的。

为什么我要转换专业，改学哲学的呢？说起来是和当时那个时代有关系的。我们是"文革"结束之后的所谓前三届大学生。由于时代的原因，这拨大学生在气质、经历、对知识的渴望、对思想的追求、对社会的思考等方面，都与现在的大学生是完全不同的。这三届里头，可以说是以78级为主。77级由于特殊情况，和78级只差半年时间，后来79级也有一些这方面的特征，但无疑是以78级为中心，旁及77和79级。这一拨大学生，由于积淀了这么多年，情况非常独特，他们属于有生活经历，有人生追求，喜欢思考的一代。又赶上当时改革开放即将开始，在那么一个思想开放、民智启蒙的时代，因此很多人都选择了文史哲专业。我一开始就没有考虑过学习自然科学，肯定要报文科，文学是首选。

在那个时候，所谓的社会科学、"大文科"都还七零八落，很不完备。经济学当时是有一些，而政治学、法学、社会学等现在所谓的社会科学，都还没建立起来，都被放到政教系或者马克思主义、科学社会主义、马克思主义政治经济学、国际共运史这些学科之下。比如法学，只是在几个专业类的政法学院才有，正式的教材都没有，临时编的教材还都是内部资料文献，不能外泄的。这样的话，当时大家心目中的"文科"，就还是传统的"文史哲"，而这三者之间也基本上是一种文史哲不分家的情况，在对思想、知识、理论问题的探讨上，同学们共同分享着一些基本的思想品质和追求。

就我所在的南京师范学院来说，它的中文系还是非常好的，当时有一些研究中国古典文学、文论的知名学者。学了文学之后，受时代风气的影响，我也对理论产生了兴趣，很快就从对文学一般知识——比如文学史、现代汉语、古代汉语——的学习，进入了对（文艺）理论的学习。而从文艺理论再进一步追溯它背后的支撑理论，就追到了美学。当时也是美学正热的时候，李泽厚他们这一批学者所展开的美学争论，其实已经不单纯是狭义的美学了，包含了很多思想史、哲学的内容。所以，从大学二年级的时候，我就开始读美学的东西，再往上追就发现，当时的一些争论从源头上说大部分是来自西方哲学家。这样，我就进入了哲学，开始读古希腊的哲学、马克思的哲学，尤其是当时关于马克思《1844年经济学哲学手稿》中有关人道主义问题、异化问题的研究。经由这些问题，我又逐渐对法国启蒙思想有了兴趣，读了一些作品之后，又觉得这些理论还是不解渴，于是就逐渐开始读德国古典哲学的东西。那大概是在大学三年级。当时和我一起读的几个同学，本身都不是学哲学的，有的学地理、有的学文学、也有学生物的。先是读《小逻辑》以及张世英对《小逻辑》的讲解，后又觉得黑格尔还有更深的东西，就开始读《大逻辑》，然后读他的哲学史讲演录、美学讲演录，再后来读《精神现象学》，虽然读不懂，但就是反反复复地读。也读了狄德罗、伏尔泰、卢梭、康德的一些著作。那时候读书，也没有什么实用性的目的，都是出于理论性地探索问题，用当时的话说，叫"探索真理"，纯粹就是对理论问题感兴趣，而且觉得纯理论问题很重要。所以，对于中文系的课程，我基本上是对付，有时候还逃课。主要的精力就是反反复复地读这些哲学经典，同道们之间还相互讨论，争得不亦乐乎。现在看来，当时争论的很多都是无厘头的问题，但这是一个过程。当然，除了哲学之外，政治经济学（比如马克思的《资本论》、《剩余价值学说史》等，亚当·斯密的《国富论》）、中国思想史（比如侯外庐、任继愈的《中国哲学史》等）也都读。

这样，到了快毕业的时候，就面临着工作问题。想继续深入地学习，那就得考研。当时考研很难，大部分人放弃了，一些同学选择考中文类的。不过，当时我所在的班级很有读书的风气，虽然是中文系，但是大家对纯粹的文学却都不怎么感兴趣，或者说都过了那个阶段，所以我们班几个要考研究生的同学都不是考中文系，最后有三个考上研究生的，一个是我，考到了吉林大学西方哲学史专业，还有一个考到南京大学的中国思想史专业，第三个是考到了中国人民大学的语言学专业。就我来说，由于对理论问题的关切，导致了我从中文专业转向了西方哲学史。当然，我那时候对马克思主义哲学已经不感兴趣了，所谓西方哲学主要就是西方哲学史，特别是西方古典哲学专业，此外还有现代西方哲学专业，不过招生名额很少，好像只有复旦大学、北京大学才招，一般的西方哲学史招人还相对比较多些。

我非常感激自己报考了吉林大学哲学系，成为邹化政老师的学生。记得当时报考研究生，不像现在有电子通信、网络什么的（这么便利）。当时是每个大学出一个招生目录，然后每个省在某一两个大学设一个考研的办公室，这些印制的小本子就都放在那里。各个城市各个大学想考研的学生，从系里拿到表格后，就去翻这些招生目录，然后再报名。我记得江苏省的这个办公室是设在南京大学。当时可能只有五六个学校能招西方哲学史研究生，包括社科院、北京大学、中国人民大学、南京大学、吉林大学，可能还有厦门大学。说实话，我最想考的是北京大学，当时招两个，吉林大学是招五个。我记得当时我翻着这些招生目录，内心犹豫了半天，考虑到北大招人太少了，而且我又是跨专业，和西方哲学的老师也没什么交流，考上的可能性太小了，所以最后就选择了吉林大学。

后来证明这个选择是对的。如果考北大，肯定是考不上的。而吉林大学呢，考试时我一看题目，就感觉我的选择是对的。考题中，我印象有关于大陆唯理论和英国经验论的方法论的区别，这方面我读过笛卡尔、培根、贝克莱、斯宾诺莎的一些相关著作，这就用上了。还有一道题是考德国古典哲学，关于康德或者黑格尔的非常专业的一个题目，我正好也读过黑格尔的《小逻辑》。几道题目中，至少有两三道是我自己认真读过的著作中的题目。从吉林大学当时出的这些考题来看，它并不看重那些泛泛的哲学知识，这些题目显示了当时像邹化政、高清海老师他们对经典著作的重视，这正是我的强项，因为我反反复复地读过一些西方哲学史的名著，对西方哲学史下过功夫，而那些马列主义一般的哲学概论并不是我的特长。据说我考的成绩还不错，最后是录取了，也很庆幸，这就给我提供了一个契机，可以接受一个哲学系的正式的专业学习了，为此我要感谢吉林大学哲学系。

回想起来，我觉得在吉林大学哲学系跟随邹化政老师的学习，对我的思想性和哲学功底起到了"打桩"的意义，邹老师的精神气质一直是我所景仰的。那时候哲学系虽然不多，全国也有那么二三十个，而吉林大学的西方哲学史教学和研究却是很有特点的。尤其是邹化政老师，他是一个有着独特的思想体系的哲学家，他的哲学体系主要来自他对黑格尔哲学的独创性理解。我跟他学习，虽然未必完全接受他的哲学体系，但是他思想中的方法论，尤其是他对德国哲学原著的精解、理解和思考的深度，都是当时其他的一些知名大学的西方哲学史教授们所无法达到的，我受益匪浅。

我在吉林大学这两年多的学习，听其他老师的课很少，只偶尔听过高清海老师（马克思主义哲学）、车文博老师（西方哲学、心理学）、舒炜光老师（科学哲学、自然辩证法）等人的几次课，其他时间就是跟着邹老师上课。他的课很有特点，基本就是在他家里，一上就是一上午或者一下午。这些课主要是讲原著，他给我们讲过黑格尔的《大逻辑》、《精神现象学》，康德的《纯粹理性批判》、《判断力批判》，还讲过西方哲学史、中国哲学史等，大体上就上过这几门课，一学期上一门。像这样的上课方式，我们需要自己先去阅读原著。邹老师的讲法也很有特色，他不是一段一段的句读式的讲法，他是自己演绎。他对这些原著都非常熟悉，烂熟于心，但他是按照自己的一套理解来演绎的，比如原著这一段的中心思想是什么，与前后部分是怎么联系的，这种联系又与他自己对哲学的理解有什么关系。换句话说，他是先有了自己对哲学的系统性思想，然后再在这个系统中把这些经典著作放在适当的位置，在这个前提下，一节一节地讲解原著，比如《纯粹理性批判》，序言是怎么回事，导论是怎么回事，第一章感性论是怎么回事，第二章知性论是怎么回事。这样的一种讲解，就不只是客观知识的介绍，而是有他发挥性的具有深度的讲解，他完全是按照自己的逻辑把原著贯穿起来，讲的是原著中那些复杂概念的内在逻辑推导。这样就迫使我们在上课之前必须要细读原著了，否则就不能理解他讲的东西。在课程一开始，他都会就哲学应该是什么、哲学史应该是什么、哲学史发展的几个阶段、某个哲学家以及某本著作在其中的位置，等等，讲解自己的看法。通过这些，使我们对西方哲学史有了一个大致的理解之后，他才开始具体讲这本书的内容。这时一个学期一般都过了三分之一或一半的时间了。这样的一种讲课方式，就使得每一门课都不可能讲完。因为原著都很厚，有的原著讲了三分之一，一半都没有讲完，但是在邹老师看来，其实授课目的已经达到了，因为他不是说要把原著作为知识从头到尾地给你讲一遍，他只不过是通过原著的一部分，讲到哪儿是哪儿，把原著的内在精神、内在逻辑以及逻辑的演变展示出来。至于原著中的那些书本知识，你要是愿意学，自己去阅读去理解，你要是不愿意，你大体上也已经掌握了基本的东西。我记的上课笔记，到现在都还完整地保存着，装订了好几本存放在我的书架上。正是这样的讲法，邹老师使我们对于德国哲学，尤其是康德和黑格尔，有了非常深入的理解。什么叫哲学？思想性的哲学与知识性的哲学是不同的，很多大学的哲学课教的是知识，至于这些知识内在的逻辑关系却是阙如的，而邹老师教给我们的恰恰就是这种内在的、思想性的逻辑联系，至于知识则是次要的。这是我在吉林大学获得的使我终身受益的东西。

当然，现在回过头来客观地看邹老师三十年前这样一种教学方式，可以说，他确实是一个原创性的哲学家，但那又确实只是思想性的东西，还不是学术性的东西。因为虽然他在新中国成立初期和高清海老师在中国人民大学受过苏联专家一年的培训，在黑格尔哲学方面有过一些苏联风格的知识训练，也大量研读过马克思主义著作，阅读过当时翻译过来的一些苏联的、西方的对于黑格尔的研究著作，但是我们知道那个时期，翻译是非常有限度的、片面的，绝大部分都要经过马列这个谱系的过滤，邹老师对英文和德文也不是非常熟悉，这就使得他的哲学思想缺乏现代学术性的支撑，不太符合现代意义的学术规范。但即便如此，不能否认，我们现在依然能够感受到他的思想的逻辑的力量。学术性的东西是可以进一步处理的，但思想的东西一旦缺乏，单靠学术是弥补不了的。我觉得自己受邹老师影响最大的，就是他的思想逻辑的穿透力，后来再也没有老师对我有过这么深入的影响，而多是知识性与学术性的学习。虽然现在我不做哲学了，但是这种内在的逻辑和思想性的力量，对于我做任何的研究——无论是我现在的宪法学研究、中西立宪史的研究，乃至法政制度的研究，都是少不了的。所以，我仍然十分怀念邹化政老师，也非常怀念三十年前的这两年半的时光。

这两年半的时间里，我主要是在邹老师课程的要求下，深入地把黑格尔、康德的几本著作做了反反复复的阅读，交往很少，其他老师的课程，我也不感兴趣，几乎不去听。那时候也没什么学术会议，也没有发表论文的要求，而且邹老师在哲学系也是比较边缘的，我除了上课、读书之外，也没有太多事情，和系里也没什么往来。每年每学期除了例行的报到注册和课程统计之外，也没人组织春游啊、聚餐啊什么的，说起来，也没有什么难忘的事情。那时候不像现在，校外的经济社会交往几乎没有，我也没有参加同乡会之类的活动，校园之外，不认识任何人，和外部几乎没有任何联系。加上我年纪又小，而且不是吉大的本科学生，又是南方过来的，相对来说与他们还是非常隔膜的。要说难忘的事情，就是在跟随邹老师的学习中，经常熬夜，春夏秋冬在教室里头，读书学习，确实也很寂寞。放假不回家，就是看书。看书到底为了什么，也不知道，也不去探讨，就是认真读书。学习生活非常简单，没有外部的事情裹挟着你，也没有更多的欲望，一切非常简单。生活也很清贫，就是靠学校发的研究生助学金生活，每个月几十块钱，但是够吃。吃的也就是咸菜、馒头、玉米碴子，中午有一顿带点腥荤的菜，大家都是如此，也没什么特别的。就是这样，一天一天过去了。要说难忘的事情，那就是求学过程中的简单、寂寞，现在回忆起来，又觉得非常美好。

我在读大学的时候就对《精神现象学》感兴趣，所以到研究生的第二年开始准备毕业论文时，我就选择了《精神现象学》作为硕士论文的选题。那时国内研究自我意识的文献材料很少，主要就是黑格尔的论述，外文资料也很有限。那时社科院哲学所从苏联翻译了一些关于黑格尔研究的论文集，与自我意识有关的资料，王树人有两篇文章，贺麟先生有一些著作和论文，还有一些在我看来比较独特的作为《精神现象学》辅助文献的德国浪漫派的东西，最后就是歌德的《浮士德》。由于我本科是学文学的，所以从一开始就关注歌德的《浮士德》与精神现象学的关系，这一对比性的研究在西方也有人做，如卢卡契有过这方面的论述，但我当时并不知道，只是从直觉上感觉《精神现象学》与《浮士德》两者可以放在一起来研究。最后草稿写了有五万字，当时也是很长的了。后来我被中国社会科学院研究生院录取，跟随贺麟先生研究德国的古典哲学，所做的博士论文的研究题目依然是跟随邹化政老师的硕士论文的题目，即继续研究黑格尔的《精神现象学》，深入探讨德国哲学的自我意识问题，1988年以研究《精神现象学》自我意识问题的论文——《〈精神现象学〉中的自我意识论》获得哲学博士学位。

　　说到我后来转向了法政思想，学术研究转移到政治学和法理学，其实是有一些主客观的原因的。应该说我在读书上学的本硕博期间，对于法学的了解还是很少的。十多年前，大概是1998年前后，我才开始涉足法学，现在我的主要研究方向是宪法学、中西立宪史、法哲学与政治哲学。这一学术转向固然是基于我的人生取向，但缘起还是由于我的一场病。1988年底我留在中国社会科学院研究生院工作，1989年"六四"之后，社科院出台了一个规定，要求社科院没有参加过工作的或工作不满两年的年轻人都得到基层去锻炼。于是我们一批人就到了河北省保定地区接受社会锻炼，我被分到了易县的县委宣传部。正是在这个时候，我得了一场重病，当时直接就被送到了北京的医院，而且在医院一住就是四五年。出院后，我一直在家养病。这样前后大致有十年的时光过去了。在这十年期间，我独自读书思考，基本上脱离了学术思想界，其间只是偶尔参与一些美术圈的活动。虽然我的心没有死，但更多的是有关人性的神学和艺术思考，在知识上和兴趣上都与当时的社会变迁和思想潮流相隔绝。十年间，没有去过一次书店，没有读过一篇专业论文，也没有参加过一次学术会议，英语和德语也几乎全部遗忘。

　　大概在1998年，当我恢复健康重新工作以后，我开始重新思考人生的去向。按理说我的哲学基础是很好的，跟随邹化政教授学习德国古典哲学，又跟随贺麟先生研究黑尔格哲学，早在90年代就在北京三联书店和台湾锦绣书局出版过有关黑格尔与宋明理学的两部专著。有邹化政老师为我打下的哲学功底，有贺麟先生作我的导师，我做哲学研究本是顺理成章的。但我是属于果敢、笃实、意志力比较强的人。我感到鸦片战争以来，中国的社会制度虽然不断变化，但并没有实现真正富有成效的变革。我们还远没有建立起一种优良的政治与法律制度，从而使得人民获得自由、民主与幸福，使得国家真正地强大起来。我觉得在未来的伟大变革中，纯粹的哲学研究不可能担当起至关重要的作用，至少在我关切的问题方面，情况是这样的。于是，我就毅然改变所谓的专业方向，开始对法学、政治学、政治经济学，尤其是宪政理论，产生了浓厚的兴趣，大量阅读这方面的书籍，一步一个脚印地重新学习。这样慢慢就促成了专业上的转向。恢复工作后，我先是在社科院的研究生院工作，2005年调到了法学所，2008年到北航法学院和高研院任教，今年已经转到上海交大法学院工作。

我做的并不是部门法研究，我没有受过系统的法学院专业教育，对于具体的法律实务工作也无甚兴趣，我比较关注的是法学的基础理论，一般称之为法学理论或法理学（法哲学）。这是我比较感兴趣的部分，这些部分与哲学是密切相关的，我的优势也恰恰是在这个地方。我在社科院期间，也给硕士生和博士生开过黑格尔、康德的法哲学课程。这些哲学家在认识论、本体论之外都涉及了社会构造部分，法哲学在德国的思想谱系中占有着十分重要的位置。我正是从这个角度从哲学领域进入了法哲学的研究。

但是，我感觉到仅仅从哲学的角度进行研究是不够的，因此我又力求从法学的角度进入。由于我没有受过系统的部门法的训练，但是从法学的角度进行研究就要求我对部门法要有系统的知识，如果没有的话，只是哲学的路径不能称之为法学理论的研究。我花了大量的功夫来深化自己在这方面的知识储备和学习。由于我有哲学的功底，与那些专门从事法理学研究的人员相比，在哲学思辨和方法论上就能够更胜一筹，我这些年出版的一些学术著作基本上都是在法学与哲学的结合点上突破的。在掌握了部门法的基础知识之后，再依托哲学上的优势，使我能够找到一个新的学术增长点。由于我一直在法学所、法学院任教，浸润在法学的学术环境中，在交往、学习和观察的过程中，法学的专业知识自然也是水涨船高，所以，这个专业的转向对于我来说其实还不是最大的挑战。

对我来说更大的挑战，是从欧陆的法哲学路径到英美法思想路径的转型。在我从哲学转向法学的研究过程中，我也逐渐放弃了欧陆法哲学中理性主义的研究路径，转向了英美经验主义的研究路径。这对我来说算是一个比较大的挑战，因为我以前在吉林大学和社科院哲学所受到的主要是唯理主义的、德国哲学的、体系化的哲学训练。通过研究法学，我的思想开始形成一个重大的逆转，我逐渐看到了欧陆哲学中的短板和问题，并独自在学习和研究中试图开辟出一条英美经验主义的法理学路径。在这里，我一方面要感谢吉大留给我的这样一个欧陆哲学训练的"桩"，但另一方面，这些年我又依靠自己的探索，从头开始打下了另一个英美经验主义法政哲学的"桩"。我感觉到吉林大学给我打下的欧陆思想的"桩"是利弊参半，吉林大学哲学系的思想传统过于欧陆化，经验主义的传统十分微弱。但在当今世界的思想潮流中，实际上仍然是以英美的经验主义为主导的。在吉林大学学习时我并没有意识到这个问题。我的导师邹化政先生受制于他们那个时代以及知识所限，虽然做出了如此大的成绩，但在中国的思想界和哲学界还是默默无闻，其中的一个原因可能也主要是其研究路径上的问题所致。

关于我在法政思想以及中国宪制史方面的研究，这里就不多说了，大多与纯粹的哲学关系不深，但即便如此，我仍然要说，任何一种法治与宪制的思想以及实践，都需要一种哲学的指导，我所幸在早年能够考上吉林大学哲学系，能够跟随邹化政老师攻读黑格尔和康德哲学，感受到那种纯粹思辨的哲学思想的芳香以及孤苦，现在每每念及此，我都会感慨良多，感铭于心。

东北的蓝天白雪在我的梦中萦绕，邹师的音容笑貌在我的心中浮现。走笔到此，痛感人生百味，如梦如幻，如泣如诉。高山仰止，景行行止。邹化政吾师，我们永远怀念您！

（本文作者系上海交通大学凯原法学院教授）

邹化政先生的为学与为人

邹广文

　　恩师邹化政先生离开我们快10年了。匆匆10年恍如昨日，每每坐在书桌前读书写作，常常浮现先生的身影，感觉先生就活在我们的哲学世界中，其思想影响着一代又一代哲学后人。提笔写这篇纪念先生的文字，我突然想到了著名诗人臧克家的诗句："有的人活着，他已经死了；有的人死了，他还活着。"的确，邹化政教授对于吉林大学哲学学科发展而言，具有不可替代的里程碑式的意义。先生的思想并没有随着岁月的流逝而淡化，反而愈加清晰深邃，启示着后人如何去真实地走近哲学、思考哲学。

　　我是1983年7月从兰州大学哲学系本科毕业后，于当年9月直接考取了吉林大学哲学系邹化政先生的硕士研究生，攻读西方哲学史专业德国古典哲学方向。从祖国大西北奔赴大东北投奔邹先生门下读书，是我人生的一个重要转折点。我是国家恢复高考后兰州大学哲学系招收的第二届本科生。当时文史哲是热门专业，而法律、经济等应用型专业由于刚刚起步。坦率地将我一开始对于哲学还不是特别的感兴趣，就我心中最钟情的还是中国文学专业。但是教我们《美学原理》课的高尔泰教授让我对哲学的态度发生了转变。高尔泰是国内"主观论美学"的代表人物之一，他侧重从人的视角来切近美学与哲学研究，对我以后的学术思考产生了重要影响。在他的美学课堂上，我第一次知道了马克思的《1844年经济学哲学手稿》，正好当时中国开始重视人道问题和异化问题的讨论，高先生在《哲学动态》上发表了一篇文章叫《异化现象近观》，至此我就开始了关注文化问题以及异化问题，而《1844年经济学哲学手稿》专门讨论异化问题，由异化问题到马克思的"异化劳动"观再到马克思对人的关注，是上世纪八十年代初期国内哲学界讨论得非常热的领域。国内有几家杂志刊发了一些像高尔泰先生这样非常有见地有启发性的文章，这些文章实际上成了我哲学入门的起点。

到了大四毕业准备考研时，因为我家地处关东文化环境的赤峰市，对于关东文化氛围比较亲切熟悉，就想考吉林大学邹化政教授的硕士研究生。当时专门去兰州大学图书馆查阅邹化政教授的资料，遗憾的是他的书我没有找到。但我很幸运地找到一本匡亚明先生的写的《马克思列宁主义理论的几个问题——论邹化政与修正主义》，上海人民出版社出版。匡亚明写这本书时任吉林大学的校长，这本书是我开始了解邹化政先生学术思想的一个切入点。通过这篇文章我了解了邹先生在西方哲学领域，特别是德国古典哲学领域有着自己特别独到的见解。所以我当时情绪很激动，就给邹先生写了一封信："我虽然没有读到您本人的论文，但间接地感觉到您对学术的这种分析的执着，我还是非常仰慕的，我想报您的西方哲学，进行系统的哲学学习与研究。"邹先生很快给我一封很长的回信，大致内容是讲："欢迎你报考吉大，虽然你没有读过我的书，我的书确实很少，但是我现在有一些讲义，这些讲义我会委托我的学生孟宪忠给你寄过去。"过了不久，我就收到了孟宪忠学兄给我寄的邹先生的几本油印讲义。虽然邹先生的学术语言比较晦涩，但我读这些资料真可说是如饥似渴，先生的康德哲学和德国古典哲学的讲义，把整个近代哲学的逻辑脉络分析得非常清晰，所以我那年如愿以偿，考到了著名的吉林大学哲学系，开始了对德国古典哲学专业研究生的研读。

在吉大读硕士的三年时光对我后来的哲学研究有着决定性的意义，特别是邹化政先生根本上转变了我的经验式哲学思考，让我开始学着用自己的头脑去理解、去思考"到底什么是哲学？"三年硕士研究生生活，我有幸与邹化政先生接触比较多。邹老师一生淡泊名利，甚至忽视生活小节，但是在对弟子的要求方面确是非常严格，因此追随邹先生学习哲学的过程远比我想象的要艰巨得多。在教学方面，邹先生就亲自全程为我们讲授了"康德《纯粹理性批判》研究"，"黑格尔《逻辑学》专题"，"西方近代哲学专题"、《资本论》中的人学原理"等课程。在这方面我们这一届研究生应该说是比较幸运，比较完整地领略了邹先生的哲学思想。

从求学到工作，我仅在国内就先后经历过兰州大学、吉林大学、山东大学和清华大学等高校，接触过众多高校学者，但是应该说邹化政先生是我接触过的比较独特的老师。说独特，是因为邹先生在治学、性格、为人处世的方式、对生活的态度等方面都呈现出自己鲜明的特点。我记得苏联学者阿尔森·古留加在其所写的《康德传》中讲到康德的一生时，说康德生活简单刻板，是一位深居简出的学者，一辈子没有离开过生于斯长于斯的小城柯尼斯堡，但是他的思想却超越现实时空限制而影响了全世界。古留加对康德的这种评价，常常让我想到了邹化政先生。邹先生的人生轨迹何尝不是如此呢？

作为弟子，我先天愚钝，的确没有资格评价导师。这里我想结合我与邹老师的求学交往经历，谈一下我个人的印象与感受。

一、邹化政先生的人格魅力

打开怀念的话题，最想说的还是邹先生的为人，对此我想用三句话来表达：

第一句，邹先生是一个活在自己精神世界的人。

邹先生讲课时是完全忘我的投入，是一个活跃在自己思想当中的人。记得1984年春天学期，邹先生给我们讲授康德的《纯粹理性批判》，课程安排在上午，我负责早晨到老师家里接邹先生到文科楼的研究生教室。几乎整个一学期的课程，每每走出家门时，师母都帮着邹先生把衣着穿戴干净整齐。先生讲课基本上不看讲义，大多在闭着眼在自己思维的海洋里遨游，他对西方哲学发展的逻辑脉络可以说是烂熟于心。我们每个学生的神经也跟着高度紧张，奋笔疾书，唯恐跟不上老师的逻辑思路。但邹先生也是一个性情中人，有时讲课讲到激动时，就直接用衣服袖口来擦黑板。结果是一上午的课程上完，先生的衣服几乎成了花色——满身沾上了粉笔末子。求学期间我们经常到先生家里去，每次进屋落座，弟子们免不了要向邹先生嘘寒问暖，每每涉及这些生活话语，除了郝师母与我们交谈外，先生几乎一直无话，在一旁看着我们。但是一谈起哲学话题来，邹先生就像换了个人，立刻来了精神兴致，让我们学生都插不上话，我们只有静静地去听去想。

老师生活不拘小节，我记得有一次邹先生一边闭着眼讲课，一边点烟，抽烟时把香烟拿倒了却全然不顾，我们做学生的只好壮着胆子去提醒先生，师生间然后会心地一笑。正因为邹先生有自己充实的精神世界，视哲学为自己生命，所以我感到先生的人生心无旁骛、简单而干净。先生一生坎坷命运多舛，生活不拘小节没有规律，却活了83岁，可谓高寿之人。我想如分析个中原因，充实的精神世界是其决定性因素。

第二句，邹先生是一个率真、善良而心胸豁达的人。

邹先生常常率真得像个孩子，养猫，看武侠小说，听京剧——这是邹先生在哲学之外的三个爱好。我记得邹先生家里最多时养了三只猫，有时候高兴起来，还和我们交流一下"猫的哲学"。先生认为猫通人性，不虚伪，不背叛主人。而且当你怀里抱着猫时可以更真切地去感受人与世界的关系。邹先生看武侠小说非常痴迷，金庸、梁羽生、古龙的作品先生几乎全部读过，还有时告诉我们说，武侠小说里面传递着中国传统文化的侠义精神，值得好好琢磨。1986年7月我硕士毕业分配到山东大学哲学系任教，当年11月邹先生受聘为山东大学兼职教授，并在山东大学哲学系讲学一周，我做全程陪同，在忙里偷闲游览了济南三景（千佛山、趵突泉、大明湖）之外，邹先生还让我陪他去山东大学老校洪家楼的书摊上租武侠小说来看，可见其对武侠小说的钟爱。邹先生对国粹京剧的喜爱更是出了名的，上世纪50年代初在中国人民大学读研究生的时候就痴迷京剧，学习之余常常到位于北京西单的长安大戏院（新戏院于1996年9月重张开业，迁至东长安街北侧光华长安大厦内）看一些京剧演出。据邹先生亲自对我讲，当时他已经是东北人民大学（吉林大学前身）的老师，是带薪上学，经济条件相对好一些。所以在北京求学期间，马连良、谭富英、梅兰芳、程砚秋、尚小云、裘盛戎、言菊朋京剧名家的演出他都看过。我听后真是羡慕不已，邹先生赶上了新中国成立初期的京剧繁荣期，北京城名角荟萃。这种京剧盛况恐怕很难再有了。邹先生喜欢老生行当，尤其对谭派老生情有独钟，如对谭富英老生的戏百看不厌。受先生的耳濡目染，我毕业工作后也逐渐喜欢上了京剧。我所执教的山东大学地处京剧重镇济南市，学校的京剧氛围也比较好，加之学校与山东省京剧院毗邻，使得我在山东大学执教的时光（1986—1998）恶补了一下京剧文化，那段时间也有幸结识了方荣翔、张春秋、宋玉庆、薛亚平、宋昌林等京剧名家，留下了美好的人生记忆。有一次我回长春去看望邹老师，天成、大志、振林诸学兄学姐一起同老师聚餐，酒过三巡、兴趣所至邹先生还和弟子们唱起了京剧，记得当时先生唱的是谭派名剧《洪洋洞》的唱段"为国家哪何曾半日闲空"，先生微眯着眼睛唱得字正腔圆、有板有眼。兴趣所至，酒桌上我还斗胆唱了一段花脸，是裘派代表作《铡美案》的唱段"皇恩浩调老臣龙庭独往"。记忆中这是我与先生交往中最轻松的时光。

到了21世纪的最初几年，邹先生因为身体原因又搬回到了吉林大学的东朝阳路宿舍，记得我从北京又一次去看邹老师，我那时已经从山东大学调到清华大学哲学系工作，特意在北京的音像店给先生买了几盘原版京剧磁带，其中一盘是马连良先生演唱的《借东风》，邹先生高兴得不得了，立即打开磁带来听，完全忘记了自己身体的不适。

第三句，邹先生是一个勇于为真理而献身的人。

邹先生的一生有20多年是在曲折坎坷的苦难生活中度过的，今天看来，导致这种结果出现的最重要原因就是坚持真理。关于这一点，我们可以间接从匡亚明先生所撰写、刊载于《东北人民大学学报》1958年第2期的长文《论邹化政的修正主义》中得以证明。这篇长文有3万余字，之后以《马克思列宁主义理论的几个问题——论邹化政与修正主义》为书名由上海人民出版社于1958年10月出版了单行本，共68页。书中最后8页为附录，收录了邹化政先生的两篇会议发言记录稿，也是作者批判的主要标靶。该书写于近60年前，它不是一本普通的著作，在一定意义上是一份见证当代中国知识分子精神磨难的著作。记得我1982年准备考研时偶然在兰大图书馆找到这本书，几乎是一口气读完的。还抄录了好多邹先生的哲学观点。[1]这里选读几段邹先生的言论还是别有一番滋味的：

其一，是邹先生1957年4月16日在高教部沙林同志召开的长春市大专学校政治课教师座谈会上的发言："听到很多同志发言后，我感到还有些问题需要提出来讨论。很多同志都只强调到实际工作去搞几年，就能克服教条主义，但在我看来做实际工作虽是克服教条主义的一个方面，甚至是一个基本的方面，不过只靠这一个方面是解决不了教条主义问题的。要克服教条主义，还有一个主要的方面，那就是多读书、多研究。现在对我们来说，不是书读得太多了，而实在是读得太少了。……只学习时事、听报告、学习'八大'文件，对于从各方面发展马克思主义哲学来说是不够的。"

其二，是邹先生1957年5月18日在东北人民大学党派和无党派教师座谈会上的发言："全面系统地概括实际来发展马列主义需要时间，需要像马克思在大英图书馆中所需要的时间。我们过去的培养只是使马列主义科学工作者拜倒在领袖的研究成果之下，而完全放弃了自己在马列主义科学事业上所应该负担起的任务，不敢创造与发挥，这是不对的。马列主义科学只靠政治家、领袖来发展，是不行的，此外还必须依靠专门的学术工作者。"也是在此会议上，邹老师呼吁要"打破政治理论教员在学术上的沉闷空气。这种沉闷主要表现在：有些人不敢研究在马列主义领域的科学中存在的许多问题，怕犯错误，因此，只是等待权威人士下结论以后才敢开口。领导应当支持把科学认识的问题和政治品质的问题分开。"

其三，邹先生在他的"马克思主义哲学研究"手稿里，曾经就自己的哲学研究写过这样一段话："这个计划，是庞大的；但我愿以毕生的精力、全力以赴地来从事这个工作。我工作的目的，不是梦想会做出什么伟大成就来，而仅是企图对哲学今后的发展，提出问题——当然即使如此，也许得到的结果是完全失败

---

[1]以下所选材料，均出自匡亚明：《马克思列宁主义理论的几个问题——论邹化政与修正主义》，上海人民出版社1958年10月第1版。

的。这样，我便必须有这样一个精神准备：宁愿作失败的牺牲品，即使被人斥责为教条主义或修正主义也好。"

我记得在上世纪90年代初，国家领导人陈云同志倡导我们的领导干部要"不唯书，不唯上，只为实"。如果按着这一标准回头看邹先生的这些言论，不啻说是很好地践行了陈云同志的要求。然而处于举国反右那样一个特殊的年代，有几个人能够做到"不唯上，只为实"呢？因此，作为吉林大学校长的匡亚明写出这样的批判邹先生的论著就不足为怪了。与之相应，邹先生因其这些"过分坦率的发言"也开始了长达22年的右派分子角色，后来又成为全国知名的右派分子，甚至又升级为现行反革命。幸运的是，后来的中国历史有了邓小平倡导的思想解放和改革开放，邹先生才和许多中国人一样迎来了人生命运的转变。听吉大的老师们讲，改革开放后，时任南京大学校长的匡亚明曾专程回到吉林大学，就曾经发生过的这段历史向邹先生道歉，并为邹先生摘掉右派帽子恢复教职做了诸多实质性推进工作。看起来匡先生还是一个良知未泯、敢于正视自己过去并纠正自己错误的人。

到后来，二人不计前嫌，不但相逢一笑泯恩仇，而且成了惺惺相惜的学术挚友。记得是1985年5月，受匡亚明先生之邀，我陪同邹先生去山东曲阜，当时邹化政老师曾写过一本《先秦儒家哲学新探》书稿，时任南京大学名誉校长的匡亚明先生最先看到此书稿，非常认可。于是在他去山东参加孔子学术会议时，就邀请邹先生来山东就该书稿作一详细交谈，以促成书稿的出版。匡老当时也正在写一本书叫《孔子评传》，也想与邹先生一起商讨有关孔子哲学的相关问题。以此为契机，我陪邹先生来到了山东曲阜，在此期间我才真正领略了邹先生和匡亚明先生之间的思想交流。见面时匡亚明先生说："请你来山东见面交流，其实也是想修正自己的一些学术观点，并表达一下对邹老师学术思想的一些看法。"当时匡老已经是年逾八十的耄耋老人，但是言语中传递出了对邹先生学术思想的热情鼓励和肯定，并向山东的齐鲁书社积极推荐此书稿。但阴差阳错，最后这本书是1990年在黑龙江人民出版社得以出版的。时隔三十年，在邹先生《先秦儒家哲学新探》的出版"后记"中对匡先生致敬，尊之为"匡老"，并"致以终生难忘的谢意"。

这是我亲历的一段匡先生与邹老师的交往。也许，无论对于匡亚明先生还是邹化政先生，已过去的那段经历已成往事，太纠结已无意义。重要的是要面向未来，面向心中一直在坚守的、"人生最重要的"的东西。也许唯有这种心胸，邹先生才在临近退休的年龄迎来了学术的黄金期，为中国哲学的繁荣做出了自己的独到贡献。

二、对邹化政先生的学术印象

上面简要叙述了邹化政先生的"为人",接下来我要重点谈谈先生的"为学"。

我们这届研究生可以说是从邹先生那里受益最多的。初入邹先生门下,首先要做的功夫就是如何进入真正的哲学思考?而要做到这一点,最需要解决的则是哲学观念变革的问题。当时在吉林大学哲学系,以高清海教授为首的哲学家群体正在发起一场哲学观念变革的"哲学革命",在国内的哲学界产生了重要的影响。邹化政先生则是这一哲学观念变革的有力推动者。在吉林大学,学生们心目中的邹先生是真正的"形而上学大家",许多学生的纯粹哲学思维的训练都绕不开邹老师的影响。尤其是就我个人而言,虽说是哲学科班出身,但是所受的哲学训练可谓是按部就班的经验哲学教育。哲学不是简单的知识积累,要想真正进入哲学思考,就需要重新确立哲学的立场。这对我说来是一个比较严峻的工作,学习压力之大可想而知。但正是通过邹先生关于哲学理论与哲学史专题的系统讲授,我完成了重新清理地基的工作,逐渐步入了真正的哲学天地,开始了在一片真实的哲学沃土上的耕耘。

邹先生学贯中西,无论是对于西方哲学还是中国哲学,都有其独到的见地。对于我们后学而言,追随邹先生学习,就好像徜徉在哲学的殿堂里,时时接受着哲学的滋养,真是一种幸运和幸福。时至今日,对于自己弄不太懂的哲学问题,常常还要捧出邹先生的书来阅读、领会,大有常忆常新之感。邹先生不拘一格,因材施教,特别倡导学生的发散性思维和独特性思考。我由于在读大学时受高尔泰先生的影响偏爱美学和文化哲学,所以在思考毕业论文是想选德国美学的题目,对此同样得到了先生特别的鼓励。最后我的硕士毕业论文题目是《康德的审美心理机能理论及其影响》,文章的核心部分后来发表于《吉林大学社会科学学报》1986年第6期上,这对于我后来的学术研究是一个很大的鼓励。现在想来,邹先生在哲学学术上对我的最深刻影响,主要还是在哲学理念和哲学立场的层面上。这集中可概括为三个方面:

其一,"哲学即人学"的信念。

在邹化政先生的哲学理解中,"人"始终是哲学建构的轴心。强调我们思考一切哲学问题都不能离开"人"这个轴心。今天,哲学界谈及吉大是"有哲学"的地方,我想从最根本处说,所谓"有哲学",恐怕还是这种哲学的人学立场。无论是高清海先生强调的"哲学的奥秘在于人",还是邹老师讲的"哲学即人学",都在从不同的角度守护着这种哲学信念。思想是时代的先声。粉碎"四人帮"以后,中国迎来了思想解放,大家都在反思"文革",反思"文革"对人的价值、人的尊严的肆意践踏。而吉大的思想者们针对曾经的那种"见物不见人"的哲学禁锢,鲜明地亮出"哲学的奥秘在于人"、"哲学即人学"的旗帜,无疑是具有强烈而自觉的使命担当的。

我个人的理解,如果说高清海先生强调"哲学的奥秘在于人"体现的是一种时代的呐喊的话,则邹化政先生主张的"哲学即人学"更富有一种哲学学理上的严密论证。这里,我想以邹先生生前发表于《社会科学战线》上的文章作一说明。邹先生认为:"凡为人所称道的一切实在性,如自然、社会、思维、艺术、宗教、哲学、科学和社会—政治—法律制度,以及其中的一切个别事物,都是对人显现着的实在性。而对人显现着的一切实在性,都是为人的意识所显现,从而它们在这显现中,都是意识。"[1]邹先生以中外两个著名的哲学命题来说明这一道理:先秦哲学家孟子的"万物皆备于我"和古希腊哲学家普罗泰戈拉的"人是万物的尺度"。在邹老师看来,以上的这两个哲学命题都有着无可争辩的真理性,因为人不能脱离人的自我意识而有其对人显现着的万物存在的实在性,即我们所有的对世界万物的表达首先是一种"意识的存在",这是无可怀疑的。广义的哲学即人学的原理,其实也就是人的自我意识原理。

接下来,邹先生从人的"意识的存在"的无可怀疑性进一步推论"人的存在"的客观实在性:"意识的存在,是无可怀疑的。但意识的本质是精神,是精神活动的表现,而精神活动不是一个自己可以说明自己的自足性,它必须有其负荷者为主体。它也不能以绝对虚无为其负荷者为主体,因为绝对虚无只能从虚无到虚无,决不能从中表现出任何实有的实在性来。"邹先生举例说,几何学所谓的"点",如果只是一个绝对的"虚点"的话,那么它在三维扩延之量的永恒延续中,也只能是一个绝对虚空的空间。所以,"精神活动在其意识表现中的主体,必须是一种实有的存在者。"这就是说,人的思维活动清晰明白地表明了人的自我的存在,思维和意识的存在是无可怀疑的,它进一步确保了作为思维和意识的主体(载体)的自我的实在性。而这个"实有的存在者"就是作为主体的"人"。

邹先生进一步指出,意识与人的存在的统一性,是"哲学"可以立足于其上即哲学创生的逻辑前提。"人的存在只能作为一种客观内容,表现在人自知其为人的存在是无可怀疑的意识里。"如果说哲学的出发点是"人",那么"人道"

---

[1]邹化政:《哲学即人学论纲——通向唯物主义的科学道路》,载《社会科学战线》1988年第1期。(以下凡引此文,不做另行标注——引者)

就是哲学的研究对象。"而人道的表现，就是人的真理系统作为一个意识界的实在性，它也必须是一个以人道为根据的主客统一性。"由此邹先生强调，"人道即天道"，哲学要从"总体性"上去把握和统摄意识与人的存在的统一性。这种总体性含摄"为意识所显现着的自然、社会等等作为意识的规律，甚至人所创作出来的艺术、宗教、哲学、科学以及社会—政治—法律制度的规律。"

正是在此意义上邹先生才特别强调"哲学不是别的，它就是作为整体而存在的人学。"哲学作为人学，是人对其"人道"的最高自我反思，并在主客统一的前提下真正达到人的自我意识自觉，进而有效指导人的社会生活实践，为人生航标提供最高的立足点和原则。邹先生生前曾经有一个庞大的关于作为哲学的"人学原理"的写作计划。

这个计划大体可勾勒为——

"首先，是要论述意识之所以为意识的直接性，以及它的存在系统，和这个存在系统的主客统一性。

其次，意识的本质是精神，是人的精神活动或精神属性，因而论述的进程，必须从意识的主客统一性，转向精神的主客统一性。它涉及精神的创造性及其一切无意识的领域。

最后，意识与精神的统一，就是人性，而人性就是人道作为一个意识的主客统一性的总体性。人只有在人性表现其社会存在规律的制约中，才能进入本身的实践活动，于是人学原理最后告终于人性的具体主客统一性。

这样，人学原理便由三个部分组成：

意识的直接性：意识论

意识的间接性：精神论

意识的总体性：人性论。"

天妒英才，今天我们无法见到邹先生这一庞大的"人学原理"的问世，但是，我们完全有理由相信，"哲学是人学"这一信念像一条红线，贯穿于邹先生哲学致思的全过程，无可怀疑。人有人的世界，哲学就是人的世界的最高根据和理由。我们可以确信，沿着这一道路走下去，哲学才能够找到自己存在的真正价值。

其二，逻辑在先性的哲学理解原则。

黑格尔哲学是邹先生一生的学术挚爱，在国内研究黑格尔哲学的学者当中，真正把黑格尔哲学精神理解透彻的并不多见，邹先生可说是其中的一位。追随邹先生研习德国古典哲学，黑格尔哲学是一块硬骨头。先生在为我们讲授黑格尔哲学的过程中，提出了一条重要的黑格尔理解和说明世界的原则——"逻辑在先性"，这一原则对于我们总体上把握黑格尔哲学具有至关重要的意义。当初邹先生为我们发的讲义，我记得名字就叫《逻辑在先性——论黑格尔说明世界的原则》。后来据吉大高文新老师给我讲，早在1979年，邹先生就为他们那届研究生专门讲授过黑格尔哲学的这一原则，之后不久邹先生还就此问题与国内知名的黑格尔哲学研究专家张世英先生做过深入交流。此前自己在研读黑格尔哲学的过程中，常常囿于黑格尔"唯心主义"、"头脚倒置"等先入为主的偏见而忽略了对黑格尔哲学"真精神"的领略。而邹先生所提出的"逻辑在先性"的哲学理解原则，对于我真的有茅塞顿开得之感，好像为我们提供了一把打开黑格尔哲学之门的钥匙。今天，我们可以通过邹先生的《黑格尔哲学统观》一书，来概要把握"逻辑在先性"所要表达的基本内涵。

黑格尔在其《自然哲学》一书中，曾将"时间在先原则"与"逻辑在先原则"的区分作为其辩证逻辑的基础，指出："自然在时间上是最先的东西，但绝对prius[在先的]的东西确是理念；这种绝对prius的东西是终极的东西，真正的开端。起点就是终点。"[1]对于黑格尔的这一表达，邹先生解释说："黑格尔的整个哲学体系，都在表达这样一个基本观念：本体不是一个自身存在的现实性，它只是一个贯通在宇宙体系或存在过程中的一个共相，一个表现在包括人的精神现象在内的统一基础；它存在，但它的存在不是别的，整个宇宙的存在过程，便是它的自身存在的现实性。本体不能在它抽象自身中就是存在，本体自身与它的存在，是在二者相互区别中的一个同一性，是本体自身作为本质，与宇宙存在过程中的一切事物作为现象的对立统一，是无限性与有限性的统一。"[2]这就是说，黑格尔这里所讲的"绝对prius[在先的]的东西"即是指思维的先天性与先验性，主要是指思维规律的逻辑先在性。而这种思维的先天性与先验性，究其实质就是思维的规律，但它不是先天存在于思维中的某种现实性，而是思维对感性的一切直接与间接的固有关系。

在邹先生看来，逻辑在先性原则"是贯穿黑格尔《逻辑学》乃至他的整个哲学体系的一个基本观念。"[3]沿着这一把握方向，我们对于黑格尔哲学就比较容易理解了：黑格尔认为所谓世界无非就是一个辩证发展的理念，这个世界或者理念的发展经历了"正、反、合"的过程，也就是逻辑、自然和精神这三个环节。黑格尔在《哲学全书》中将"逻辑"把握为"自在自为"的理念，将"自然"视为"异化或外在化的理念"，而"精神"则成为"由它的异在而返回到它

---

[1]黑格尔：《自然哲学》，商务印书馆,1980年版，第28页。
[2]邹化政《黑格尔哲学统观》吉林人民出版社，1991年版，第12—13页。
[3]邹化政《黑格尔哲学统观》吉林人民出版社，1991年版，第39页。

自身"的理念。黑格尔认为自由的"精神"也就是"自然"中所蕴含着的内在目的，这种目的性贯穿于整个"自然"之中，表现为由低级向高级发展的过程，最终成为作为有机统一体的生命。"自由的精神既存在于自然界之先，也同样存在于自然界之后，而不仅仅是自然界的形而上学理念。正因为如此，自由的精神作为自然界的目标是先于自然的，自然界是由精神产生的，然而不是以经验方式产生的，而是这样产生的，即精神以自然界为自己的前提，总是已经包含于自然之中。"[1]自然发展的顶点就在于将自身的外在性扬弃掉，从而复归于自由的精神，精神作为自然之真理和终极性目的，也就是理念的真正实现。总之，世界作为"理念"的辩证发展，是在一个"逻辑在先性"的意义上呈现的。

由此推而广之，我们通过对于哲学史的考察，就会发现"逻辑在先性"作为哲学解释世界的基本原则具有特别的重要性，也是我们解读中外哲学史乃至理解哲学（形而上学）的一个重要方法。既然如黑格尔所说哲学是"在思想中所把握的时代"，那么当哲学以思维和理论的方式表达时代的内容时，其独特性究竟在什么地方？在今天，时间在先性的思维方式依然是人们最常见和最常用的思考路径，但时间在先性恰恰不是把握哲学的思维方法。列宁在《唯物主义和经验批判主义》的第一章第四节向黑格尔提出这样的问题："在人类出现之前自然界是否存在？"这是一种典型的经验科学的提问方式，同时也是一种时间在先性的思考方式，因而这种提问更像是科学的追问而不是真正的哲学提问。现代科学告知我们，在46亿年前，地球诞生了，宇宙的诞生可以追溯到138亿年前，而人类起源的时间在距今约700万年。毫无疑问，从时间上说，自然界的存在远远早于人类。但是黑格尔的从"理念"到"自然"最后回到"绝对精神"的三段论展开，绝不是时间上的展开，而是说明世界的逻辑原则。联想到中国哲学，老子提出"道可道，非常道"，宋明理学强调"理一分殊"，这些都反映了逻辑在先性的要求。

由此看来，以逻辑在先性原则来展开思考，这甚至是区别哲学思考与非哲学思考的重要界线。囿于经验论证方式的哲学理解，是不可能领悟哲学的真精神的。邹先生通过对黑格尔这一德国古典哲学集大成者的哲学解读，让我们消解了对唯物主义与唯心主义的思维定式的纠结，而在一种新的哲学基点上去展开对哲学史及哲学的思考。

其三，对中国哲学思想的独特解读。

1990年5月，几经波折，邹化政先生研究中国哲学的专著《先秦儒家哲学新探》由黑龙江人民出版社出版。本书是先生有关儒家哲学和中国哲学研究的代表

---

[1]黑格尔：《自然哲学》，商务印书馆，1980年版，第617页。

性作品。据邹先生自己讲，本书原为10余万字的《论孔子》手稿，在匡亚明先生的鼓励下，将手稿扩展成百余万字的《儒家道统新论》，之后又经积年沉淀，浓缩成现在42万多字的《先秦儒家哲学新探》。这本书出版后，并未引起应有的学术反响。究其原因可能有两点：其一，学术界对于邹先生的了解多是基于西方哲学的成果，在专治中国哲学的学者圈内了解度不够；其二，本书印数只有1000余册，发行量少必然限制了其传播。但是尽管如此，随着时间的推移，本书的学术价值还是逐渐得到了学界的认可。正如学兄李景林教授所言："邹师此书的特点，不在于对儒学作细部的解释，而是以一种新的诠释理念和宏观的哲学视野，对儒学作出一种现代意义的理论重构，以应对儒学在现实境遇中所面临的种种理论问题，在今天仍有重要的学术价值和思想穿透力。"[1]

笔者上大学时所读的中国哲学史教材，是任继愈先生主编的四卷本《中国哲学史》（人民出版社1979年版），总体感觉其一是意识形态味道很浓厚，通篇贯穿了唯物主义与唯心主义的两条路线斗争；其二是没有从中国哲学的演进特点去梳理其逻辑脉络，而是不管什么时代什么哲学人物，一律用一种解释框架来裁剪哲学家的哲学思想，如宇宙观、认识论、辩证法、历史观等等。我觉得这说到底，还是没有找到"到底如何言说中国哲学"的路数。以至于后来，中国哲学界还曾经发起过"中国哲学合法性"问题的讨论，一定程度上表现了中国哲学界的自我反省。而邹先生所著的这本《先秦儒家哲学新探》，走的是一种陆九渊"六经注我"的研究思路，说得更确切些，是"哲学家"在研究"哲学史"，这需要研究者本人首先要基于自己一定的哲学世界观去解读哲学史。因此邹先生在本书的"导论"篇中，首先着重阐发的是自己的哲学观——即对"哲学的本质"的理解，即提出一种超越中西方哲学视野的、总体性的哲学观，然后再以此为"拐杖"，来反观和诠释儒家哲学，并对之作出体现"哲学自身"的意义定位与理论重构。

的确，真正的哲学问题所具有的价值应该是永恒的普适的。不同民族的哲学的确有个性上的差异，但是在其最根本点上，总要面对人之为人的共同的人生大问题，进而提出解决这些人生问题的大思路大智慧。在这个意义上，可以说"天下水相同"。在邹先生那里，既然"人道即天道"，哲学要从"总体性"上去把握和统摄意识与人的存在的统一性，那么这一"人学原理"是如何体现于中国哲学的传统之中的，就成为解读中国哲学尤其是儒家哲学的基本价值诉求。究其总体而言，邹先生认为中国传统哲学所展示的就是以"天人关系"为出发点的"人道即天道"的哲学原理。

---

[1]李景林：《人道即天道——重温邹化政先生的儒家哲学研究》，《人文杂志》2016年第9期。

首先，如何看待天人关系？邹先生指出"所谓天人关系，就是人和天道的关系。就其现实性而言，也就是人和自然的关系。这种关系在人与自然的统一性中同归于天道，其一般意义则是：人作为自然的一部分是天道以自然为中介的表现，天道是人的固有本质，而人伦的一切也理应是天道本身的一种最高体现。"[1]天人不二，在中国哲学的视域中，天（自然）永远是作为人的生活环境而出现的，正所谓"道不远人"，人的社会存在规律是人在对以天道为基础的自然界的固有关系中呈现的，只不过要通过人的创造性实践予以实现。我想这也许就是马克思所讲的社会历史规律的"似自然性"——既是客观的又需要人积极有为的能动参与来实现。

其次，中国哲学视域下的"天人关系"是如何表达的呢？邹先生认为，对于"天道"问题的追问，中国不同于西方，即不是一开始就追问"万物的本原是什么？"因为这一观念早已是中国人的社会意识即人伦意识奠基其上的一个基本观念了，"在中国人看来，整个世界从现象上看是一自然与人伦世界的统一体，它的最终根据是一个以超自然本体为基础的规律系统，这就是天道。可见天道是超越世界之时空性的；但反过来说，它又是与这种时空性相统一的，因为自然和社会中任何事物，都以天道为基础因而是天道的具体表现，它们都可以作为天道的环节而扬弃并包含于天道之中。所以天道是天地万物最高而具体的统一性，是时空与超时空的最高统一，是整个世界的现象与其根据在本体和规律基础上的最高统一。"[2]显然，天道即人道，天道所表达的不仅是一个自然性，更是自然性与社会性的统一。推而广之，万物总体乃是以天道为基础的万物总和，人也是万物总体中的一分子，也是天道的一种表现。天道的展开是有不同层次的：自然万物的多样性是第一层次，人的人伦世界是第二层次。中国哲学所致力于的则是谋求天（自然）人相通的前两个层次的统一，即天道。天道既是自然的实体，也是社会伦理的实体。中国哲学所追求的天人合一的哲学境界，就是中国哲学的天道观念所固有的哲学精神的必然表现。

最后，对于中国哲学发展的核心特征，邹先生的一个基本判定是："中国哲学，不论是在开端上还是在发展中，总是以不同的形式在表达天道作为自然实体与其作为伦理实体的这种最高统一性。因此，天人关系作为思维与存在的关系问题，对中国哲学说，便不单纯是一个理论理性思维规律中的主客统一性问题，而是一个实践理性统辖理论理性的整体思维规律之中的总体的主客统一性问题。在

[1]邹化政：《先秦儒家哲学新探》黑龙江人民出版社，1990年版，第85页。
[2]邹化政：《先秦儒家哲学新探》黑龙江人民出版社，1990年版，第83页。

中国哲学中，实践理性的思维规律，总是占有首要的地位。"[1]这也就是中国哲学为何以人生哲学作为基本呈现特征的原因所在。

因此，以人为中心，进而追求人道与天道的对立统一，这是中国哲学最为突出的特征，古代各家哲学体系尽管观点不同，但是都以不同的形式表达了这一基本价值追求。例如在儒家哲学那里，强调的是天人合一作为最高的精神境界需要展现为"可以名、可以言的人知之知"，"必须以理性为指导，有知有识，自觉而有为地择善而固执之，然后才能在以天道为基础的'克己复礼为仁'的伦理规范体系的制约中，达到'从心所欲不逾矩'地对待万事万物的无为之境"[2]。在道家那里，则强调"人与其他万物同为物，同为天道的表现，都有其顺乎自然的本性。因此，人必须行无为之为，出乎自然而不要画蛇添足，牵强附会（有为）地去行动，去顺乎自己的本性"[3]。在墨家那里，则主张"天道之为道，最终以天帝及其臣属——鬼神为最后根源，天道表现的人和人的关系以及人和物的关系，实际上是一个单纯'除天下之弊，兴天下之利'的兼爱和互利的功利关系"[4]。而在法家那里，则强调"政治作为社会伦理的集中体现，其规律是以国君的以功利主义为基础表现为法、术、势的统治之道"[5]。

正是基于这样一种对中国哲学特征的总体判定，邹先生才进一步对先秦儒家哲学从孔子，经子思再到孟子、荀子等的哲学思想脉络做了精到的把握，并得出这样一个基本结论：儒家哲学"在中国哲学的发展中，最为典型、最为突出地自觉到天人关系的总体作为一个人道的思维与存在的同一性问题"[6]。而儒家哲学所理解的哲学理性，就必然是一个"实践理性逻辑上居先而统辖理论理性"的理性整体，即是"天人合一"的天道与人道的最高统一。先生对儒家哲学的这一分析，的确为我们呈现了儒学思想的新天地，令人有耳目一新之感。

作为吉林大学哲学学科的重要奠基人，邹化政先生极富思想的原创力，无论是中学还是西学，都有自己独特的见解。邹先生的这种"形上之思"启迪了吉林大学一代又一代的哲学后学，使吉林大学的哲学研究始终以自己的鲜明的个性立于国内哲学之林，产生着重要的学术影响。我记得1986年我们这一届研究生毕业前夕，高清海先生与我们举行毕业座谈，谆谆告诫我们："为学为人，其道一也。"30年过去恍如昨日，当年号称吉大哲学的"三驾马车"高清海先生、邹化

---

[1]邹化政：《先秦儒家哲学新探》黑龙江人民出版社，1990年版，第89页。
[2]邹化政：《先秦儒家哲学新探》黑龙江人民出版社，1990年版，第90-91页。
[3]邹化政：《先秦儒家哲学新探》黑龙江人民出版社，1990年版，第90页。
[4]邹化政：《先秦儒家哲学新探》黑龙江人民出版社，1990年版，第91页。
[5]邹化政：《先秦儒家哲学新探》黑龙江人民出版社，1990年版，第92-93页。
[6]邹化政：《先秦儒家哲学新探》黑龙江人民出版社，1990年版，第96页。

政先生、舒炜光先生都已谢幕，他们都以各自不同的致思方式做出了无愧于时代的哲学建树。人生代代无穷已，体现一个民族精神追求的"形上之思"还需要不断向未来延伸。吾辈当努力、再努力，切实做到贴近现时代，直面真问题，表达出无愧于我们社会生活的哲学智慧。

（作者系清华大学马克思主义学院教授）

从一篇历史旧文透视邹化政先生的
精神气质和学术品格

贺　来

余生也晚，与邹化政先生直接交往并不多。面对面的交流仅有一次，那是1991年我们硕士入学后不久，一群同学骑着自行车，前去造访邹化政先生。邹化政先生安静地端坐在圈椅中，手里搂着一只东张西望的猫咪，对我们这些刚入研究生大门，对康德、黑格尔一知半解、却充满着巨大求知渴望的年轻人，用浓重的山东口音，回答着我们七嘴八舌提出的各种问题。其间，先生家人的一句插话我至今记忆犹新："他（指邹化政先生）就是坚持自己的观点，历史已经证明，他的很多观点是正确的！"

除了这一次直接的交流，我主要通过邹化政先生的著述了解他的思想。我仍记得1987年本科入学时，捧读《〈人类理解论〉研究》时在心灵引起的强烈震撼，其中所提出的"主体中心困境"问题引发了我一次深深的精神危机，并构成激发我后来学习和研究中不断与之对话的思想母题[1]。后来，邹化政先生的《黑格尔哲学统观》、《先秦儒家哲学新论》等大著相继出版，我都如获至宝，做过认真仔细的研读。在学习过程中，经常萦绕在脑际的一个问题是：为何这样一个具有独创性的深刻的哲学家，在学术体制中不能得到应有的重视和承认？我本科入学时，邹先生已经年过六十，退休在家，连博导也没当上，他的思想几乎主要

---

[1]对此的记载和描述，请参见刊于《学术月刊》2010年第1期《努力推动哲学观念的深入变革》一文。

依靠学生和仰慕者的"秘传"，在一个范围不大的同行圈子中谈及和讨论。2008年先生去世时，我参加了葬礼，除了部分吉林大学哲学系同仁和学生之外，来者寥寥，更没有在学术界引起应有的反响。与那些声名显赫、权高位重的哲学界"大佬"相比，邹化政先生生前没有获得世俗应享的声名，这与他的学术造诣和对于当代中国哲学的实质性贡献形成强烈的反差。

在简短的篇幅内，无法对邹化政先生的学术思想和学术贡献进行系统的探讨和阐述。我只想通过对一篇旧文的简要分析，从一个特殊角透视邹化政先生与众不同的精神气质和学术品格，也在某种意义为我上述疑问提供一个不算答案的"答案"。

这是一篇发表在《东北人民大学学报》1958年第2期的题为《论邹化政的修正主义》的文章，作者为当时东北人民大学（后更名为吉林大学）校长匡亚明先生。该文长达三十多页，三万字。此时匡亚明校长已是大名鼎鼎的人物，邹化政先生则刚过而立，年仅33岁，不折不扣大学中一枚"青椒"。究竟是什么使得一个年轻的讲师，被大学校长、学界权威如此"器重"，非要以长篇累牍的洋洋"专论"予以分析与批判？今天回头阅读这篇珍贵的历史文献，我们除了感受到沉重的历史沧桑，更可以清楚地看到在一个特殊的历史时空中，邹化政先生超越时代、超越同侪的卓越之处，并再一次印证了海德格尔所言的"伟大的事物一开始就是伟大的"的玄妙箴言。

匡亚明校长的文章共分八个部分：一、问题的提出；二、修正主义与教条主义；三、理论与实践；四、理论与政策；五、停滞论；六、分工论；七、无产阶级的权威、领袖与虚无主义；八、邹化政的道路。

在第一部分中，匡亚明校长直称年轻的邹化政先生为"理论上的修正主义和政治上的右派分子"[1]，并阐明了写作该文的目的："本文的重点，主要放在批判他的修正主义观点上。邹化政的修正主义，又和他严重教条主义分不开，为了清算他的修正主义，也就不得不同时提到他的教条主义"，并说明了为了完成这一目的，作者所采取的方法："邹化政有相当数量的讲稿、手稿、发言稿和旁人给他作的记录稿。邹化政是崇拜黑格尔的，但他没有从黑格尔那里吸取有益的东西，却学到了不少'神秘主义和空洞的深究气'、晦涩的文字和概念游戏，充满了他的上述稿件之中。为了弄清楚他的思想面貌，我不得不耐心认真地研究以上材料，以便按照他自己的'思想逻辑'，捕捉他的真实观点和思想实质。"

那么，文章中所说的邹化政先生的"修正主义"与"教条主义"的具体体现和内容是什么呢？匡亚明校长在文中列举了三个主要方面。第一是关于哲学的

---

[1]下文所引匡文，均出自匡亚明：《论邹化政的修正主义》，载《东北人民大学学报》1958年第2期。

"党性"与"科学性"关系问题，他指出，邹化政先生反对哲学的党性原则与科学原则的对立，强调二者的统一，其结果将导致哲学党性原则的取消和否定；第二是关于对待旧哲学遗产的态度问题，匡文指出："邹化政对马克思之前的一些旧哲学家，如康德、黑格尔、费尔巴哈等，从爱好发展到了崇拜的地步"；第三是关于哲学在实际生活和斗争中的作用问题，匡文指出，邹化政先生过分强调"传授科学知识"作为哲学教育的主要功能，使哲学变成了"无关痛痒的所谓纯粹学术"。

在接下来的文章中，匡亚明校长围绕着上述三方面，对邹化政先生进行了一一的批驳。从这些反驳中，我们可以看到，分歧的焦点集中在如何看待哲学研究的本性和规律，如何理解哲学的功能及其发展。近六十年已经过去，我们今天无法找到邹化政先生当时的手稿、讲稿，但从匡亚明校长在批驳中所引用的材料，我们大致可以了解邹化政先生的一些具体的主张。在此仅择要列举三点。

匡亚明校长在文中批评邹化政先生"顽强地、千方百计地"反对和破坏理论联系实际的原则，但邹化政先生却坚持，要真正实现"理论"联系"实际"，前提是"必须多读些书，多研究一些书"，要把"原理的具体内容逐渐地加以理论的展开"，邹化政先生这样说道："一个原理所具有的内容展开来是相当丰富的。我们往往只对一个原理了解得很简单，甚至只记住一个公式，而对具体内容却不能加以展开。在这样一个基础上，无论怎么地运用实际材料，无论你怎样的注意联系实际，也是克服不了教条主义的"，"这种教条主义往往以能理论联系实际的能手自居，而对力图使原理的具体内容逐步加以理论上的展开的做法表示不满，说这就是概念化的教条主义——把概念化和理论上的具体展开混为一谈，这是有些冤枉的。"邹化政先生还强调，理论本身就是具有实践旨趣的，他以达尔文为例："马克思主义科学者与实际是有联系的，但科学与实际有其固有的关系，因此不应脱离这个关系而去强调次要的，……达尔文坐着军舰到处去接触实际，但他是有目的的、有系统地为自己的科学研究服务的。"对于上述观点，匡亚明校长认为是把理论与实际的关系弄颠倒了，其实质是为了理论而牺牲了实际，因而也违背了理论与实际相结合的基本原则。

匡亚明校长在文中指责邹化政先生"厚古薄今"，但邹化政先生却坚持，"把力量集中零零碎碎地写些小文章和配合实际，是'赶浪头'，对于哲学研究和教育来说，最重要的是要"多读书"，即多阅读和研究哲学史上的经典著作和马列主义的经典著作，认为"马克思列宁主义科研工作者要服从掌握科学、从事科学活动的一般规律"，"不应该不照顾科学特点（如哲学科学）地强调研究当前的实际议论"，这即是说，哲学理论要切实发挥其对于现实生活的作用，最重要的是尊重其思想本性和规律，而不是离开理论框架"就事论事"。

匡亚明校长在文中批判邹化政先生在学术上有严重的"成名成家的资产阶级个人主义思想"，"狂妄"地、"不自量力"地、"孤芳自赏"地认为专业的哲学家也有可能取得与经典作家和革命领袖一样的哲学成就。邹化政先生认为，"全面系统地概括实际来发展马列主义理论需要时间，需要马克思在大英图书馆所需要的时间。……在一百年之后，一定会出现像费尔巴哈、黑格尔、康德那样一种在哲学发展中起一定作用的哲学家"，并且认为自己作为一个高校教师，就具备这样的志向和能力从事这样的工作并做出自己的贡献："这个计划，是庞大的。但我愿以毕生的精力，全力以赴地来从事这个工作。我工作的目的，不是梦想做出什么伟大的成就来，而仅是企求对哲学今后的发展，提出问题，——当然即使如此，也许得到的结果是完全失败的。这样，我就必须有这样一个精神准备：宁愿作失败的牺牲品，即使被人斥责为教条主义或修正主义也好！"与邹化政先生的见解大不相同，匡亚明校长相信："随着中国的生产大跃进、思想大跃进和文化大跃进，群众性的辩证唯物论哲学工作，一定会不断涌现出杰出的智慧的光芒。于是，邹化政所幻想的一百年后的好梦，只好破产。至于邹化政所向往的脱离实际、埋头读书的像费尔巴哈、黑格尔、康德类型的'马列主义专门学者'的道路，也同样是此路不通，只好破产。"

以上引述的只是充满着火药味的、三万言长文中的部分观点，除此之外，还包含大量耐人寻味、具有历史价值的丰富内容，限于篇幅，在此难以一一展开。今天我们完全可以理解，匡亚明校长写作的这一长文，是在"反右"成为政治任务的特定历史条件下的产物，他作为历史中人，不可避免地打上时代烙印，这丝毫不能掩盖匡亚明校长对吉林大学曾做出过的重要贡献，也不影响我们对匡亚明校长的尊敬。我只是想通过这一难得的历史文献，透视当时年仅33岁的邹化政先生在那样一个学术不彰、观念扭曲的时代里，所表现出的卓然不群、超越时代的学术洞见和思想勇气。我认为如下两点尤其值得人们深长思之。

首先令人惊讶的是邹化政先生在特殊社会条件下所显示出的罕见的坚定而深刻的学术自觉和学术定力。

了解历史的人都很清楚，在那个特殊的时代，关于何谓哲学，如何理解哲学演进的逻辑、怎样推进哲学的发展，如何看待哲学与现实的关系，乃至一个"哲学工作者"的职责和本分为何等一系列问题，在人们面前，已有一个巨大的、不容质疑的神圣的、标准的现成权威答案高高耸立，这些答案是如此地深入人心，成为绝大多数人接受和服膺的关于哲学的标准定义。然而，邹化政先生却对于所有这些问题，发出了截然不同的声音，围绕哲学的本性和演进发展规律、哲学的自主性、哲学家的社会功能和哲学家的工作方式等诸问题进行了深刻思考，提出了与当时占据主导地位的观点大相径庭的独立见解，这些见解不是来源于外在的权威，更不是来源于人云亦云的流俗意见，而是根植于对哲学思想史上经典著作和哲学发展取得的重要思想成果的深入理解，来自与思想史上伟大心灵的神交。如果把这些观点放到当时特殊的语境中，用"空谷足音"、"石破天惊"来评价将毫不过分。正因为此，以匡亚明校长地位之尊，要把这些思想定性为右派分子的"修正主义"和"教条主义"典型表现并进行系统批判，也可谓"慧眼识珠"。就此而言，年轻的邹化政先生已经区别于周围绝大多数狂热的人们，走上了一条孤独的、人迹罕至的思想之路。

历经沧桑，回顾以往，我们可以发现，邹化政先生近60年之前所达到的哲学自觉，正是在改革开放之后当代中国哲学界不断自我反思，通过哲学启蒙所努力追求的一些十分重大的思想解放目标。在学术思想环境远较今天恶劣、学术资源和积累十分贫瘠的历史环境中，在当时大多数人仍束缚于真正的教条主义哲学观念的情况下，刚过30岁的邹化政先生就能够穿透重重迷雾，形成如此深刻的学术自觉，不可不谓"先知先觉"。即使在今天，这些思考仍具有振聋发聩的力量。在以后的岁月里，邹化政先生能独辟蹊径，自成一派，走出一条充满个性的哲学探索之路，也就毫不奇怪了。

尤其让人感佩的是邹化政先生面对种种巨大压力，对自己学术取向和学术观点的倔强坚持和坚守。

匡亚明校长在其文章中，使用诸如"顽固不化"、"宁愿作失败的牺牲品，也不愿放弃他的教条主义和修正主义"等用语来描述邹化政先生，大有对其"执迷不悟"恨铁不成钢之意。然而，邹化政先生作为一个"青椒"，却明确表达了要按照自己对哲学的理解，坚持自己的理论志向的信念，甚至"愿以毕生的精力，全力以赴地来从事这个工作"，哪怕作"失败的牺牲品"，也在所不辞。这是一个哲学家忠实于"思想自我"的声音所发布的哲学宣言，在当时恶劣的环境中，这是何等惊人的勇气！

更可贵的是，邹化政先生是这样说，更是这样做的。在其一生中，历经坎坷，哪怕被错划为"右派"、被错定为"现行反革命"，贬其扫厕所养猪的艰难岁月，都始终不为所动，单纯而执着地把这一种信念贯穿于整个学术人生，从没有遵照匡亚明校长在长文中所劝诫的那样"及早回头"。按常人观点评价，无论在政治神化时代，还是世俗时代，邹化政先生都属于迂腐不堪、不通时务的典型。但是，在我看来，这种"倔"和"迂"，恰恰是他最可敬可爱之处，也是其著述和学术成果具有长久生命力的源泉——这是因为，著作和学术成果作为"理论之树"，所浸染和闪烁着的乃是他的"生命之树"的底色和底气，只有这样的著作和成果，才有可能真正"长青"。赵汀阳在一篇文章中曾探讨"什么是第一个哲学词汇"，他认为，否定词"不"的出现构成了哲学思想的临界点，相比于"是"，"不"更有资格成为哲学的第一个哲学词汇[1]，邹化政先生对独立的学术取向和学术观点的坚守，正是对流行的观点说出了"不"这个否定词，这是真正的哲学意识的觉醒和表征，它意味着：另一种哲学思想的可能性将在一个新的思想的内在平面上被创造出来。倘若邹化政先生与当时不少人一样，学得"聪明"、"乖巧"和"圆顺"，我想今天我们也不会在此纪念和追忆他，更不会不断重读他的作品和思想，——因为那样的人，我们似乎从来就没缺少过。

近60年过去了，重新检阅这篇批判邹化政先生为"修正主义"与"教条主义"的雄文，然后把它与邹化政先生一生在哲学研究、哲学创作和哲学教育等各方面所取得的丰硕和厚重成果并列放到一起，确实让人有一种时空错乱的恍惚之感：在"修正主义"的帽子下，所彰显的原来正是哲学的真实底蕴和精神，在"教条主义"的标签下，所体现的原来正是"反教条主义"的深沉思考。这种历史的悖论，确实使人感慨系之。

（作者系吉林大学哲学社会学院教授）

---

[1] 赵汀阳《第一个哲学词汇》，载《哲学研究》2016年第10期。

小传统的大宗师

——缅怀邹化政老师

徐长福

一

邹化政老师离开我们快十年了。广文兄要编一本纪念文集，嘱我写一篇文章。在我心目中，邹老师的地位是很高的，但究竟如何定位才确切呢？我思来想去，就有了眼下这个提法：小传统的大宗师。

这里所谓"小传统"，不用说是指吉林大学哲学学科的传统。任何一个学科都有自己的历史，但未必有自己的传统。说一个学科有"传统"，是说在它的一代代学人身上能够看到某种具有传承关系的学术精神、理论倾向和研究风格。在这个意义上，吉大哲学学科是一个有传统的学科。当然，吉大哲学学科的传统毕竟只限于一所学校，放到更大的背景上讲，它自然只能算"小"传统。

邹老师的学术影响很特别。凡是吉大哲学学科出身的人，没有不知道他的，也没有不尊崇他的。但是，一旦走出吉大，提起"邹化政"，哲学界很少有人知道是谁。正因为如此，我才特别地把他放到吉大哲学学科的小传统中加以定位。

传统之所以为传统，在于存在一个得到公认的流派，它有自己的统绪，尤其是有可以指认的开宗立派之人，即所谓"宗师"。在宽泛的意义上，所有那些参与创建吉大哲学学科、为吉大哲学学派的形成做出过贡献的先辈们都是这个传统的宗师，都值得我们这些后辈感怀和铭记。不过，宗师也分角色，其影响的面向、层次和时段各不相同。相比之下，邹老师对吉大哲学学科的影响是全方位的、深层次的、持久性的，就此而言，他肯定是这个传统的一位大宗师。

二

吉林大学有成独立建制的哲学学科要从1958年建哲学系算起，其前身为东北人民大学哲学教研室。在学科的初创阶段，在学科内部，刘丹岩先生无疑是领军人物和学术权威，他以身作则，为这个学科树立了一根精神的标杆；在学科外部，匡亚明校长是行政权威，他雷厉风行、赏罚分明，无意间造成了这个学科的关键结构。他们两个人的作用直接体现在对当时学科群体中另外两个年轻成员的影响上，后两人就是有着同学关系的高清海和邹化政。

刘丹岩先生是老干部、教授，曾留学英国，治学严谨，富于独立见解，具有批判意识，强调哲学研究的战略眼光，在政治压力下毫不动摇，对真理的信念至死不渝。由于他在学科中处于核心地位，他的这种精神直接感染了吉大哲学学科的初期成员，尤其是年轻学者。刘先生对苏联教科书哲学的反思直接影响了高老师，间接影响了整个吉大哲学传统，这一点已广为人知。不过，刘先生在受到批斗时理直气壮地坚持明知正确的观点，而决不违心否定自己，大有孟子所谓"不枉己、能直人"的气节和风骨，这方面连高老师也觉得自愧不如（参见《高清海哲学文存》第6卷第364-365页）。我不了解邹老师跟刘先生的私交情况，但邹老师在哲学观点上的执着和在政治逆境中的操守，可以说很接近刘先生的表现。

匡亚明校长是久经考验的老革命，宣传和文教战线的老领导，对党赤胆忠心，工作上敢作敢为。他在校长任上对吉大哲学学科的影响除了批准建立哲学系外，最重要的举措是一手提拔了高老师，一手打压了邹老师。1956年，匡校长力排众议，让年仅27岁的高老师破格晋升为副教授。1958年，他以"论邹化政与修正主义"为题发表长篇论文批判邹老师这个"微不足道的人物"（《东北人民大学人文科学学报》1958年第2期），随即又以"马克思列宁主义的几个问题——论邹化政与修正主义"为题将该文出版为单行本（上海人民出版社1958年10月第1版），并附上了邹老师的两篇会议发言记录稿。提拔高老师是为了表彰他在体制内的教学与科研业绩，给青年教师树个榜样；打压邹老师是因为他的观点触碰了体制的红线，要拿他作为"对立面"的典型。这两个动作在客观上造就了吉大哲学学科的两大主角及其相对位置，为吉大哲学传统预置了一个基本结构：高老师前驱，邹老师殿后。

当然，吉大哲学传统并非只是上述四人的故事，领导的予夺奖惩和普通教师的荣辱得失不仅牵动着整个单位，而且受大气候风云变幻的左右。由于体制的底线极度不稳且不断提升，上述四位原本角色各异的人物后来成了清一色的被迫害对象。刘先生和高老师在1959年"反对右倾机会主义"的运动中挨批，而带给高老师厄运的正是那些三年前带给他好运的论文。刘先生在"文革"前抑郁而终，高老师在"文革"中被彻底打倒。匡校长1963年调任南京大学校长，但"文革"中也未能幸免，备受迫害。不过，最为不幸的还数邹老师，他在1957年被错划右派，劳改三年，到了"文革"又被打成现行反革命，劳改十多年，一度不得不靠疯癫之态来躲避迫害，直到1980年才获平反。

就邹老师而言，因为在两次官方座谈会上的发言而被迫害23年，这就是他成为一代宗师的代价。

三

当然，仅仅受过政治迫害不足以使一个人成为一个哲学传统的宗师，邹化政老师之所以能成为这样的宗师，在于他是为哲学之故而招致迫害的。

让我们看一看他当年说了些什么（以下引文均摘自上述匡亚明批邹化政的书）。

1957年4月16日，在高教部官员沙林所召集的长春市大专学校政治课教师座谈会上，邹老师发言指出：

总之，我认为政治课教师要提高自己，除了参加实际工作之外，那就要：第一，多读书；第二，多进行科学研究。我自己就是这样做的。我自己的态度是宁肯让你们说我不对，我也要坚持下去；对与不对，我们将来看。不过目前在我们这里像这样搞法是受压力的，动一动就要说你脱离实际、死抠书本，弄得一天思想都不稳定。不管对否，我希望做党的工作的同志，要具体的了解了解实际情况。我在家里常有人去，今天这样敲你一下，明天又那样敲你一下，不是说你客观主义的对待唯心论，就是说你在科学上无党性。

关于教学大纲的问题，我的意见是，如自己有自己的体系上的安排，也可让他讲，试一试，不要乱扣自高自大的帽子。

要克服教条主义，我们还要反对个人崇拜。过去好像只有政治领导人能发表理论。在宣传和谈论上，也有个人崇拜的因素。最近我想给毛主席写信，问一下到底理论发展在今后是否只是政治领袖的任务，别人只是联系实际。

我们回头看看在哲学方面，自从马、恩、列、斯以后，又发展了什么？很少！

1957年5月18日，在东北人民大学党派和无党派教师座谈会上，邹老师发言指出：

马列主义科学工作者与马列主义实际活动家在科学事业上应有分工。领袖和实际工作者没有时间去系统地研究理论，只能从实际问题的客观需要出发，来在某些方面（有的也是基本方面）发展科学。全面系统的概括实际来发展马列主义需要时间，需要像马克思在大英图书馆中所需要的时间。我们过去的培养只是使马列主义科学工作者拜倒在领袖的研究成果之下，而完全放弃了自己在马列主义科学事业上所应该负担起的任务，不敢创造与发挥，这是不对的。马列主义科学只靠政治家、领袖来发展，是不行的，此外还必须依靠专门的学术工作者。我曾说过，在一百年之后，一定能出现像费尔巴哈、黑格尔、康德那样一种在哲学发展上起一定作用的哲学家，而且就其成就说，也许要超过现在一些领袖对哲学的成就。但我这种说法，人们是反对的——人们认为，今后马列主义专门学者的成就，要超过领袖的成就，那是不可能的。这种自称为有党性的认识，我一向是反对的。

认识的发展规律总是先片面，然后渐渐到全面。所以一当某一同志在开始研究问题时出了错误，这没什么了不起，给指出来就可以了，不应当在这时候就给扣上机会主义、教条主义等等的帽子，更不能用政治性、思想性、党性不强等概念，从而不应联系到品质问题。这个问题对于马列主义科学工作者来说，是特别重要的。否则，谁还敢于在学术上创造性的发表意见呢？难道可以这样的要求：即一发表意见，就必须保证全面吗？

让我们再看看匡校长在批邹老师时所下的结论：

邹化政原是"雄心勃勃"的。在他的"马克思主义哲学研究"手稿里，他写过这样一段话：

"这个计划，是庞大的；但我愿以毕生的精力、全力以赴的来从事这个工作。我工作的目的，不是梦想会做出什么伟大成就来，而仅是企图对哲学今后的发展，提出问题——当然即使如此，也许得到的结果是完全失败的。这样，我便必须有这样一个精神准备：宁愿作失败的牺牲品，即使被人斥责为教条主义或修正主义也好。"

原来他是"宁愿作失败的牺牲品"，也不愿放弃他的修正主义呢！难道他要坚持在这条绝望的道路上继续走下去吗？

我们在这里忠告他：此路不通！——改变立场，及早回头，犹未为晚。

从上述引文不难看出，邹老师的这些挨批的言论并非出于个人意气和私人恩怨，也绝非通常所谓"别有用心"，而完全是出于对哲学学术本性的深切体认和在马克思主义哲学研究事业上的崇高志向。其中，最令人感佩的是他那股顶住压力而"坚持下去"的倔强劲头，是他那种不谙世故竟想诘问毛主席的率真性情，是他那腔"宁愿牺牲"也要追求真理的凛然气概。

恐怕邹老师本人也不会想到，如此可贵的追求却遭到体制和权力的当头棒喝："绝望之路，此路不通！"这既是邹老师个人的悲剧，更是那个时代的悲剧。

四

如果邹化政老师当年在迫害中没有挺过来，没有熬到改革开放，或者说，如果他的哲学之路被体制和权力成功阻断，他后来也成不了吉大哲学传统的宗师。那个年代，在身体上没有挺过来的人很多，如刘丹岩先生；在精神上没有挺过来的更是大有人在。刘先生挨整时曾说："历史终究会判明谁是谁非。"可惜他自己没有看到。邹老师当初也持同样的信念："对与不对，我们将来看。"所幸他看到了。

邹老师被解放出来时已经55岁了。他老骥伏枥，在吉大哲学系倾力工作了十余年，著书立说，教书育人，取得了时代条件所能支持的最大成就。1987年，他的专著《〈人类理解论〉研究——人类理智再探》被人民出版社纳入"西方哲学史研究丛书"出版，奠定了其作为国内西方哲学史家的学术地位。在90年代初，他陆续出版了《先秦儒家哲学新探》（黑龙江人民出版社1990年第1版）和《黑格尔哲学统观》（吉林人民出版社1991年第1版）等著作，进一步展示了他在中西哲学史研究上的宏阔视野和深厚积淀。不仅如此，他在绍述诸家的基础上，还自创了一家之言，即超验辩证法，为解决哲学的若干基础性问题提供了一套新的方案。

邹老师的上述成就是在"文革"之后吉大哲学学科的新格局中取得的，跟其他老师的成就一起产生了相得益彰的效果。在整个20世纪80年代，吉大哲学学科在国内学界异军突起，许多老师都为此做出了贡献，并成了名家。其中，领军人物无疑是高清海老师。高老师在破除苏联模式教科书哲学、构建马克思主义哲学新体系、创发实践观点的思维方式等方面奋勇当先，率领一批中青年学者不断挑战旧观念、开拓新思路，其所主编的《马克思主义哲学基础》（人民出版社，上册1985年第1版，下册1987年第1版）和专著《哲学与主体自我意识》（吉林大学出版社1988年第1版）对新时期国内马克思主义哲学的变革和发展产生了重大而深远的影响，并引起了海外的关注。正是这种群体性的成就在80年代后期为吉大哲学学科赢得了"吉大学派"的赞誉。

有成就和特色才会成为学派，是学派才谈得上有传统，造就了传统才会被尊为宗师。如果只考虑吉大哲学学科在学派意义上的传统，以及对后学影响的深广程度，那么，高老师和邹老师是两位可以比肩而立的大宗师。两位宗师仁智双修，但相比之下，高老师长于实践哲学，更是仁者，邹老师精于理论哲学，更是智者。对于吉大学派来说，高老师代表高度和力度，邹老师代表深度和厚度。两位宗师角色互补，他们的思想和人格共同构成了该派弟子们教养的本源和该派传统共同的基因。

五

高老师和邹老师都是吉大哲学小传统的大宗师，但高老师的影响是全国性乃至国际性的，而邹老师的影响主要在吉大内部。这是为什么？

在50年代，高老师和邹老师都研究马克思主义哲学，那时也只有马克思主义哲学可以正面地研究。这种情况下，对他们二人来说，只要有所创新或有所怀疑，无论结果是被提拔还是被批判，其学术和政治效应都同样地大。但是，到了80年代，在新的学科体系中，高老师的学科归属是马克思主义哲学，邹老师的学科归属是西方哲学。加上个人学术兴趣和现实关怀的差异，高老师虽在西方哲学上也很有造诣，但主要做马克思主义哲学体系和现实问题的研究，直接挑战苏联模式教科书哲学的各种教条及其所支撑的僵化体制，因而时常处在舆论的风口浪尖上，而邹老师虽仍然以马克思主义哲学为思考的落脚点，但主要做哲学史研究，其创新性观点主要出现在纯粹理论领域，被关注度不高，影响面有限。这种差异所带来的结果是：在80年代的政治风浪中，高老师再遭人生的不测，而邹老师则基本平安。

对学者们的个人命运来说，新旧两大时期存在一个明显的不同。在50年代，像高老师评副教授那样的好事有如天上掉馅饼，而像邹老师挨整那样的坏事则不小心就会碰上。至于"文革"时期，则无论被提拔的还是提拔人的，无论挨整的还是整人的，都可能被打倒。然而，进入80年代后，体制的红线大大降低，打击面大大缩小，绝大多数人都被容许有避祸的机会，批判的矛头只针对极个别的人。在这个时期，高老师就成了这种极个别的人。因为在整个国内学界，只有他才公开主张超越哲学中唯物主义和唯心主义的两极对立模式，所以他自然就成了众矢之的。不过，今天回头去看，正是这场孤独的不幸把高老师的学术形象在全国范围内凸显了出来，客观上使他从吉大哲学的小传统迈进了中国哲学的大传统，并被推崇为整个国家新时期马克思主义哲学的宗师之一。

单以学术影响来衡量，毋庸讳言，邹老师不及高老师，这种差距到后来还在扩大。1992年，中国启动了新一轮改革。自那以后，两位老师都进入了晚年，但邹老师基本上处于体制中的退休状态，而高老师则在体制中一直工作到2004年去世。其间，两位老师的学术路向也渐行渐远。高老师继续关注中国和人类的重大现实问题，并提出了类哲学的理论构想，其作品都及时发表了出来，有的还被译成了外文在国外出版。邹老师的大致情况是：他一直闭门做学问，跟外界交流很少，发表的文章屈指可数，先是研究现象学，后来返回到本体论，最终留下了一部数十万字的关于第一哲学的书稿。

尽管如此，要论学术成就，毋庸置疑，邹老师并不在高老师之下。认真学习过邹老师著作的人都深有体会：他的哲学史研究充满洞见，他关于哲学发展的思路完全是原创性的，他留下的书稿尤其令人好奇和期待。邹老师的学术贡献既跟实践效应无关，也不是可以靠普通见识来品头论足的。只有学者们能够真正摆脱外在的影响，从容面对学理本身，到那个时候，邹老师的那些纯理论的先见之明才有望被越来越多的人所了解和承认。或许可以这样说，邹老师从吉大哲学的小传统进入中国乃至世界哲学的大传统的时机尚未到来。

六

我在这里缅怀邹老师，尊他为吉大哲学小传统的大宗师，既不是要宣扬学术的宗派意识或门户观念，也不是要为邹老师在先贤祠中寻找位置，更不是要对前辈们说长道短。我之所以愿意写这篇文章，是想表达对邹老师身上所体现出来的本真的哲学精神的礼赞。

何谓本真的哲学精神？那就是在任何情况下都把说真话、求真理放在第一位。孟子讲"富贵不能淫，贫贱不能移，威武不能屈"，苏格拉底讲"练习死亡"是灵魂追求哲学的正确方式，说的就是这种精神。有了这种精神，不一定能成为哲学家，但没有这种精神，绝不可能成为哲学家。一个人成得了哲学家，不在于他有什么体制性的头衔；成不了哲学家，也不在于他有什么体制性的污名。其能否在哲学上青史留名，仅仅在于他有没有这种精神，以及这种精神有没有开花结果。

就此而言，哲学的学派及其宗师与传统都不是自封的，或者说即使自封也是没有用的。任何哲学成就归根到底都是哲学精神的体现，谁体现得最多谁就成为宗师，哪群人体现得最多哪群人就成为学派，哪一派坚持得最久哪一派就有自己的传统。哲学精神是天下之大道，至公至正，不党不偏，无宗无派，但具体的社会和时代有特殊的问题，所以大道的体现者们会各有不同，学派的正当性根据仅限于此。

在吉大哲学传统中，刘丹岩先生最有这种精神，可惜他自己没有留下传世的作品；高清海老师也有这种精神，并且有丰硕的成果；邹化政老师同样有这种精神，不过其成果的价值还有待更多的人去认识。

邹化政老师已经作古，不知道他的书还有几人在读，也不知道他的思想将来会不会焕发生机。不过，更加重要的是他以及列位宗师身上的哲学精神能否传承赓续，而吉大哲学小传统的命运唯系于此。

（本文作者系中山大学哲学系教授）

我将归来开放

——邹化政先生哲学编史学思想管窥

刘孝廷

邹化政先生作为哲学大家，其思想和言行影响了吉大几代学人。由于现实的原因，我受邹先生本人直接影响很小，而更多是通过阅读其著作及邹先生早年弟子们对他的评点等间接方式来体会先生的哲思和意趣的。如此，写作纪念文章原是不够资格，承蒙广文学长不弃，方敢贸然滥竽充数。邹先生生前出版的著述总量不多，目前能公开查到的文章也不过二三十篇，著作则主要是"邹氏三书"[1]，而他自己心仪的平生巨作《哲学大全》[2]，先生终未能见其完貌，实为憾事。但邹先生已经发表的著述却都是精心运筹、细致布局谋篇的掷地有声之作，这从其关于洛克和黑格尔哲学的两部西哲大著即可略见一斑，其哲学史研究中所体现的编史学思想亦深得西方哲学史之精髓，在国内哲学史研究中可谓特色鲜明、独树一帜。

一、关于哲学的"通"观

阅读邹先生著作的一个明显感受是其深刻性。先生不但问题抓得准，而且三言五语就能说得清。什么问题和结论直截了当，从不拖泥带水，完全没有时下

---

[1]即指邹化政先生所著的《〈人类理解论〉研究》、《先秦儒家哲学新探》和《黑格尔哲学统观》。
[2]邹化政：《"哲学的大全"导论——哲学现象学》，《长春市委党校学报》，2000.3. P16-20

一些人绕来绕去的文病。这既与先生为学为人的个性有关，更与对问题理解得透彻和准确有关。有研究有体会才能说得清，无研究无体会，仅靠硬攒一摞资料来堆砌一个道理，实际是自己没弄清楚的表现。愚以为，先生思想的深刻性和明晰性，实与一个"通"字直接相关，唯有"通"才能透，才能说得清楚。此处的"通"，既是义理或逻辑上的通，也是地域、文化和思想上的通，可以概括为解释学上的整体主义方法论。

1. 从逻辑上看，哲学的个别史与整体史是相通的

邹先生坚持从哲学发展的整体去看其某一时段或个人的创造，最典型的就是《〈人类理解论〉研究》。该书不只是对洛克哲学代表作的释读，更重要的是从整个西方哲学史去理解和把握洛克，当然反之或也成立，即通过洛克来透视整个西方哲学史。全书十一章中有三分之一以上篇幅（前四章）是讨论洛克以前西方哲学史及其关系的。书的次序像是一个长焦镜头，先统观近代哲学，然后统观洛克以前的十七世纪哲学，再描述《人类理解论》写作出版的背景，最后讨论该书的结构和历史地位。这种以大见小的方式应该是来自德国古典哲学，也似乎成了吉林大学哲学系的一种传统和特点，记得高清海先生在《哲学的憧憬》[1]一书中剖析亚里士多德的形而上学时也是如此办理。这样的做法既可以保证能从整体逻辑的脉络中准确把握对象的实质，也能见出思想之间的相互关系，对于初学者少走弯路是非常必要的。如今开始流行一种大史学的方法论[2]，与此应有异曲同工之妙。

2. 从交互作用上看，哲学的内史与外史是相通的

无疑，邹先生也脱离不了他那个时代，即如同当时大多数马克思主义哲学家一样，更多是联系哲学发生的当下语境、哲学家的身世等对哲学研究给予知识社会学维度的评价，这通常被看作外史，佛家叫外道。但邹老师由于打通了西方哲学史，所以又有一种一般人所不具有的黑格尔主义的气质，对理论自身的进程走严格的内史论道路，从而在他这里实现了内史和外史的高度统一，也就是一般说的逻辑与历史的高度统一，使整个文本和叙述俨整有序浑然一体。今天人们发现内史外史之争是个伪问题，其实19世纪关于历史与逻辑统一性的讨论，就已经消解了这个疑难，可惜科学界对哲学的讨论往往不够尊重。在这个意义上，邹先生要比国内科学史界的理解提早了十几年。

3. 从跨文化视角看，不同地域的哲学本质上是相通的

邹老师生前虽著述不多，但邹氏三书的选题和切入还是很讲究的。其中，洛

[1]高清海：《哲学的憧憬——〈形而上学〉的沉思》，吉林大学出版社，1996.4
[2][澳]大卫·克里斯蒂安等：《大历史：虚无与万物之间》，北京联合出版公司，2016

克可以说是英伦哲学的最大代表，黑格尔在马哲传统看来则是大陆乃至古典哲学的最大代表，孔子则是中国乃至东方哲学的最大代表。以如此三"最"为对象，在有限的精力和文字中厘清他们思想之间的相通性，就整个世界哲学而言自是触类旁通，其眼界可略见一斑。循着邹老师的思路，哲学的发生虽然是地域性的，而其意旨却是全人类的，在这方面不但欧陆与英美是相通的，中西哲学也是相通的，否则我们就没有理由学习一般的哲学。对此，李景林教授也指出，在《先秦儒家哲学新探》的《导论》部分，"邹先生首先提出了一种'总体性'的哲学概念，以作为其探讨儒家哲学的诠释原则。这个所谓哲学的'总体性'，实质上是一种统合并超越于中西哲学的一种普遍的哲学观。"[1]孔夫子曾讲"吾道一以贯之"，对邹先生来说也如此。所不同的是，当初邹老师的论述主要还是基于黑格尔主义或马克思主义式的立场而筚路蓝缕，今天的全球文明哲学则将其作为常识来对待了。这既是一种时代的进步，也说明那时的"抗争"是有意义的。

二、哲学有自己的"逻辑"

阅读邹先生的著作总有一种荡气回肠的感觉，即是因为其中贯穿哲学的精神追求和逻辑，从而在根本上使哲学区别于其他一切人类思维形式与成果。这或许也和邹先生极好的古典哲学训练与思维体验有关。

1. 真正的哲学史就是哲学的逻辑史

邹先生的三部著作都是关于历史人物及其思想的，原则上属于哲学史研究。但其内容却不仅仅限于哲学的历史视域，而是事关哲学本性的。特别是，虽然邹先生的书中也分析了不少社会事物，但阅读其作品感觉到的仍然是哲学本身的跃动和前行，是纯粹哲学自身的精神演变历程。这应该是他自觉地遵循黑格尔或马克思哲学观的一个基本立场，即全部哲学从根本说都遵从逻辑与历史相一致的规律。只不过，在黑格尔那里是历史与逻辑相一致，逻辑是本，历史是末；而在马克思那里是逻辑与历史相一致，历史是本，逻辑是末。其实，若究到极处，逻辑和历史本就是一个东西，从而一部真正的哲学史也就是哲学的逻辑史。对此，海德格尔在《哲学论稿》中通过批评以往历史学的方式回应了这一现象。他认为历史学不是存在者意义上的历史科学，不是一个个事件的堆砌，因为这是一种"对历史的不断逃避，……从而把历史性的沉思完全带入混乱之中"，而真正的历史思想是超越于纷繁的杂多并使自身成为"将来种类的决断之期备"。[2]此种理解如再还原到黑格尔《哲学科学全书纲要》中"逻辑学"之含义，则更是一目了

---

[1]李景林：《人道即天道术——重温邹化政先生的儒家哲学研究》，《人文杂志》，2016.9.P60-69

[2][德]马丁·海德格尔《哲学论稿》，商务印书馆，2012.P159-162

然。

2. 两种逻辑的分与合

作为一种有明确立场的哲学史研究，邹先生从恩格斯的哲学只是"关于思维及其规律的学说——形式逻辑和辩证法"[1]的论断出发，把全部逻辑分为形式逻辑和内涵逻辑，认为辩证法作为思维科学的辩证逻辑就是内涵逻辑，也就是"思维以感性为中介而表现心外存在之在对人关系中的一般规律体系的学说"，因而"必然是认识论，又是世界观"。逻辑、认识论、世界观"三者的统一，就是有关意识的本性作为人性的人性论。内涵逻辑就是方法论，形式逻辑则是指示方法论也必须恪守的一般思维结构形式。哲学，则是二者的统一。"而洛克的《〈人类理解论〉研究》就是作为经验论的内涵逻辑的先驱。[2]这一大段的论述相当精粹而深刻，纵观《〈人类理解论〉研究》出版三十多年来的国内西方哲学研究，无有能出其右者。著名哲学史家杨一之先生对于书中关于"内涵逻辑始于洛克"的论述也大为赞赏。[3]当然，两种逻辑的统一在不同的哲学流派处表现出巨大的差异，特别是在大陆理性主义哲学那里达到了人类思维史上最高程度的统一。对此，邹先生在《黑格尔哲学统观》一书中花了大量篇幅来阐释这一现象。[4]

3. 对绝对问题的绝对性研究

多年来，吉林大学哲学专业的同学中间一直流传着一句似乎未经邹先生本人确认的说法，即他曾说"哲学就是一种关于绝对的绝对性研究（大意）"。虽然如此，这话还是多少能够折射出邹先生的一些学术特点的。我自己也曾在多处谈道，西方确有一批哲学家存在着哲学的实在化倾向。这种实在化不是一般知识论上的实在论和反实在论问题，而是把哲学本身看作一种实在，似乎哲学是个生命体，人们和哲学的关系就类似两个人之间的关系一样。这一思想最早至少可追溯到古希腊柏拉图的理型实在论，随后在希腊又有哲学作为生活方式的说法，[5]到了黑格尔则把精神和哲学一并实在化了，所以才有了他的"逻辑学"。马克思接受了黑格尔这种哲学观，他自己也曾提出人与哲学的双向占有，希望未来的哲学是世界的哲学，未来的世界是哲学的世界[6]。如此，则人类自我奋斗的历史无异就是一部哲学的发展史和进程史。哲学不仅是人的哲学，是人的精神和奋斗的成果，人也是哲学的人，是哲学思想自身的现实工具，从而哲学的知识属性就是一

[1]恩格斯：《反杜林论》，载《马克思恩格斯选集》第3卷，1995.P364

[2]邹化政：《〈人类理解论〉研究》，人民出版社，1985.P157-162

[3]杨一之：《〈"人类理解论"研究〉读后》，《社会科学战线》，1988.3.P79-81

[4]邹化政：《黑格尔哲学统观》（第一章），吉林人民出版社，1991.P9-38

[5][法]阿多：《作为生活方式的哲学》，上海译文出版社，2014

[6]马克思：《论德谟克里特的自然哲学与伊壁鸠鲁的自然哲学的差别》（博士论文，1841）

种绝对性的知识。这是它与其他一切知识的最明显最根本的差别。如此这般地理解哲学容易被看作古典哲学的弊病，但是在后现代流行和宗教淡化的今天，却仍然是破解人类精神困局最重要的出路之一。邹先生因此也可看作是国内比较早地使用和达到现象学水准的哲学家。

三、哲学之中有人生

毫无疑问，邹先生是一个有"自己哲学"的人。这种"自己的哲学"不是平素所说的他坚持某种哲学立场，到处替人卖烧饼，而是他有自己独特的哲学理解和风格。唯其如此，他的哲学研究才那样与众不同。

1. 哲学即人学

1988年1月改革开放不足十年，邹先生即在全国率先提出了"哲学即人学"的观点，不仅开全国哲学与人的关系探究之先河，更提出了一个最具自己风格和独创性的哲学观。这可看作是他对自己哲学观最精要的表述，并且他还在最后提出人学基本原理的三个部分——意识论、精神论和人性论，认为贯通人学原理的哲学精神就是合外内之道"这样一个人道即天道的哲学大道理"。[1] "哲学一般的完整整体"就是由本体论、认识论和价值论三部分构成的。[2] 这样一种哲学理解，既可看作是来自德国古典哲学和马克思主义的提炼，也有他自己的人生体会。特别是在当时理论语境下，无异于一种思想冲撞和学林探步。

2. 赌命的学问

我原本想说"生命的学问"，可它体现不出我心目中邹先生的形象和我自己对哲学的领会。世界上有许多学问是根本不需要拿命来换的，而哲学则必须。固然也有许多天资聪慧的人很轻易地就在哲学上做出了大多数人难以企及的成就，但就总体而言哲学却始终是一个必须拿命换的学问。一是拿生命的长度，即用哲学家个人的生命历程去化人类思想史的整个进程，变史思为我思，为此哲人需要长寿；二是拿生命的深度，即必须有对时代和境遇的巨大思想撞击和痛切感，才能化生命为哲思，发出"最后的吼声"，从而振聋发聩。当然，其中也需要哲学家的聪明，不过如今的世界上聪明人不缺（或太多），但却没有真正的哲学家，如此则聪明也就没多大意义。在我看来，邹老师就是拿命赌学问的人，他为哲学而活，他的投入、他的真诚，都使他与哲学不可分离，真正实现"学问人生是一体"[3]，即他的生命本身就是哲学。他的学术研究符合古学之风，实际是一场生

[1]邹化政：《哲学即人学论纲》，《社会科学战线》，1988.01.P77-82
[2]邹化政：《"哲学的大全"导论——哲学现象学》，《长春市委党校学报》，2000.3.P16-20
[3]刘福森：《学问人生是一体》，载《光明日报》，2011.4.19

死决。唯因此，邹先生的文字才极有力道和风格，成为吉林大学学问纯粹化的一面旗帜。人们可以说他不通人情世故，但那和哲学没有关系。相反，那些人情练达的哲学家给社会提供的最多可能是一种俗哲学。此情形正如钱钟书先生在《围城》中所言：大抵学问是荒江野老屋中二三素心人商量培养之事，朝市之显学必成俗学。因为做学问，只有史实没有史士，是得不出史识来的。

3. 思想的必归思想

最近坊间流传一些《能断是金》《苦才是人生》之类的鸡汤图书，在俗人看来无异于自残，但对邹先生说来说明所意指的没准是事实。从旁观眼光看，邹先生一生的生活未必多么富裕和幸福，但他守住了所要追求之物所要追求之理。其状况符合于冯友兰先生关于人生四种境界之第四境界。此四境界为：自然境界、功利境界、道德境界、天地境界。[1]既是境界学问，则越到最后和最高处，境界越是重要。它不只需要聪明，更需要境界与格局，没有那种境界就不会朝着那个方向去领悟，也就不可能达到这个层次。只不过，冯先生强调的四种境界都还是静态的，就如马斯洛的需要五层次一样。其实，做学问的最高的层次是去成为学问本身，做哲学更是。哲学是爱，是成人之学。如今在学术日益成为职业，人人都为稻粱谋的时代，要求人人都做境界学问既不可能也无必要，可即使如此，那些拿命赌学问的人仍然让人肃然崇敬。事实恰如网上流传的一段话：你可以像俗人那样活着，那是你的权利；你也可以像圣人那样活着，那是你的境界；但你不能既像俗人那样活着，又要求人们像对待圣人那样恭敬你。而在邹先生的学问人生里则无疑完成了一个从学者向圣者的转变。特别地，邹先生的学问主要也不在于他究竟比史上那些伟大先贤高出多少，但哲学就是人品学，这也是它作为人学的另外一种含义。学术是我的执念，文化是我的立场。今天，邹先生已经离世10年，仍然有一批人诚挚地怀念他，就说明学问中总有超出名利之上的东西，它不再受环境和体制的束缚而自由飞扬，这是学问的灵魂。这让人想起《提摩太后书》4章6—8节使徒保罗临终前所说的一段话："那美好的仗我已经打过了，当跑的路我已经跑尽了，所信的道我已经守住了。从此以后，有公义的冠冕为我存留，就是按着公义审判的主到了那日要赐给我的，不但赐给我，也赐给凡爱慕他显现的人。"（《圣经》和合本）这段话用在邹先生身上是当之无愧的。

漆黑的隧道终会凿穿，

千仞的高岗必被爬上。

当百花凋谢的日子，

[1]冯友兰：《哲学是一种信仰》，中国工人出版社，2016

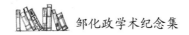

我将归来开放![1]

这也许就是邹先生学术思想的价值，也是他给予我们的启示。

（作者系北京师范大学哲学学院教授）

---

[1]李敖《我将归来开放》（诗）

文化自信与思想超越

——再读《〈人类理解论〉研究》的一些体会

韦家宾

  邹化政老师著作《〈人类理解论〉研究》出版30年了。这部著作面世不久，我就毕业离开学校了。毕业前那一两个月时间，是把这部著作看了一遍，记忆中看得是云里雾里，很多时候是摸不着头脑。从那以来，由于工作性质的关系，就没有再看过了。这次，为了准备这篇小文，更为了追思老师的教诲恩德，硬着头皮利用工作之余的时间，一页一页地把这部著作通读了一遍。思维跟着老师的笔尖，在两千多年中西方哲学的时空隧道里驰骋，看得也是半懂不懂、似懂非懂，有被绕晕的感觉，但收获更多的是，在老师翻来覆去的"唠叨"、苦口婆心的演绎中，对哲学的奥秘有了一些新的领悟，而老师为人治学的卓越成就和高大形象，也越来越清晰地在脑海里浮现出来。

一

  《〈人类理解论〉研究》是一个独特性。无论是放在这30年的时间段落，还是放在近现代甚至更长的哲学史历程来看。

  同样地，邹化政老师是一个独特性。从几十上百年甚至更长时间的哲学史历程来看都是这样。

  2008年2月邹化政老师去世时，有一个生平评价。这个评价写道，邹先生不仅是著名西方哲学史家，而且是哲学思想和理论家。他融合马克思倡导的唯物主义、西方哲学和中国传统哲学构建了自己独特的哲学系统，这在当今国内外哲学界是十分少见的。

这个评价还写到，邹先生的理论博大精深，涉及哲学的方方面面，既有强烈的思辨性，又有厚重的历史感和现实意义，……体现了以人生终极意义为目标的形上追求、以真理为目标的纯粹理论思维的态度、以哲学思辨逻辑为基础的史论结合治学方法，以哲学基础理论研究为志业的理论取向。

这个评价还写到，他对真理和学术有着一种独特的激情。他性格单纯、率直、对人真诚，表里如一，体现了一名学者为人的风范。

邹化政老师的同事弟子有不少关于先生的评述评价。印象比较深的是看到孙正聿教授讲他的《怀念邹化政先生》一文。他讲邹化政老师是最有"故事"的人，讲了老师"沉醉"于"冥想"之中的故事，也讲了老师"沉醉"于"授课"之中的故事。他对老师总括性评价是，"活着的""最后的形上学家"。

学术界的评述评价也不少。一个有代表性的说法是说邹化政老师是一个"怪人"、"怪杰"。

大家都提到邹化政老师常说的一句话：生命之树和知识之树是同一棵树。

文如其人，或者人如其文。在邹化政老师那里，为人为文是高度统一的。

我个人的看法是，就我们目前对哲学的认识水平和对邹化政老师思想的研究理解深度，还很难对老师做出一个全面客观、恰如其分的确切评价。我们的学习研究还很初步、很表面，深入挖掘还远远不够，包括老师提出的每一个思想、观点、理念、论断，他的思想发展脉络，他的理论体系构成及思维逻辑关系，他的思想理论的学术价值、实践价值、社会价值，等等。

进一步看，对于老师在当代国内哲学界中的地位，在当代乃至近现代中外哲学界中的地位，甚至把自古以来的全部哲学史打通，老师在整个哲学史中的地位，我们如何定位，如何把握，如何阐发，如何评述，考虑得还很少。

到目前为止，我们至少可以有一些定性结论。

比如，邹化政老师的贡献是巨大的，邹化政老师是伟大的。

从其为人为文及其一致性上看，邹化政老师是一个独特性。

从当代哲学乃至更长哲学史来看，邹化政老师是一个独特性。

二

邹化政老师的独特性怎么看？

有一个角度，从最本原、最本质的意义上看，是文化自信。

是文化自信造就了邹化政老师的独特性，或者说邹化政老师独特性的深层意蕴，是文化自信。

这是一种自内而外流淌出来的文化自信。

我们看到，尽管老师穿着朴素、不修边幅，很多时候头发直立乱蓬，从教室出来时满身粉笔灰，但这些外在丝毫掩盖不住老师内在强大才气、英气、霸气的放射。

我们看到，每次讲课，不管是讲康德，还是讲黑格尔，老师从来不读讲稿，尽兴地讲，慷慨激昂，一讲就是半天，下课铃响，老师昂首挺胸走出教室，好像打了胜仗的战士离开战场。

我们还看到，那些年老师以独特的传授方式，给学生讲授洛克的《人类理解论》、康德的三大批判、黑格尔大小逻辑和精神现象学以及德国古典哲学、西方辩证法史、人学原理等，那光芒四射的思想智慧，给一代又一代学子以精神营养和精神激励，很多人跟着读懂了洛克，读懂了康德，读懂了黑格尔，读懂了哲学。邹化政老师除了教人以知识外，更多的是给人在哲学创新创造上的充足自信。

我们还看到，老师公开出版为数不多的著作，无论是影响较大的《〈人类理解论〉研究》，还是知之者甚少的《黑格尔哲学统观》和《先秦儒家哲学新探》，都是见人所未见，发人所未发，建人所未建，起码在当代学术界是独树一帜、独领风骚，其中的睿智、从容、自信从字里行间喷射出来。

我个人的看法是，邹化政老师的文化自信植根于中华民族传统文化的深厚沃土，来源于对中西方哲学的精深研究，本原于马克思主义哲学复兴的责任担当。这种文化自信，得益于日积月累的读书研究，在常人难以想象的苦行僧式的冥思修为中觉悟"正果"。这种文化自信，是历经磨难始终不改"初心"，即使受到政治迫害20多年，仍坚持把康德、黑格尔的书一页一页撕下来，在田间休息时、在扫完厕所时偷偷地阅读，凭借自己的天资和努力，在学术上打通中西，形成了自己独特的学术和思想系统。这种文化自信，是敢于向传统叫板，敢于质疑"苏联模式"，在斗争思维和对立哲学包打天下、"唯物""唯心"标签化占据哲学论辩制高点的背景下，坚持真理、独立思考，突破常理、独辟蹊径，还历史以本来、还思想以本真，体现豪迈的革命精神和革新勇气。这种文化自信，是在中国近代以来由文化危机引发的文化自卑和"文革"以后尚未恢复的哲学沙漠中，以民族自信心和对哲学奥秘的深度把握，自觉地承担起对哲学原理和哲学体系的构建，在西方哲学、儒家哲学、形上学、认识论、价值论等领域形成自己独到的建树，以此奠定自己的独特地位。

宋代哲学家张载的"横渠四句"说道，"为天地立心，为生民立命，为往圣继绝学，为万世开太平"。在邹化政老师那里，就有这种文化自觉，有这种文化自信，有这种使命担当。

在田边、厕所埋头研读康德黑格尔时，有这种文化自信；在面无表情沉默静思时，有这种文化自信；在慷慨激昂讲课、昂首走出教室时，同样有这种文化自信。

三

我们再来看《〈人类理解论〉研究》。

这部著作确实是一个独特性。

把洛克的《人类理解论》纳入研究视野，从这本书问世以来的全部哲学史上并不多见，更非一些哲学大家之所为。

与一般的研究类书籍不同，邹化政老师这部著作在洛克的"研究"上着力着墨不多，更多的是借题发挥、自我独白，取的是研究类的书名，写的是自己关于人类理智的思想体系。

选择这样一个研究对象和这样一种演绎方式，是需要足够的文化自信的。

这种自信表现在以下判断上："在这部著作问世以前，西方近代哲学处于使上帝自然化、物质化的自然主义时期。《人类理解论》的问世，起着承前启后的历史作用，使西方近代哲学由自然主义时期进入以人为中心的启蒙时期，并由此过渡到了德国古典哲学那种把世界观问题全部人本化的哲学时期。最后，以费尔巴哈的人本学唯物主义为中介，导向哲学的伟大变革——马克思主义的产生。"

必须有一个超然而又非同一般的站位，才能看清洛克在从近代以来直至马克思主义诞生这一段哲学史中的地位。而得出这一正确判断，又反过来增强向前奋进的信心力量。

对此，邹化政老师在书中的不同场合多次提起。他说，"洛克的《人类理解论》，是培育康德先验哲学的近代祖先，乃至是整个德国古典哲学的近代祖先。"

关于《人类理解论》的历史地位，老师理直气壮地宣布，"这是哲学史上第一个最为系统的认识论体系。"

老师更进一步指出，"《人类理解论》一书的出现，在西方哲学史上第一次从哲学普遍的现实性上，实现了一个根本转折，它使人认识到，全部哲学问题，都可在对人的直接性上归结为人的意识之内的问题，归结为认识论的问题——人的意识问题。人的认识论的问题，其中也便包含着、体现着人对外界自然的本体论问题、世界观问题。这个转折，左右着西方哲学直至今天的发展规律、发展方向。这便决定了在某种意义上，我们可以说，洛克的《人类理解论》，已经在经验论的形式中实现了逻辑、认识论与本体论的统一。"

从这里我们也可以看出邹化政老师选择洛克的《人类理解论》作为"研究"对象的"良苦用心"。老师所谓的"研究"更多的是考虑"为我所用"。老师要阐述自己的人类意识理论，需要"借壳上市"，或者一个思想"孵化器"，在洛克认识论体系的"旧框架"内，装进老师一套人类意识原理的全新内容。

这又体现怎么样一种文化自信啊！

四

《〈人类理解论〉研究》中闪耀真理光芒的东西信手可拾。

比如，讲到人们往往忽略的一个哲学通病，指出，"哲学家们一向把意识的开端——最初的知觉，混同于感官印象，认为人在纯粹感性中就能有意识的开端，而不知意识的开端是感性与理性的统一。"

比如，讲到洛克否认天赋观念问题的要害时毫不客气地说，"严格说来，洛克对天赋观念论的批判，不仅天然具有经验论的片面性，而且根本没有触及到天赋观念论的实质，所以他的整个批判都陷入不得要领的肤浅论辩之中。"老师还一针见血地指出，"思维抽象作用的本性，在哲学反思之下，却从古以来便遇到特殊难以归结为一般、一般难以归结为特殊的哲学疑难，使哲学被迫不得不从洛克的'概念的标记论'，一步一步地走到现在西方哲学那些观点。……这个问题，一直到今天，还在未决之中。"

比如，针对"标签化"的通行观点指出，洛克与莱布尼兹"二者的对立，并不是唯物主义和唯心主义派别的对立，而是二元论与一元论的对立，……洛克与莱布尼兹争辩的中心问题，只是一个观念的后天论与观念的先天论的是非问题"。

比如，从一个独有视角分析西方哲学发展规律时讲道，"经验论与唯理论的对立及其相互调和，是贯通整个西方哲学发展的一个基本规律。唯物主义与唯心主义的对立，也在前提上主要以这个历史规律为基础。……在近代，经验论与唯理论的对立，取得最为突出的典型形式，康德是企图调和二者的典型代表。就他限制理性，否认理性的超验的真理性而言，他最后还是归宿于经验论。自康德以后，中经费希特、谢林到黑格尔，经验论与唯理论、理性与感性的统一，被片面的实现在心为一理的唯心主义之中。"

邹化政老师出身西方哲学，但学兼中西，融会贯通，从内心深处他更推崇中国哲学，这也是他的文化自信。这一点在《〈人类理解论〉研究》就已充分体现。他发掘了中国哲学在世界哲学史上的几个"最"或"第一次"。

比如，他指出，"普遍意识成立于一切个人意识的超验本性中，它是人的一个最为基本的意识规律，因而它实质上也就是思维机能作为实践理性在人对人的关系中把握人的客观存在的一个基本思维规律。这个思维规律的内容，从世界哲学史上看，最早为我国儒家道统的创始人——孔子所揭示，这就是他所提出的推己及人的忠恕之道。"

比如，他指出，"我国儒家道统能在我国封建社会中之所以能代替宗教成为团聚社会伦理生活的意识形态的核心，就因为这个道统在世界史上是最为出色地阐明了思维机能的伦理本性，发扬了以此为核心的子思所谓'合外内'为一道的、思维与存在亦即天道的同一性的世界观体系。"

比如，他指出，"实体的内在组织的动态系统的内部情态，总是随时间的变化而变化，发生着不同形式的电磁作用、弱作用、强作用的放射与吸收的微观过程，及至发生使实体的内在组织产生根本变化的'n→P+e+v'的'β衰变'过程。这样一种动态的实体内在组织系统，在世界哲学史上最早被我国宋明理学家——周敦颐、张载、二程和朱熹以及陆九渊等人表达出来了。在他们看来，气是贯通一切清浊、虚实之物（对张载说只贯通一切实物）的实体，它有其内在精微组织，它们在其相互作用中发生着肉眼所见不到的阳动阴合的精微过程。"

比如，他指出，"我们把物质本体作为实体而存在的实在性，归结为我国理学家周敦颐所谓'无极而太极'的理、道。这个理、道作为物质机能系统，是其物质性与精神性的辩证统一。这种辩证统一性，在世界哲学学史，第一次为我国宋代理学家周敦颐、张载、二程和朱熹朴素地直观到了。物有物身，人有人身；与此相对应人有人心，物也有物心，而人物的身—心统一，同出于物质本体作为实体而存在的气。心为气的固有灵性，……气的一切活动为其灵性所统摄，但却最后又归宿于气之能化生万物变易过程的理、道—此种理、道的实现，始终包容于气之灵性对其自身的节制功能之中。在这个意义上，我们可以推广子思所谓'合外内'为一道的观点，认为物质本体作为实体而存在的实在性，就是一个'合外内'为一道的主客统一性。"

在西方哲学中包容中国哲学，在中国哲学中演绎西方哲学，中西方哲学既达到形式上的对接，又实现内容的融合，共同演绎人类意识原理，这就是老师的境界。

五

《〈人类理解论〉研究》的创新活力体现在每一页的字里行间。

思想活力最直接的体现，是新理念、新概念。

跟着老师的笔尖穿行，我们常常惊奇于层出不穷的新词新句。

比如，在阐述近代哲学历程时提出"上帝的自然化、物质化"和"上帝人类精神化"；在阐述思维机能时提出"思维机能反思其自身的后思"；在阐述人类意识时提出"粗大特殊意识"和"精细意识"，提出"人心无天赋观念而有客观规律"，提出人心的"自然本性的没良知、没良心的乌浊之光"和"理性的大智大勇的日月之光"；在阐述观念起源时提出"感性机能的形象推理""感性的形象之流在思维机能的把握中变成意识之流"；在阐述复杂观念时提出"思维机能的直接性逻辑层次"和"思维机能的间接性逻辑层次"；在阐述实体观念时提出"本体之点""真空之点""实物之点"，提出"本体之点的强弱之量"，提出"实体的内在组织"。

思想活力的背后，是文化自信的支撑。

很多人注意到老师喜欢猫。猫的安静、从容，与老师的性情是吻合的。猫也常常在沉思中。我同样注意到，猫总是喜欢站在高处，露出君临天下的傲气霸气。

想起毛泽东同志以满腔激情描绘革命的星星之火时说过："它是站在海岸遥望海中已经看得见桅杆尖头了的一只航船，它是立于高山之巅远看东方已见光芒四射喷薄欲出的一轮朝日，它是躁动于母腹中的快要成熟了的一个婴儿。"

邹化政老师在《〈人类理解论〉研究》导言中说，"洛克的《人类理解论》发表不久，就有莱布尼兹的《人类理智新论》问世；……这个建立在思维对存在的关系之根本问题之上、并涉及全部哲学深度和广度的重大问题，自康德以来，中经费希特、谢林和黑格尔，已经提高到了一个更高的水平。……自从马克思主义的伟大哲学变革产生以来，迄今为止，还很少有以这种哲学变革的实质为指导原则，结合现代科学、吸收德国古典哲学的成果，对这个问题做出一种系统的、马克思主义的'新论'来。而这个工作对理解马克思主义哲学的精神实质，是非常必要的。笔者对这个问题，虽经二十几年的研究和思考，但本书也够不上'新论'，只能说是对这个课题的一种探索和尝试。"

从这里可以看出，老师是在俯瞰从近代西方哲学一直到马克思主义哲学的高处来做这本书的，尽管他谦虚地说本书够不上"新论"，但我觉得，时间将证明，这本著作够得上马克思主义哲学"新论"。

（本文作者单位：广西壮族自治区党委组织部）

邹化政精神遗产——《黑格尔哲学统观》

武　跃

　　写下这个标题，心中涌起无限感慨。感谢众学兄发起出版"邹化政学术研讨会"纪念文集的倡议，使我有机会向先生表达深切的缅怀和感恩之情。在此首先再现一个久远而清晰的画面——

　　1987年初夏的一天，我陪同先生在长春某医院门诊楼外的一条石凳上等待身患重病的师母做一项比较耗时的检查。我大概和先生说了几句宽慰的话，但他没有一点反应，眼睛出神地盯着前面的一片灌木丛，突然转过头来问我："你说黑格尔真的认为这片树丛只存在于人的意识之中么？没有人的意识，它就不存在么？黑格尔为什么会这样想问题？"先生的表情是那么的童心质朴，眼神是那么的深邃专注，完全忘记了身在何处。

　　已经记不得我当时是怎么回答先生的，肯定是不着边际地胡扯了几句，但这一画面深深地印在了我的脑海中。时光荏苒，岁月悠悠，今日往事重现，先生离开我们已经十年了。而我于1988年获西哲史硕士学位后入行财经媒体，距今已经整整30年！作为一个曾经迷失于存在问题的英语本科生，虽有幸受益于当年国内屈指可数的西哲史大师之一，但三年苦读自觉才智平庸"悟道"不易，之后的职业选择便知难而退。然而在离开吉大以后，多年来一直有个未了心结：虽然拿到了学位，但其实并未完全读懂黑格尔。个人的体验是，西哲史上其他哲学经典或哲学体系，如功夫下到还是能有所得，但黑格尔则是一座罕见的精神迷宫，耗费心力最多却所得甚少。正是这种沮丧感让我心有不甘，很长时间，我一直在不时留意国内外有关黑格尔研究的著述和论述。未曾料到的是，最终满足了我内心期待的仍旧是先生30年前的一部旧作——《黑格尔哲学统观》（下称《统观》）。前述"邹化政之问"的谜底就隐藏在这部旧作中。

　　然而《统观》并不是一本好读的书，如果不是比较熟悉作者的思想和语言风格，很难对其中探讨的一些涉及黑格尔哲学最核心的问题有个准确的把握。该书出版于1991年，序言写于1984年，说明成书时间较早，在我读研的1985—1988年仍在修改之中。我是很多年后才知道这本书的，读后深感先生的思辨力道。需要申明的是，本文所涉及问题大多是黑格尔研究的老生常谈，我只是从一个业余"黑粉"的角度谈一点《统观》带给我的精神享受，梳理一下当年的未解之惑，在此绝不敢妄称讨论学术问题，误读和偏颇之处还望众学兄海涵并不吝赐教。

一、"绝对精神"究竟应该怎样理解？

　　黑格尔哲学有两个非常重要的概念，一个是绝对理念，一个是绝对精神，它们共同构成了黑格尔哲学的骨架和内在生命。30多年过去，国内黑格尔研究基本摆脱了费尔巴哈对黑格尔的误读（认为其哲学体系是《圣经·创世纪》的残余），对绝对理念作为黑格尔哲学的本体是一个内在于宇宙整体的"逻辑先在"而非"时间先在"已成定论。从现有文献看，先生是国内最早纠正费尔巴哈误读的学者之一。据《张世英回忆录》，1982年他在长春讲学时谈到黑格尔《逻辑学》中的纯粹概念外化为自然是一个逻辑先决条件，当时台下的邹化政老师"会心一笑"，事后才知他在吉大坚持同样观点已经好多年。但是先生非常谦虚，他一再对我们强调说："很多观点并非我的创见而是黑格尔的原意。"《统观》认为，黑格尔在其《哲学史讲演录》中对柏拉图的理念论进行了"黑格尔化"的改造——"柏拉图的理念就是现实世界，理念是感性存在的内在本质。"这应该是绝对理念之逻辑先在的最直接证据之一。

　　《统观》指出：绝对理念作为黑格尔哲学的本体，是有关世界本质和规律的辩证法，是一个共相和精神活动性，其逻辑先在就是黑格尔说明世界的原则。这个应该不难理解。那么绝对精神又是什么呢？综合黑格尔和《统观》的有关表述，这个概念的准确理解是："绝对精神是绝对理念自身运动、自我展开、自我规定这样一个自我实现的过程，绝对精神是绝对理念自身存在的现实性或表现。"对于常识思维来说，这个表述依旧难懂，原因在于，在黑格尔那里，绝对理念之所以能够自我实现为绝对精神，是因为绝对理念作为一个精神活动性是能动的、有生命的、并和人一样是具有自我意识的。抛开这个概念的神秘色彩，先生认为，先不说绝对精神的内涵是什么，黑格尔的原意应该非常清楚：如果说绝对理念是逻辑上在先，那么绝对精神就是逻辑上在后，前者以后者为目标，并通过后者实现自身。

就本人的阅读范围，《统观》应该是国内最早将绝对理念和绝对精神的关系阐述清楚的：绝对理念将自身实现为绝对精神，其实就是人追求绝对真理的过程，因而绝对精神就代表绝对真理。黑格尔所说的绝对理念通过艺术、宗教、哲学将自身显现为绝对精神，实际上就是指不同精神素养的人所能达到的不同精神境界，其中以理性思维的对象哲学为最高层次

当年国内学界多有将绝对理念和绝对精神混为一谈的，后来大都做了纠正。但时至今日，国内仍有学者对这两个概念不加区或只提绝对精神，还有在大陆名气很大的台湾学者傅佩荣在其《西方哲学与人生》这本通俗读物中，也是用绝对精神而不是绝对理念的自身运动来介绍黑格尔哲学。问题究竟出在哪里？据我个人的分析，大概有这样几个原因：其一，前辈学者的误读可能与马哲经典存在的误读有关，这在学界是公开话题；其二，黑格尔原著的表述也存在前后不一致的地方，这并不奇怪，在西哲史经典实属常见；其三，当代国内学者的"误读"可能是更偏重从"绝对理念自身存在的现实性或表现"来理解绝对精神，这个可能需要商榷。

仅从"绝对理念自身存在的现实性或表现"这个角度，用绝对精神来代替绝对理念的自身运动，是否妥当？我的看法是，一般性的介绍并非绝对不可，但是在专业范围还是要对两者加以区分，至少要交代一下两者的关系。理由是：黑格尔就是因为这个虚构色彩很浓的绝对精神，200年来不知蒙受了多少浅薄误解和刻薄贬损，甚至在相当长时间影响了黑格尔哲学本应有的历史地位。而更多地强调绝对理念就不一样，这个源自柏拉图的概念不仅能体现西哲史本体概念的连贯性，也更符合黑格尔用其说明世界的逻辑先在原则。在《统观》中，绝对理念的主导地位非常明显，绝对精神只是作为绝对理念内在辩证运动的目标和结果被讨论，而且与黑格尔原著的很多关键表述相符。因此我认为《统观》的解读更具专业力量。

《统观》最后给出了更为清晰的阐释：黑格尔的绝对理念就是中国哲学的天道，绝对精神就是天人合一。这样一来，黑格尔的这两个很难把握的概念的内在逻辑便清晰展现，并使得玄奥、神秘的黑格尔哲学接了地气。对于国人来说，只要稍具人文修养，就不难理解作为中国哲学史开端的天道概念是一个贯穿天地万物、人类社会及人的精神生活的本体，它也是一个逻辑先在，与黑格尔的绝对理

念非常相近，区别只在于前者是一个"不可言说之物"，后者是一个概念体系。相应的，天人合一则体现了人的精神提升过程，"悟道"既可通过诗词、书画、音乐来表现，亦可通过修行和思辨达致信仰和哲学真理。所以《统观》作者说黑格尔的绝对精神体现的是人类精神的最高境界。

二、实体即主体天道即人道

黑格尔的绝对理念何以具有自我意识？它与人或人的自我意识是什么关系？我曾经长时间为这个问题所困扰，最终是在《统观》作者的天道观的启发下，以及在黑格尔的宗教哲学中，感觉接近了问题的正解。这里涉及同一个问题的两个方面，一个是逻辑的，一个是宗教的。这里先谈逻辑的一面，需要提及黑格尔在《精神现象学》里提出的"实体即主体"这一著名论断。

"实体即主体"是黑格尔哲学最为核心、也是最难理解的概念之一，即便具备一定的西哲史基础，在这个问题上也经常被黑格尔和黑格尔的研究者搞晕。简单来讲，这个论断是黑格尔哲学的本体——绝对理念作为一个精神活动性、一个概念体系的人格化。西方哲学史的本体概念，在近代自笛卡尔开始演变为精神实体（人心作为有限心灵实体）、物质实体、以及作为二者最高根据的上帝无限实体，直到斯宾诺莎提出"实体是自因"，并宣布"上帝是唯一实体"，"上帝即自然（God, the Nature，海外华人学者译为'上帝是万有之本性'似更准确）。"——借用《统观》作者的研究，"最终实现了上帝向自然的回归。"下一步就是上帝向人的精神的回归，最后是由黑格尔完成的（后详述）。

"实体即主体"在学界有多种理解，这里的主体并不局限于作为认识论主体的人，阐述清楚这个问题实无把握，我感兴趣的是这个论断或可消解绝对理念具有自我意识的神秘性。在这个问题上，就我所知，不包括《统观》，大致有这样几个通俗的解释：一个是人大哲学教授张志伟的观点，他认为在黑格尔那里，人作为主体和世界作为客体都是宇宙组成部分，主体对客体的认识实际上就是宇宙本体的自我认识，因而实体（本体）就是主体。另一个是在英美学界比较流行的观点，即在黑格尔看来，人作为宇宙最高的精神性存在，不过是黑格尔的绝对理念实现自身的工具，因而人的一切意识活动都是宇宙本体的自我意识过程。再有就是美国已故哲学教授Arthur Holms的观点，他认为黑格尔的宇宙本体的自我意识，其实就是人的自我意识的投射和放大，两者就是微观世界与宏观世界的关系，它们遵循的是同一个规律。类似的观点应该最早见于费尔巴哈——黑格尔的上帝（绝对理念）就是人的自我意识的异化。但是这位美国教授是位虔诚的基督徒，他绝不会同意费尔巴哈的上帝异化说。

张志伟的观点很富启发性，由此或可引申出西方哲学在黑格尔之后的非理性转向问题。后两个观点感觉猜测的成分居多，似乎缺乏必要的逻辑说明。而早在80年代，《统观》作者就基于黑格尔说明世界的原则——绝对理念作为一个逻辑先在的宇宙本体，阐明了绝对理念何以具有自我意识以及它与人或人的自我意识的关系问题。

据《统观》原表述："黑格尔的整个哲学体系都是这个逻辑先在原则的展开，并在表达这样一个基本概念——本体不是一个自身存在的现实性，它只是一个贯穿宇宙体系或存在过程的共相，一个表现包括人在内的精神现象的内在统一基础。就其作为一个普遍的规律体系来讲，它就是中国哲学所谓的道和理。"《统观》进而得出结论："黑格尔将上帝（绝对理念）这个最高精神本体与人心这个有限精神本体统一起来，把前者作为后者的本源和基础内在于后者之中，前者作为天道只能表现在后者作为人道或人性之中。而后者作为人道或人性，就其本源于前者来说，同时就是天道。因此在黑格尔看来，人就其本质来说就是天道，就是上帝。至于个人能否将自己实现为上帝，则是另外一个问题。"后面我们将看到，《统观》将人的本质等同于天道和上帝是一个何等深刻的见地。

在《统观》的引导下，我尝试这样理解绝对理念的自我意识问题：其一，黑格尔的绝对理念与人的关系很容易落入时间先在的陷阱，既然是逻辑先在，那么绝对理念作为黑格尔哲学的本体，它首先也只能是为人的心灵所意识，因为人的存在根据或本体也是绝对理念，而后者只能通过前者得以显现。所以《统观》认为，绝对理念绝不脱离人的意识而存在，毋宁说，它就是人的意识的内在本质。从这个视角看，黑格尔哲学的出发点就是人。其二，绝对理念作为天道，既然只能通过人的存在显现其自身，那么人对绝对理念的认识，就是绝对理念的自我认识，在其现实性上，它也就必然表现为人对天人合一境界的追求。从这个意义上来说，以我的理解，绝对精神就是一个必要的概念设定，并非如很多批评者认为的那样神秘而不可理解。其三，"实体即主体"与"天道即人道"表达的基本是一个意思，天道作为中国哲学的本体概念是否具有人格化特征已经争议了两千多年，在其与自然化天道观的对峙中，《统观》作者显然更倾向于儒家主张的人格化天道观。

三、上帝：黑格尔哲学的真正诞生地

现在来看绝对理念自我意识问题的宗教内涵。在黑格尔哲学中，上帝的概念贯穿始终，对中国人来讲，它无疑构成文本解读的语境障碍。如果我们深受无神论影响，对有神论持简单否定态度或对西方人的宗教情怀无感，就很难理解西方哲学的精髓和魅力何在。

在黑格尔哲学中，上帝、绝对、精神与绝对理念所表达的都是同一个内容，还是那个作为宇宙本体的共相和精神活动性。黑格尔为什么要用上帝的概念指称其哲学本体？据国内21世纪以来的研究，黑格尔哲学的真正诞生地应该是其早期神学思想，"上帝就是绝对理念"最早出现在其《耶稣传》中。而早在80年代，先生就从西哲史发展的内在逻辑阐述过这个问题——近代西方哲学的一条主线就是上帝的自然化和人本化，黑格尔高于前人之处就在于他将上帝从时间先在变为逻辑先在，这是一个怎么强调都不为过的理解黑格尔哲学的紧要所在。

上帝作为一个哲学概念始于中世纪基督教神学，以后笛卡尔、贝克莱、莱布尼兹都将上帝作为思维与存在同一之外在的最高根据。不过，作为哲学概念的上帝与基督教的上帝不是一个概念，但后者无疑是前者的精神来源。根据《统观》，基督教的上帝从虚无中创造世界，等于确认了一个独立存在的客观世界，同时又保持了上帝纯为一精神本体的实在性。但上帝创世是一个时间先在事件，黑格尔不接受这样的虚构神话，认为上帝不是外在于客观世界，而只能是作为内在于后者的本质这样一个逻辑先在。显然，这样的上帝已经是被黑格尔改造了的斯宾诺莎的泛神论，亦即在"实体即主体"这个命题中完成了上帝向人的精神的回归，并奠定了其哲学的人本主义基础。与此同时，它也揭示出"邹化政之问"所追问的黑格尔心目中的真实世界——它只是一个为人的意识所显现的世界，独立于人的意识的客观世界是根本不存在的。这就是黑格尔超越了主观唯心主义和客观唯心主义的"彻底唯心主义"。

在西方学界，黑格尔对上帝的人本化改造一直被批评者视为是对上帝的亵渎，认为黑格尔哲学就是要将人变为上帝——在这个Man-God之中，神性与人性的界限不见了，一切都源自黑格尔这个狂妄自大的路德宗新教徒。而事实上，这是对黑格尔的天大误解，只要大致了解黑格尔的早期神学思想和后期的宗教哲学，就会发现黑格尔对基督教上帝的人本化改造只有一个目的——信仰必须建立在理性基础之上，否则就永远停留于神话和盲信的表象，无法抵御无神论的攻击。

黑格尔有句名言：宗教可以不理会哲学，但哲学必须过问宗教。在黑格尔看来，理性是神和人的共同本质，并且构成世界内在固有的深邃本性，因而神对人的启示或人对神的认识不仅可能而且是必然的——"理性乃是神向人启示自身的精神场所。"而宗教则是理性"最高、最合理的作品"，宗教和哲学一样都是基于普遍的理性，对于人来说，宗教不是"外在的感受而是人的精神本性，在其心灵深处有坚实的根据"。基于此，黑格尔反复强调说，对上帝、精神的认识（亦即上帝、精神的自我认识）是宗教与哲学共同的终极目标，神秘的信仰因理性的解释而成为知识，宗教神学因被赋予了理性内涵而成为哲学。

有关宗教与哲学的关系，黑格尔还有更直白的表述："宗教教义不过是哲学概念的譬喻和表象"。在黑格尔那里，基督教的三位一体、原罪、复活等教义都是上帝（绝对理念）通过自身分裂与和解、从而达到自我认识、自我回归的象征，——英美学界认为，黑格尔辩证法的"否定之否定"就源自基督教的三位一体。而最为重要的是，在黑格尔的宗教哲学中，作为基督教正统教义的耶稣"神人同形论"（Anthropomorphism），就是黑格尔的Man-God这个概念的全部内涵，其中隐藏了黑格尔哲学的全部秘密。在这个概念中，神性与人性合二为一，上帝、绝对、精神作为绝对理念与人的自我意识就是一个东西。这无疑是基督教文化中普遍认为的神性内在于人性、人能够在世俗和精神生活中不断地趋于神性的理论基础所在。它同时也旁证了《统观》作者对黑格尔哲学的精准把握——"在黑格尔看来，人就其本质来说就是天道，就是上帝。"

在英美学界，黑格尔的上帝概念也是一个焦点问题，通俗的解释是：黑格尔是想借用上帝的概念让哲学更贴近大众意识。这个解释在基督教国家应该是说得通的。美国杜克大学《哲学评论》刊发过一篇探讨黑格尔上帝概念的论文，作者在谈及绝对理念的原初动力时引用了黑格尔的一句原话——the Logicsetsforth the firstself-movement of the Absoluteideaastheoriginal Wordor Self-expression（《逻辑学》实乃绝对理念自身运动的第一推动力，这个绝对理念就是上帝或自我启示者）。在这里，Word指的就是上帝，语出《圣经·约翰福音》首句——In the beginning was the Word, and the Word was with God, and theWord was God（太初有道，道与神同在，道就是神）。这句话也印证了黑格尔哲学的主干是绝对理念而非绝对精神的自我运动。黑格尔的绝对理念的内在生命和原初动力是一个极为深奥而有趣的话题，我们在此仅理解了基督教的"道成肉身"在黑格尔哲学中的分量以及它对大众意识的感召力就够了。而我惊讶地发现，《统观》作者早在80年代就"猜到"了同样的意思："黑格尔的上帝作为一个世界最高的精神本体，一个贯穿于其内的道和理的实在性，如果他的骨和肉、他的神圣的血液，不是作为万物的共同质料基础而进入现实世界，它又怎能体现为是宰治这个现实世界的最高本体呢？"

四、感受黑格尔哲学的"汹涌波涛"

以上是我对《统观》全书部分关键内容的理解，希望大体符合先生的本意。我认为，与同类研究相比，《统观》的独到之处和学术价值主要体现在以下两个方面。

其一，《统观》用常识思维能够理解的叙述方式，将隐藏在黑格尔的极为抽象、晦涩的思辨语言中的哲学真谛挖掘了出来。记得当年苦读黑格尔时，先生曾经对我们一再强调说，黑格尔的哲学体系并不是悬在空中的唯心主义虚构，黑格尔关注的都是人类精神面对的现实问题，黑格尔哲学的精神实质就是在探讨人的自由以及人的自由意识的进展，这是自康德开启的德国古典哲学的灵魂所在。因此先生在《统观》中总结说：黑格尔哲学是哲学史上（不限于西哲史）最伟大的人本主义哲学。我对此的解读是：只有站在这个高度，我们才能理解"绝对理念的自我运动、自我规定、自我实现"这类诡异表述的真实含义，它无非是在说，在一个没有人身或思想自由的社会，人的一切都是"被规定"，哪里有什么自我可言？这也是黑格尔《精神现象学》中的"主奴意识"和《历史哲学》中的"在东方专制社会只有一个人是自由的"这两个著名论断的哲学表达。

其二，《统观》作者从原著阐发原意的角度，对黑格尔哲学研究中的诸多误读予以了纠正，至少是对已成定论的东西提出了强有力的挑战。除了本文关注的问题，《统观》的颠覆性观点还有：一、绝对理念外化为自然并不神秘，它与黑格尔的绝对理念作为天道从而人的自我意识这个说明世界的原则在逻辑上是一致的，反映的是一个在人的意识确定性中的"思有关系"。二、黑格尔的绝对精神作为其哲学体系的终点，并不意味着黑格尔宣称自己的哲学达到了人类精神的顶峰，它毋宁是一个开放的体系。三、《统观》中引用了很多物理学公式来说明黑格尔的哲学本体作为一个规律体系的理或道的实在性，非常启人心智，为我们理解黑格尔何以对逻辑、理性、概念如此推崇提供了实证思路。

不夸张地说，先生早在80年代对黑格尔哲学的研究即便放在今天也属一流水平。而当时的时代背景是，国内的长期思想禁锢刚刚开始松动，研究西哲史却几无国际交流，西文学术文献也非常匮乏，先生是凭借着一己之力，从俄文转学英语，通过阅读西哲史经典原著和译著，将国内西哲史水平提升到了一个在当时就堪与国际学术界对话的高度。

吉大哲学系有一个流传至今的美谈，那就是先生曾经在课堂上手舞足蹈、忘情地将黑格尔哲学比喻为"大海的汹涌波涛"，现代西方哲学的开启者胡塞尔的现象学不过是这汹涌波涛中的"一朵美丽的浪花"。我猜测，先生对黑格尔哲学的赞美与迷恋，对黑格尔哲学诸多开创性的深度解构和高度评价，一个合乎情理的解释应该是：先生对黑格尔哲学的认同是发自内心的，对黑格尔哲学内在于人的意识之中的本体概念——绝对理念亦即中国的天道是深信不疑的。而先生的这一信念深刻影响了邹门弟子的哲学观——本体论就是哲学的灵魂。先生喜欢用孟子的"尽心知性而知天"来解释黑格尔哲学的绝对精神，这又何尝不是先生本人的真实精神写照？

谨以此文作为我痴迷黑格尔哲学的一篇浅陋之作，追忆先生的音容笑貌，并向先生的在天之灵行弟子礼。

本文参考书目及论文：

黑格尔：《精神现象学》、《小逻辑》、《哲学史讲演录》

贺麟：《黑格尔哲学讲演集》

邹化政：《黑格尔哲学统观》、《〈人类理解论〉研究》

张世英：《论黑格尔的逻辑学》、《天人之际——中西哲学的困惑与选择》

赵林：《黑格尔的宗教哲学》

邓晓芒：《思辨的张力——黑格尔辩证法新探》

邹广文：《人在场的本体论与马克思哲学基本视域》

胡自信：《黑格尔与海德格尔》

邓安庆：《黑格尔的精神现象学——俗世中的精神花朵》

（加拿大）查尔斯-泰勒：《黑格尔》

（英国）戴维-福特：《基督教神学》

（美国）J. A. Leighton：Hegel's Concept of God

（英国）Murry N. Rothland：Hegeland the Man-God

（美国）Susan J. Fleck：Hegelon Absolute Spirit

（作者系《国际商报》高级记者）

让哲学之光红霞满天

——邹化政先生逝世十周年祭

李晓勇

岁月倏忽，十年转瞬，邹化政先生已经离我们远去快十年了。

3月18日，长春下了第一场春雨，铁筋大哥、代生和我如往年一样，来到福山寿明园，拜祭邹老师，寄托哀思。看着墓碑，我在想，邹化政先生给我们留下了什么，我们以什么来怀念邹化政先生？有人说，哲学需要普照光。有了刘丹岩先生、邹化政先生、高清海先生、舒伟光先生等等，才有了吉林大学哲学系。还有人说，没有哲学史的哲学系不是真正的哲学系。因为邹化政先生讲授康德黑格尔哲学，讲授西方哲学史，培养了一代学术精英。所以，吉林大学哲学系是有哲学的哲学系。或许，这就是邹化政先生为我们留下的弥足珍贵的财富，他为我们点亮了哲学之光，让哲学之光映亮了吉林大学哲学系，使之成为中国哲学的北方重镇！

我有幸结识邹化政先生原因有二：一是当时我刚考入吉林大学哲学社会学院外国哲学专业，跟随王振林老师攻读硕士研究生，因我不是公办学校毕业的，更没有经过科班训练，振林老师想让我在邹先生那里熏陶熏陶；二是邹先生虽已77岁高龄，且已退休近20年，但仍笔耕不辍，正在完成最后一部力作《第一哲学原理的科学体系》，也算收官之作，对自己哲学思想有一个系列梳理总结。因邹先生不习惯用电脑，我便承担起了将手稿录入电脑的工作。

初见邹化政先生是在2002年9月4日，先生给我的第一印象是高大，典型的山东人，高大魁梧、厚重踏实；第二印象还是高大，在我心里是高山仰止的人物，当时我所听过的哲学系的所有老师的课，从振林、天成、大志，到正聿、利天、文新等，诸师无不提及先生。第三印象更是高大，因为先生没有什么开场白、见面语、寒暄客套、家长里短，单刀直入地问我什么是哲学，我如是说。先生只是静静地听，既未肯定，也未否定，然后就面色如常地对我说，你每周三8点到这儿来，咱们从古希腊讲到康德，系统地学习西方哲学史。今天，咱们讲讲什么是哲学。当时听的云里雾里，只是零星地记得先生说，"哲学是科学的共相，哲学是有关共相的反思；科学是有关殊相的反思，是多样化的反思。哲学以明智而智慧的学问或知识体系本身为对象，这就是说，哲学还要研究以事物存在实在性为对象的那种知识系统是如何产生的，如何发展的。这种研究就是所谓的知识论。因此，哲学认识论实际是必须以哲学本体论为基础：必须首先有了哲学本体论的存在，然后才能有哲学认识论的存在。因为有了本体论才能有关于'事物存在实在性'的学问和知识共相。从而，有了这个学问和知识共相，认识论才能从它的对象——认识论的对象就是学问和知识共相，是对它的反思。"等等。现在回想起来，我没听懂先生讲的东西，先生是高人，讲得高深莫测，对我而言只剩下"高大"了。回忆与先生近八年接触的点点滴滴，我想用四句话概括我所认识的先生：勤勉执着的治学态度，谦逊平和的为人态度，克尽厥职的工作态度和举重若轻的生活态度。

勤勉执着的治学态度。先生给我单独授课，是哲学大师对着没有经过专业训练的哲学初学者。但先生每次讲课都是精心准备的，先生讲课时，时不时翻看老版的有些"破烂"的黑格尔《哲学史讲演录》。而且讲课时必须跟着他的逻辑，虽然每周只是8点到11点，3个小时，但每次课后都特别的累。而且，3个小时我们老少两人能吸1盒烟。现在想想，先生的世界里只有哲学，所以对着一个没有经过任何哲学训练的人讲授哲学，他也会认认真真、恪尽职守，这是他对哲学的尊重，对哲学的爱。我记得一次酒桌上铁筋大哥说的一件往事。"文革"前，有一次先生在课上讲授黑格尔，他越讲越兴奋，最后当着全班同学举臂高呼"黑格尔万岁"，可见他对哲学是多么的痴迷。可能这也是先生后来被打成"现反"的原因之一吧。那个年代，只有"毛主席万岁"，先生却冒大不韪，虽是真情流露，兴之所至，但后果肯定是十分严重的。

每次课后，先生都会把书稿交给我，书稿写在A3大小竖版稿纸上，字很大，都是繁体字，但很工整。30万字的一本书，书写量还是很大的，对于我而言，是不可想象的。可能对于哲学大师而言，按着自己的逻辑逐步推演展开，是一件特别幸福满足的事儿，因为他在建构自己的哲学世界。

记得有一次到邹老师家，见先生的精神状态比较差，他说，昨晚写稿到凌晨3点钟，现在特别累，咱们今天就不讲课了。近80岁高龄的老人伏案疾书至凌晨3点，既无评职晋级压力，也无功名利禄诉求，唯有对学问的热爱和执着。如果不是为写书所累，我想先生也不至于病发，对于真正学者而言，上班和休息没有差别、在岗和退休没有差别。邹先生病发入院稳定后，坚持审看我打印的书稿。某日他对我说，"晓勇，下次书稿钉得薄一些，现在太厚了，我举着看时间长了累。"身体每况愈下，但他更多关心的是自己的著述，而非其他，这大概是先生这样的真学人与普通人的差别吧。

谦逊平和的为人态度。先生做学问是严谨的，丁是丁卯是卯，不能有半点的差池，对学生更是特别严厉。有一次课上，他讲着讲着，忽然问我一个问题，我的回答让他大发雷霆，他说，"你滚回去吧，再别来了，榆木脑袋。"我只能灰溜溜地从先生家出来，给振林老师打电话。振林老师听后反而特别高兴，她说这是好事儿，老爷子这是真正认可你，把你当成了自己的学生才会如此。但在为人上，先生却是伟大的慈父、邻家的爷爷。2003年3月5日是先生78岁生日，我买了烟和酒，准备请先生吃顿饭，祝贺一下。先生坚持他请客，并拿出了自己的茅台酒和中华烟。虽已过去多年，每每回想起来还特别温馨。如果先生家午饭丰盛，他都会留我在家里吃饭，给我打打牙祭。饭后肯定要和他打扑克，玩扑克时，先生再无学者的威严，而是我的同龄人，常常为了一张牌争得面红耳赤，时而怒不可遏，时而开怀大笑。

克尽厥职的工作态度。先生自2002年9月至2003年10月病发，为我授课一年多，从未中断。虽然只有一师一生我们两个人，但他却经常讲得特别兴奋，有一次他讲得高兴，我听得投入，竟都忘记了他手里夹着的烟，烟把手指烧了个水泡。

我以前一直认为，先生外语不是很好。有一次大志老师说，吉林大学图书馆所有外文哲学书籍，基本都有邹老师的借阅记录，现在想想，一个外国哲学专家，怎么会不研读外文原著呢。邹先生的著作《〈人类理解论〉研究——人类理智再探》和《黑格尔哲学统观》，都是需要在对西方哲学诸多著作反复研读基础上完成的。王振林老师曾经提及，她读大学在图书馆看书时，总有一个打扫卫生的老头儿，在干完活儿之后，就在一个角落拿着几页皱皱巴巴的书页看，后来才知道这个老头儿就是邹化政先生，而那几页皱皱巴巴的纸却是黑格尔的《大逻辑》。因为邹先生被定右派，劳动改造，肯定不能堂而皇之地读书做学问，但却未割断先生对学问执着专注的情节和热爱，他只能将《大逻辑》拆分，每天看几页。所以，邹化政先生才能将自己的所学所得传授给他的学生们，才能使吉大哲人在康德、黑格尔哲学研究上有所成就，才能被吉林大学哲学系诸多老师所认可。做真学问就要踏踏实实，来不得半点投机取巧，功夫在人后、功夫在平时，如果仅是读二手书、吃回锅饭，是万万不能取得创造性成就的。

邹化政先生讲课是非常投入的，他讲课的时候情绪特别激动时，喜欢用手使劲敲黑板。关天鸿在《哲院夕阳红胜火，燃得万世美名传：邹化政》中记述，有一次，邹先生好像讲什么辩证法还是什么的时候，老爷子越讲越激动，越讲越手舞足蹈，讲到"思想"二字的时候，用手拼命地一下下砸玻璃黑板，结果用力太大，直接把那玻璃黑板给敲碎了。玻璃碎片一下子就飞下来了，老爷子当时手就出血了。坐在前排的几个学生吓坏了，七手八脚的要送邹先生去医务室。没承想，老爷子一下子把学生们撵了回去，用纸稍微擦了擦，又接着讲起课了！邹先生一讲起课来，什么都不管。他若是处在了兴头上，谁也甭想把他拽回来。我想唯有邹化政先生这种将做学问视为自己的生命的人，才不会感觉到做学问的清苦与孤寂，才能快乐地沉浸在自己的世界里，才能成就一代哲学大师。

举重若轻的生活态度。邹化政先生视学问如生命，斤斤计较、锱铢必较，生活中的他却淡然豁达，举重若轻。经历过反右和"文革"的磨难，即便生命受到威胁，也挡不住他对哲学的执着和热爱。如果生活中的邹先生没有大海般的胸怀，可能就会在磨难中沉沦，一蹶不振。而且，从先生1954年从中国人民大学研究生班毕业任讲师至评上副教授，差不多过去了30年的光景，然而他却淡然处之，即便当高清海先生破格评为副教授，很多人替他鸣不平、抱怨时，他却说"高老师够，我也够，所以没什么。"换作他人，我想这是很难做到的。

生活中的邹先生，酷爱京剧，家中尽是京剧的唱片。有一次他说，现在的电视都播些什么乱七八糟的。我问，你觉得应该播些什么呀？他斜着眼睛看看我说，那不是废话吗，京剧是国粹，不播京剧播什么。现在想起，觉得老爷子特别的可爱。其实邹先生对中国哲学也是颇有研究和见地的，对中国哲学极为推崇，晚年也想贯通中西哲学，他曾出版专著《先秦儒家哲学新探》，吉林大学中国哲学的老师们受益良多，景林老师自称是邹先生的学生，连良老师也说过，离开邹化政先生，不会搞中国哲学了。所以，邹先生热爱京剧，反对现在的电视节目也就不足为奇了。静心想想，确实也是如此，国粹在现在的中国越来越没有市场了。如果一个国家、一个民族，失去了传统，失去了融化在血液中的东西，是可悲的、也是可怕的。

邹先生病后，行动不便，身体的各项机能也渐渐地衰弱，理发变成了比较麻烦的事情。我突发奇想，买了一把推子，当起了理发师。我的理发技艺为零，唯一会做的便是将头发全部剃掉，理个光头。每次理发后，都会拿个镜子让老爷子自己看看，他歪着的嘴角便会更歪，含糊不清地夸赞道："很好很好！"其实这个时候我的心里很不是滋味，一代哲学大家的形象确实差了点，但邹先生却不以为然，可能这就是生活中的他的真实写照吧。

广文老师主持出版邹化政先生纪念文集，在先生逝世十周年之际缅怀悼念邹先生。广文老师让我写点东西纪念先生，我诚惶诚恐，只能回忆一些与先生接触的点滴。很遗憾，我当下没有从事哲学研究和教学方面的工作，辜负了邹先生近一年的教导，但先生的为学精神、为人品质、工作热情和生活态度，却是我终身受益的财富，与先生近八年的相处也是我人生中最为美好的回忆。愿邹化政先生在天之灵安息，愿邹化政先生为我们播撒的哲学之光红霞满天，愿吉林大学哲学社会学院明天更美好！

2017年3月26日凌晨

（作者现任职于吉林省委宣传部）

附录：

关于《〈人类理解论〉研究》一书的通信

贺　麟

化政同志：

来函及所著《〈人类理解论〉研究》一书业已收悉，感谢你的惠赠。

近年来，我国西方哲学史的研究已经走出普泛的通史领域，开始了专题专著的深入探讨。有些同志撰写了书稿，出版社编辑了丛书，学术界又添生机，哲学后进接踵而至，退而思之，令人欣慰。

洛克的《人类理解论》是西方近代哲学史上的一部名著，它不仅内容博大、思想丰富，涉及当时几乎所有的重大哲学问题；而且具有承上启下的作用，它上承培根、霍布斯等人的经验论哲学，下开贝克莱、休谟乃至法国唯物论等诸多流派之河；特别是在此基础上建立起来的经验论与笛卡尔、莱布尼兹等人的唯理论既对立矛盾又融合统一，这就为德国古典哲学准备了丰厚的基础。

你的《〈人类理解论〉研究》是一部较为扎实的学术著作，此书能够站在哲学总体性的高度分析研究洛克的哲学思想，其论辩较为深刻，逻辑略趋精邃，一些见解独特新颖，启人慧思。来函中嘱我就此书说点什么，我不准备长篇大论，面面俱到，仅想采撷一二，略谈一下我的看法。

你在第一章"近代哲学统观"中描述了近代哲学发展大势的内在实质，认为它是上帝由自然化、物质化向人类精神化的发展过程，最后在德国古典哲学中达到了人本主义的完成，这一观点不无独见。黑格尔和马克思都多次强调，哲学是时代精神的精华，是历史命脉的集中体现。研究哲学，哪怕是纯粹的概念范畴，也都不能脱离其所处的时代。近代的欧洲文化与宗教密不可分，上帝观念既是人类意识异化的幻想之物，又是自然世界和人类社会的绝对统一性的象征，它的变迁隐藏着时代精神的深邃本质。《〈人类理解论〉研究》能够从这一角度考察近代哲学的发展，把握其时代精神的本质，确有可取之处。

《人类理解论》的中心问题是认识论问题，你的论著与此相应也抓住了这一中心问题，通过对洛克哲学观念论和知识论的分析、研究和批判，你不时地超出具体的研究对象，而对人类认识本身提出了一些独特的观点。例如，你对人类认识的先天基础，人类认识的本质结构，感性、理性及其相互关系等问题的看法，特别是在最后一章"超验辩证法"中，对人类意识原理辩证发展的三个阶段（即主观辩证法、客观辩证法和超验辩证法）及其本质的分析研究，都是颇具启发性的。我个人觉得，人类意识的发展史，其内在的辩证本质确实是一个有待深入研究的课题，黑格尔把绝对精神的发展分为主观精神、客观精神和绝对精神三个阶段，其辩证法相应地也分为主观辩证法、客观辩证法和绝对辩证法三个环节，但他的哲学最终是唯心主义的。如何对黑格尔哲学进行唯物主义的改造呢？马克思建立了坚实的原则，但具体的逻辑推演还须我们进一步努力，你提出的"超验辩证法"无疑是一个试尝。

总之，统观全书，感觉你勤于思考，不固成见，对一些哲学问题的看法独具一格。希望你今后能扬长避短，进一步吸收西方学者的研究成果，写出一些深刻而又流畅的作品，以飨读者。

贺麟识

1988.4.17北京

（编者说明：贺麟先生与邹化政先生的这封通信，

公开刊载于《哲学研究》1988年第6期。）

《先秦儒家哲学新探》序

张岱年

近几年来，国内兴起了文化讨论的热潮，这确实是必要的。因为现在中国正处在文化转变的时代，对于传统文化进行深刻的反思，对于文化发展的前景进行明智的考虑，确实是必要的。讨论传统文化，便不能不讨论传统哲学。在中国传统哲学之中，儒学居于主导的地位。儒家学说之中，固然有陈旧的封建性的一面，也有深微的含蕴普遍意义的一面。儒学是值得加以慎重剖析的。

儒家的政治思想虽有"迂远而阔于事情"的方面，但是儒家的哲学思想确有精湛深奥的内容。儒家特别重视人与自然、人与人之间的和谐与统一，这就是"天人合一"与人际和谐的学说。儒家论道德，不从宗教观点来设定、奠立道德的基础，也不从功利的观点来设定、奠立道德的基础，而是从人与自然、人与人之间的和谐与统一的关系来论证道德的意义和价值。这是一种深湛的观点。在世界上的许多地区，宗教（基督教、伊斯兰教）仍然是社会生活的不可缺少的精神支柱，而在中国，虽然一般群众仍然沉溺于种种宗教迷信，而在知识分子中宗教观念却比较淡薄，这与儒学有关。儒家在一定程度上将无神论与道德结合起来，这不能不说具有深刻的意义。

邹化政同志兼通中西哲学，著有《〈人类理解论〉研究》，得到学术界的高度评价。他对于儒家思想进行了深入的钻研，确有独到的体会。近又撰写《先秦儒家哲学新探》一书，对于儒家学说的幽深渊奥的观点进行了分析诠释，特别对于儒家的天道观、人性论、天人合一思想等等提出了自己的新见解，与一般的解释颇有不同。在哲学理论的探讨中，应鼓励百家争鸣，各抒己见；对于哲学史的研究，亦应容许不同意见的争论。邹化政同志此书，对于儒家思想，探赜索隐，辨微钩玄，确有独到之处，这是一本发人深思的著作。作者勇于提出自己的新见，这是值得敬佩的。

邹化政同志将书稿寄来征求我的意见，爰写所感，作为弁言。

张岱年序于北京大学

一九八八年十二月

（本文为张岱年先生为《先秦儒家哲学新探》一书作的序，

该书于1990年由黑龙江人民出版社出版发行）

《〈人类理解论〉研究》读后

杨一之

邹化政同志所著《人类理解论研究》，是近年西方哲学史界一项可喜的成果。

本书气势磅礴，陈言务去。从17世纪经验论的巨子一家之言，而宏观纵览西方两千余年哲学思想的变嬗，所涉及的许多重大问题，作者又皆发挥自己独具的见解。这都应该说是富有特色的。十年动乱之后，我国思想界呈空前繁荣的状况，即以西方哲学或科学思想而论，名著译本的问世，千百倍于前。中、青年学者锐意探索求新，介绍、品评这方面的论文和专著，使人有洋洋大观之感。但是古语已有"十年树木、百年树人"之说，虽今非昔比，而精神文明建设，其收效总难于像经济改革的物质文明建设那样快。听听大专院校编撰理论教材对要求摆脱苏联教条主义影响的呼声，思考一下信息论、控制论这种本是数理逻辑的应用技术，竟被要求来代替理论思维，耗散论这种新出现的、其意义、范围远未明确的物理命题，也有人要拿去主宰文艺；——这很足以说明哲学的理论思维是如何艰苦而漫长的劳作，所以邹化政同志的书，就弥堪重视了。

本书内容极其丰富多彩，这里只能就阅读后最突出的感受加以论列。

（一）宗教在人类精神世界里，占有很独特而悠久的地位。哲学史方面的著作，最多也只是对一家一时撮述其宗教观，主要的分析评论仍然总是就其本体论、认识论乃至美学、历史观等下功夫。本书将前洛克的17世纪哲学直到费尔巴哈，综合经验论、唯理论的核心问题，贯穿起来，提出上帝自然化、物质化、上帝人类精神化迄于两者的统一，最后到马克思主义最彻底的无神论。既探讨了对立的经验论和唯理论的局限和缺点，又指出它们均反映历史发展的必然规律所具有的共同基础及优点。这样的发掘很有深度，对过去哲学史的著作忽略了的或涉及不多的一个方面，做出周详而系统的阐明。可以说是力断众流，独标悬解。

这一重大的论题，无疑将扩大哲学的视野，也将为钻研和讨论，开辟更广阔的领域。

除中国情况有些特殊而外，现今各民族、各国人民生活中，宗教的影响仍不可轻视，有时甚至具有支配的力量。中世纪十字军东征，背后固然隐藏着深刻的经济原因，但毕竟是以宗教面目出现的，其所标榜的口号，也是宗教的。即以向属闪族（即所谓塞米特族）的犹太人和阿拉伯人而言，宗教的不同却使他们流血战争几十年，至今未已。所以这是必须郑重对待、深入研究的问题。

宗教之缠绕人的心灵，是错综复杂而且很顽固的。

伏尔泰和狄德罗诚然以机智的笔锋、犀利的警句，极尽能事地嘲笑抨击教会的专横腐朽，愚昧贪婪，但缺乏鲜明一贯的反宗教立场，有时还流露出要用"自然神"来代替基督教上帝的思想。霍尔巴哈男爵和爱尔维修虽然态度较为坚决，但也不曾从理论的高度，系统地阐明无神论。罗伯斯庇尔代表法国大革命激进的顶峰，在他专制的短时期，他也曾设想要创立一种新的国教来取代旧的天主教。

德国古典哲学，是法国政治上的革命在德国思想上的体现，他们从康德起也都自居启蒙派不疑。康德晚年因《单纯理性界限内的宗教》一文而遭受政府警告，不许他以后再发表关于宗教的文章。费希特曾受到"无神论"的指控而被迫离开耶拿大学。黑格尔在柏林大学时也常有反动教士，匿名或具名，告发他是基督教的异端。就公开的著作而论，康德在其《纯粹理性批判》这部主要著作中，就极为详尽地阐述了上帝本体论证明之不可能。黑格尔不仅在早期论著中已有"上帝死了"的话（法国伽罗蒂在50年代就曾以"上帝死了"这句话，作他对黑格尔研究的书名）；而且在《精神现象学》中就提出了宗教的发展几个阶段，如自然的宗教（即原始的拜物教——信奉图腾）、艺术的宗教（即信奉泥塑、木雕或石雕的神——偶像崇拜）、启示的宗教（即基督教），并标榜在精神领域中要以哲学来统率宗教和艺术。以历史的眼光探究宗教的演变，以理论的思维剖析宗教的本质，黑格尔的宗教观是与信徒们心目中的宗教大异其趣的。毋宁说康德和黑格尔有关宗教的议论，语调温和，还多少带学究气，远不像法国唯物论者那样激烈，但他们的思辨论证，对摇撼宗教的基础，或许比法国唯物论者才藻横溢的讽喻挖苦更有力得多。

一个很值得注意的现象，即康德、费希特、黑格尔当年虽因宗教问题，各自遭受不同程度的迫害，而现在西方则极力强调他们的宗教方面。柯柏尔斯顿神父在其《哲学史》中对黑格尔的《自然哲学》断章取义，硬要曲解它为上帝创造自然的学说。至于说"绝对理念外化为自然"即是上帝创造自然的论者，那就更多了。80年代以玻格勒尔为首的黑格尔全集新版的编辑委员会，我所知的，只是出版了八卷，而主要著作如《精神现象学》、《大逻辑》尚未问世，就各编纂者所撰写的有关文献搜集考订释诠工作的论文集来看，他们都不遗余力，要把黑格尔说成是虔诚的基督徒，这种共同的倾向是很显明的。

诚然，不用说谢林晚年所揭橥的"天启哲学"，康德、黑格尔也经常有如何安排上帝的打算，黑格尔也明说过"上帝即是精神"（这句话不能仅就字面去理解，那是另一问题）。他们可以说并没有消灭宗教或宗教会消亡的念头。

因此，我以为邹化政同志所阐述的"上帝自然化、物质化，上帝的人类精神化"及两者的统一这一论旨，是很重要，值得研讨发挥的。

（二）本书创新而又地处关键的，就是洛克的"内涵逻辑"问题。

自康德以来，世人多习于旧形式逻辑，从亚里士多德而后，两千多年无甚变化，而旧形式逻辑却不问内容，只管形式。它的同一、不矛盾、排中所谓三大思维律，不惟黑格尔已做过脍炙人口的批评，我国早如墨子，也已经说过"室以为室"是同语反复，毫无内容，什么意义也没有，以此来对所谓A=A的同一律提出严重的质问。似乎旧形式逻辑之不问内容已成公认的定论。其实，思维从来不可能没有对象，形式逻辑也不能只是几个格式的推演，空洞到没有内容。培根就是惩于中世纪貌袭亚里士多德逻辑之积弊，创立了归纳法，而题其书名为《新工具》，原意是要为一现象之发生，寻求其科学的原因，直到本世纪30年代，法国通用的哲学教科书，还把培根的"求同"、"求异"等法，概括成八种通则。莱布尼兹提出了第四条思维律，即充足理由律（亦称充分根据律），本是想为"上帝本体论证明"找根据，但他的"一物必有一物存在的根据"之说，也就脱离了旧形式逻辑的樊篱了。

康德为了说明知性对感性材料的整理作用，提出了有名的十二范畴，每三范畴分属四个类别之下，康德明确说第一个是肯定，第二个是否定，第三个是前两者的结合；费希特沿袭这个格式，广泛采用了正题、反题、合题，影响很深远，只是他所谓合题仅仅是正题、反题的相互限制，其应用康德在"质"上所说"实在"、"否定"、"限制"，不说意义更广泛的"结合"，或许感觉到其自我建立非我，以泯合心、物之分，总不免牵强，才用两者"相互限制"来对付，到了黑格尔所概括的"否定之否定"，辩证法才有了完备的表述，而马克思、恩格斯生前也特别喜爱用它来描述事物发展的辩证过程。

遗憾的是苏联自斯大林《辩证唯物主义》一文在《联共党史》发表以后，在苏联就少有探讨"否定之否定"这个问题，而对于形式逻辑和辩证法之间的关系，也不大提恩格斯前者是初级数学、后者是高级数学的论旨，而对两者各自适用的范围，往往出现一些出人意料的古怪说法，但其趋势总是想为两者划分出各自管辖的独特领域，我以为结果总是未能达到其预期的目的。然而旧逻辑后来唯致力于推理的格式，所以迄今仍用形式逻辑之名。培根虽以《新工具》为名，创立了归纳法；穆勒虽系统地阐述了归纳逻辑，当时亦具广泛影响；但都未能从理论的高度，探索形式逻辑和辩证法的基础及其关系。于是以为形式逻辑不管内容，而从康德先验逻辑直到黑格尔的逻辑学，才完成了认识内容的辩证法。这几乎成了习以为常的流行见解，很少有人提出异议。

邹化政同志此书不固于过去习见，特别是提出所谓"内涵逻辑"始于洛克之说，乍看似乎陌生难解，其实假如细心搜寻，便可发现作者并非故意一空依傍、自树新帜，而是多年潜心典籍，穿穴诸家的结果，其启发后来研究的意义，是重大的。

本书于阐述形式逻辑只能是形式逻辑，而内涵逻辑，其完成则是辩证法。后者作为逻辑虽然舍去各种思想的特殊内容，而不舍去其普遍内容，它以揭示思维在其对感性关系中这种普遍思想的逻辑为其研究对象。此外，它是在形式逻辑的思维结构形式中运动着、发展着的认识活动本身，是这认识活动本身所具有的思想内容的一种逻辑。

从上述我想举出以下要点。

1. 作者曾大力阐明形式逻辑所最先处理的所谓"概念"，就是内涵与外延的统一，但不能揭示概念内涵不同逻辑层次上的不同环节及其相互联系——那是辩证法的事。概念内涵在形式逻辑上被定义为本质属性，不涉及它是什么以及其对象的逻辑层次；形式逻辑的判断，也只是按照概念的主谓、关系等将其分类而不涉及其在不同的逻辑层次如何，形式逻辑的推理也只是规定不同判断的关系，而不揭示其在不同逻辑层次如何。所以贯通概念、判断、推理的思维律，即同一、不矛盾、排中等三大规律，而不能涉及这些规定的内容差异及对立统一的思想内容。这就比较明晰地阐释了形式逻辑与辩证法之间的关系，不仅为黑格尔所说亚里士多德有比形式逻辑更高的思想才能够创建形式逻辑，作了很好的注脚，也为恩格斯所说形式逻辑是初级数学、辩证法是高级数学的论旨，作了明确易晓的申述。因此作者所作的论断，即：辩证法虽然以对立统一为其普遍的基本规律，但它终究是在形式逻辑的思维结构中运动着、发展着的认识进程本身。形式逻辑"是—是、否—否"的公式，并不与辩证法"是—否、否—是"的公式相矛盾，后者是前者的内容，前者是后者在其对立统一性的普遍结构的形式——真理一贯的无矛盾性。这种论断，初看似乎新奇，但循着作者分析的脉络想去，是具有说服力的。

2. 作者肯定洛克为内涵逻辑之始，理由是洛克的理性并未离开感性，甚至以

221

感性为基础。但作者又分析了洛克的缺点，即完全忽视了理性的能动方面，最后走向自身扬弃。唯物论虽然同样将一切归结到感觉，但其承认客观世界独立于意识之外，实与经验论格格不入。唯理论虽然认为有独立于心外的实体，但又蔑视感性，使其理性与感性分成两截，而不得不攀援上帝以保证外在宇宙的存在。作者在分析唯理派与经验派对立的历史必然，其缺点局限以及走向自身扬弃，也便连带为他的上帝自然化、物质化和上帝人类精神化作了论证。

3.作者对主客同一论的阐释，也应特别注意。他既不采取旧唯物论者的立场，将人的心智活动归结于感觉，而后者又是对外界照相似的机械反映，也不同意唯心论者的看法将外物归结为感知，否认或怀疑外物的独立于意识的存在。旧唯物论和唯心论的片面的主客同一，势必陷入矛盾，无法解脱。作者以马克思主义唯物论肯定客观世界的独立存在，又强调主观思维的能动性，绝非被动感觉所能概括。而客观世界之显现于人者，仍不能超出于人的全部意识之外。其次，抽象的思维，无论发挥到如何高度，终究无法完全排除感性。这种新唯物论的立说，足以根除旧的形而上学，这里作者既阐明辩证唯物论的必然发生，也解释了黑格尔为什么被列宁说成是马克思主义的哲学来源而不提法国唯物论之故。这也可以使人思索一下，许多学者不去深究黑格尔的主客同一论，而袭用旧形而上学的习惯，将"绝对理念"、"绝对精神"甚至"概念"说成是黑格尔体系的本体，往往很难说通的原因了。

（原载《社会科学战线》1988年第3期）

邹化政先生生平年表

1925年	3月5日，生于山东省海阳县儒林庄。父邹和旭，系小商业主；母姜桂芬，家庭妇女。自小随父母从山东举家闯关东，在黑龙江省东宁县绥芬河区落户，其父经营一小商店，家庭生活较富裕。
1927年	12月11日，唯一胞弟邹化教出生。
1942年—1945年	1942年3月至1945年8月在伪满东安省林口县畜产学校学习，毕业后回家闲居半年。
1946年—1948年	1946年3月，进入私立哈尔滨大学社会科学院政治系学习。该校于9月被东北行政委员会接收，改为公办。学习期间，曾于1947年3月参加哈尔滨市郊农村反恶霸清算工作；5月2日加入中国共产党；6月参加前线工作团；这年冬天参加哈尔滨市郊土改工作。 1948年5月，哈尔滨大学与东北行政学院合并，改称东北科学院。5月至9月继续在东北科学院行政系学习、工作。

1948年—1949年	从1948年11月至1949年9月在东北行政委员会民政部工作。
1949年—1950年	1949年9月至1950年9月在东北行政学院和东北人民大学（1948年11月，东北科学院迁往沈阳，复名为东北行政学院；1950年3月31日更名为东北人民大学）研究班学习。
1950年—1954年	1950年9月东北人民大学由沈阳搬迁至长春。 1950年9月，从东北人民大学研究班结业后入中国人民大学读研究生，修业四年。其间1950年9月至1952年6月读财政学研究生，1952年9月至1954年7月读辩证唯物论与历史唯物论研究生。 1951年8月与大学校友郝振亚女士结为伉俪。郝女士出生于1927年5月5日，1946年1月至1947年8月在哈尔滨大学法学院教育系学习，时任哈尔滨市新滨小学校长。 1952年4月18日，妻子郝振亚调至东北人民大学工作。 1954年7月中国人民大学研究生毕业，回东北人民大学哲学教研室任教，授予助教职称。
1955年	4月15日，独子邹铁筋出生。 在《东北人民大学人文科学学报》创刊号上发表《揭开实用主义方法的"科学"外衣》一文，系其公开发表的首篇学术论文。

9月，由校委扩大会讨论通过、校长批准，被授予东北人民大学讲师职称。

1956年 　　任哲学教研室副主任。

1957年 　　与高清海合作发表论文《论辩证唯物主义与历史唯物主义的关系——哲学与社会学的统一和分化》（载《东北人民大学人文科学学报》1957年第一期）。该文受哲学教研室主任刘丹岩教授观点的启发，批判地审视苏联的哲学教科书，反思辩证唯物主义与历史唯物主义的关系，从而开创了国内哲学教科书改革的先河，并形成了吉林大学哲学学科反对教条主义的学术传统。

　　在下半年反右扩大化中，因言获过，被撤销哲学教研室副主任职务。

1958年—1961年 　　1958年年初被补划为右派，4月至11月在长春市郊兴隆山劳动。

　　东北人民大学校长匡亚明在《东北人民大学人文科学学报》1958年第二期发表《论邹化政与修正主义》一文。10月，匡校长专门批判邹化政的书《马克思列宁主义理论上的几个问题——论邹化政与修正主义》由上海人民出版社出版发行，两个月间印刷量达两万册。从此邹化政成为全国知名的右派分子。

　　1958年8月11日，东北人民大学更名为吉林大学。

　　1958年11月至1961年10月，由长春市郊兴隆山转至吉林大学校办农场继续劳动三年。

1961年—1963年	从1961年10月摘下右派帽子至1963年11月，回吉林大学哲学系讲授西方哲学史。
1963年—1966年	1963年11月至1966年9月，离开教学岗位，转任吉林大学图书馆馆员。
1966年—1978年	1966年9月开始，除了被隔离审查的七个月，至1978年4月，长期在图书馆打扫楼道卫生。 1966年9月至1968年7月，在图书馆打扫卫生。 1968年7月至1969年2月遭隔离审查。 1969年2月被错误定为现行反革命，之后继续在图书馆打扫卫生计九年零两个月（1969.2—1978.4）。 1979年1月16日，父亲邹和旭去世（生于1903年12月26日），享年73岁。
1978年	1978年4月至8月，错右派问题被纠正。8月，重返哲学系任教，给76级工农兵学员讲黑格尔《小逻辑》课程。
1979年	本年度承担了77级、78级两个年级本科生三门难度较大的课，其中有关康德哲学和黑格尔哲学的两门专题课，是吉林大学哲学系建系以后第一次开的课，当时国内院校能开此课的也很少；另一课"《小逻辑》选读"，在本系也是"文化大革命"以后第一次开的。其课公认思想深刻，见解独立，富有启发性。其课系内系外各年级学生慕名而来听者众，成为莘莘学子们的一大盛事。

作为马克思主义哲学专业79级研究生指导小组的成员，参与指导该小组6名研究生学习。给研究生开的专题课有"论洛克的《人类理解论》"、"康德的《纯粹理性批判》"、"黑格尔的《小逻辑》"等。给研究生开的课，77级、78级本科生亦踊跃参加。

12月，晋副教授。

获吉林大学1979年度优秀教师荣誉称号。

1980年

1980年度给77级、78级本科生开了欧洲哲学史课，给研究生开了外国名著选读课，深受广大同学和教师的好评，经常一座难求。三十六年后，78级学生李景林（现任北京师范大学哲学社会学院教授）回忆道："邹师深湛的思想和学术的激情，令在场师生无不感奋和动容。一时间，在我们77、78和79这几届学生中掀起了一股邹化政热。"

本年度先后编写了17万字的《论洛克的〈人类理解论〉》（油印稿）和10万字的《康德的先验哲学》手稿作为教材。正在写作的《论黑格尔的〈小逻辑〉》，已写出7万字。为吉林省逻辑学会主编的《逻辑学辞典》撰写了有关康德哲学的40个条目，约15000字。

参加吉林省哲学学会，任常务理事。

参加东北外国哲学研究会，任副会长。

获吉林大学1980年度优秀教师荣誉称号。

| 1981年 | 本年度给77级、78级本科生和研究生讲了《纯粹理性批判》和《小逻辑》两门原著课。给历史唯物主义教研室讲《经济学—哲学手稿》，还给历史系学生开办了讲座。在哲学系举办的暑期教师进修班上承担繁重的教学任务。在《小逻辑》备课会上承担主要发言人的任务。 |

任西方哲学史教研室主任。

被评为哲学系1981年年度优秀教师。

| 1982年 | 本年度开始参与高清海教授主编的新教材《马克思主义哲学基础》（上、下册）的编撰工作。该教材1986年（上册）、1987年（下册）相继由人民出版社出版，1988年获国家优秀教材奖。 |

本年度开了《逻辑学》《小逻辑》《纯粹理性批判》三门原著课，以及《西方辩证法史》《马克思主义哲学专题》等课程。

3月，王天成、姚大志、冯文华成为其研究生。

7月，在毕业论文为其具体指导的研究生高文新和孟宪忠的硕士论文答辩会上，黑格尔专家北京大学张世英教授明确赞同了其"逻辑在先"理论。三十四年后，曾任吉林大学哲学社会学院院长的高文新教授认为："这就使吉林大学哲学系对黑格尔的认识一下就超出了全国的研究水平。正是基于此，我们才培养了一大批哲学的精英，包括孟宪忠、邴正、孙正聿、孙利天，他们真正达到了黑格尔的本意。"

被评为哲学系1982年度的优秀教师。

1983年	本年度开了《纯粹理性批判》《马克思主义经典著作研究》两门课。
	参加中华西方哲学史学会东北学会，任副理事长。
	9月，刘源沥、王振林、邹广文、高全喜、黄高荣成为其研究生。
	被评为哲学系1983年度优秀教师。
1984年	本年度开了《实践理性批判》《判断力批判》《精神现象学》《西方伦理史》等课程。
	在《吉林大学社会科学学报》1984年第2期发表论文《哲学概念的历史演变》。
	在《吉林大学社会科学学报》1984年第5期发表论文《西方古代哲学发展的逻辑结构》。
	获吉林大学1984年度教学质量优秀奖。
	获吉林大学1984年度优秀教师荣誉称号。
1985年	本年度开了《逻辑学》《小逻辑》《纯粹理性批判》三门原著课。
	9月，其硕士研究生高全喜考取中国社会科学院哲学所贺麟研究员的博士研究生。
	9月，获吉林省人民政府颁发的《人民教师荣誉证书》。
	年底，在晋升教授申报评审过程中，校外相关知名学者匡亚明教授、杨一之研究员，以及校内的高清

海教授和舒炜光教授，均对其教学业绩和学术论著给予很高的评价和肯定。如匡亚明在推荐信中写道："我认为邹化政同志已完全具备我所熟知和了解的国内外同行教授的理论学术水平，完全可以面对学术界，面对学生，而作为一位合格的大学教授了。"又如哲学系主任高清海在鉴定书中认为："该同志是一位具有渊博的理论知识和较深的专业造诣的学者，这是同行和了解他的人所公认的。……他讲授过13门课程，许多课例如《西方辩证法史》、《黑格尔的精神现象学》、《康德的先验哲学》等课是国内兄弟院校从未开过或刚刚开过的课，难度很大。他讲课内容深刻，质量很高，启发性大，大多数课都有一整套自己的独立见解，深受学生欢迎，经常有其他班级甚至外系学生来听课。……他在哲学、中外哲学史、伦理学、美学等多方面进行了开创性的研究工作，见解独到，自成体系，成果显著。他除了《形象思维的美学原理》、《人的价值世界与人的等价原理》、《论人的人性原理》等百余万字的手稿外，还将要由人民出版社、齐鲁书社和吉林大学出版社出版《儒家道统新论》（30万字左右）、《黑格尔哲学统观》（30万字）、《〈人类理解论〉研究》（30万字）等三部专著……根据邹化政同志的实际水平、学术鉴定、师生反映和系学术委员会的讨论，一致认为应提升他为教授。"

12月，吉林大学授予其教授职称。

1986年

在《吉林大学社会科学学报》1986年第2期发表论文《黑格尔哲学的基本内核》。

经校务会议研究，任命其担任吉林大学外国哲学史学科教授，任期自1986年9月1日起。

10月，获吉林大学建校四十周年颁发的荣誉证书。

11月，受聘为山东大学哲学系兼职教授。

荣获吉林大学1986至1987学年度一等教学质量优秀奖。

1987年　　　　9月1日晨，妻子郝振亚逝世，享年60岁。生前历任哈尔滨新滨小学校长、吉林大学校长办公室秘书、吉林大学档案室主任等职。

9月，张孝中成为其研究生。

11月，专著《〈人类理解论〉研究——人类理智再探》（46万字）由人民出版社出版发行，随即在全国外国哲学史界引起强烈反响。中国社科院贺麟、杨一之两位研究员，分别在《哲学研究》和《社会科学战线》著文，评价该书是多年来少有的力作。武汉大学陈修斋教授也极力推崇。如杨一之评论道："本书气势磅礴，陈言务去。从17世纪经验论的巨子一家之言，而宏观纵览西方两千余年哲学思想的变嬗，所涉及的许多重大问题，作者又皆发挥自己独具的见解。"

被选为中华全国外国哲学史学会理事。

1988年　　　　年初在《社会科学战线》1988年第1期发表论文《哲学即人学论纲——通向唯物主义的科学道路》。

9月，单君成为其研究生。

1989年　　　　在《吉林大学社会科学学报》1989年第1期发表论文《论人的本质和人性规律》。

在《时代评论》1989年第1期发表论文《论哲学即人学的逻辑必然性》。

在《天津社会科学》1989年第5期发表论文《中西文化的哲学基础》。

6月，其主持的欧洲哲学史课程建设荣获吉林大学优秀教学成果奖。职称由教授三级晋升到教授二级。

担任东北外国哲学史学会组织的教师备课会主讲工作。

1990年

5月，专著《先秦儒家哲学新探》（42万字）由黑龙江人民出版社出版发行。中国现代哲学家、哲学史家张岱年先生在序言中认为，该书"对于儒家学说的幽深渊奥的观点进行了分析诠释，特别对于儒家的天道观、人性论、天人合一思想等等提出了自己的新见解，与一般的解释颇有不同……此书，对于儒家思想，探赜索隐，辨微钩玄，确有独到之处，这是一本发人深思的著作。"

1991年

在《社会科学战线》1991年第2期发表论文《马克思主义哲学与中国儒学精神》。

在《吉林大学社会科学学报》1991年第5期发表论文《论重建逻辑原理的基本内涵》。

12月，专著《黑格尔哲学统观》（29万字）由吉林人民出版社出版发行。杨一之研究员早在1985年审阅此书手稿时，即认为著者"体大思博"，在如下四方面的观点最突出：提出黑格尔所揭示的思维规律是思维把握对象是什么的规律，这是对康德先验逻辑的重大改造；认为本体是贯通宇宙体系或存在的一个共相，而整个宇宙的存在过程便是其自身存在的现实性；对"逻辑在先"的雄辩而精准的论证；以及在关于黑格尔哲学是否封闭的体系，其方法与体系的关系等问题上，不囿于习见的成说而力图用马克思主义实事求是的态度，严谨地作出自己的回答。

1991年—1993年	1991年离休，随即返聘，至1993年正式离休。
1995年	专著《〈人类理解论〉研究——人类理智再探》获全国高等学校人文社会科学研究优秀成果二等奖。 在《长白学刊》1995年第3期发表论文《〈浮士德〉对西方文艺复兴时期个性解放的批判》。
1996年	在《吉林大学社会科学学报》1996年第5期发表论文《自然的系统或结构及心理自然与逻辑自然》。 在《场与有——中外哲学的比较与融通》第3辑（1996年中国社会科学出版社出版）发表论文《我的实体观》。 在《我的学术思想》文集（吉林大学社会科学研究处编，吉林大学出版社1996年出版）发表论文《发展哲学本体论的新思想体系》。
1997年	在《东岳论丛》1997年第4期发表书评《跨世纪的哲学反思与重建——读〈塑造论哲学导引〉书评》。
1998年	在《新疆师范大学学报（哲学社会科学版）》1998年第2期发表论文《泥土气息庄户心声——范成大农村诗浅论》。

1999年   在《社会科学战线》1999年第1期发表论文《论形而上学的基本范畴——有与是的区别与联系》。

         在《长春市委党校学报》1999年第9期发表论文《论自然与人的能动性》。

         在《长春市委党校学报》1999年第4期发表论文《属人觉、知的分析系统》。

         在《长白学刊》1999年第5期发表论文《论事物与存在》。

2000年   在《长春市委党校学报》2000年第3期发表论文《"哲学大全"的导论——哲学现象学》。

2001年   在《长春市委党校学报》2001年第1期发表论文《论物质之物与精神之物的内在统一》。

         在《社会科学战线》2001年第6期发表论文《论直观与逻辑的本真相关性》。

2002年   在《长春市委党校学报》2002年第1期发表论文《论意识王国基础性事实》。

         受其学生王振林教授之托，在家给她的硕士研究生李晓勇系统讲授西方哲学史，长达一年时间。

2003年—2008年   2003年12月，完成了名为《第一哲学原理的科学体系》的书稿，进一步完善了其融马克思主义哲学、西方哲学、中国哲学为一体的原创性哲学体系。

         2003年年底中风，致半身不遂，长年坐在轮椅上或卧病在床。

2004年4月24日坐在轮椅上参加了哈尔滨大学同学长春校友会组织的游乐活动。

病逝前的数年通过VCD、DVD遍看京剧各派传统戏曲，自得其乐。

2008年2月15日16时，病逝于长春，享年83岁。

2008年2月19日，其来自全国各地的学生在吉林大学举行追思会，缅怀老师的道德文章。

（编辑整理：王代生　邹铁筋）

后　记

　　2018年2月15日是邹化政老师逝世10周年纪念日。为此，我们编辑了这本《邹化政学术纪念集》，力求通过这本文集，全方位展示一下邹先生的为学与为人，为大家了解邹化政先生提供一个较为便捷的读本。

　　作为一个具有原创性哲学思想的哲学家，邹化政先生一生都在进行着纯粹的哲学思考，是一个活在自己精神世界的学者。毫无疑问，邹先生的这种学术追求已经无形中形成一种传统，深深地影响了吉林大学的哲学后人。自中国改革开放的新时期以来，每一个受教于吉大哲学的学子们，几乎都直接或间接地感受过邹化政老师对自己哲学思考的影响。一定意义上可以说，吉林大学的哲学研究在今天之所以在海内外学界产生重要影响，与邹化政先生以及高清海先生、舒炜光先生等前辈们的诸多原创性哲学思考息息相关。

　　文化需要承传。编辑完邹化政先生的纪念文集，感觉完成了一项庄严的重托。编辑文集的过程，对我而言也是一次人生洗礼过程。我们不能让邹化政先生深邃的学术思想随着岁月的流逝而成为封尘的记忆，而应该进行自觉的整理、关注和解读，使其真正成为砥砺哲学后人前行的精神资源。

　　感谢各位师友的大力配合。大家从各个角度勾勒了邹先生的为学与为人，还原了邹先生的道德文章。每每收到大家寄来的纪念文章，我都会立即接收打开，一口气读完，仿佛又置身于邹化政先生的哲学的世界里。也衷心感谢邹化政先生的家人邹铁筋兄、长春市委党校王代生老师、吉林省委宣传部李晓勇博士、吉林大学出版社刘子贵编审的对编辑本书的鼎力支持。

邹广文
2017年7月8日记于清华大学荷清苑寓所